感谢重庆市社科规划办哲学社会科学规划研究项目（项目编号：2013PYYJ14）、中央高校基本科研业务费专项资金资助项目（项目编号：2022CDJSKPT30；2022CDJSKJC26）支持

产业集聚

与

Interactive Development of Industrial Agglomeration and New Urbanization

新型城镇化互动发展研究

谭志雄　著

中国社会科学出版社

图书在版编目（CIP）数据

产业集聚与新型城镇化互动发展研究／谭志雄著．—北京：
中国社会科学出版社，2023.1
ISBN 978 - 7 - 5227 - 1134 - 8

Ⅰ.①产… Ⅱ.①谭… Ⅲ.①产业集群—关系—城市化—
研究—中国 Ⅳ.①F269.23②F299.21

中国版本图书馆 CIP 数据核字（2022）第 238433 号

出 版 人	赵剑英
责任编辑	孔继萍　郭如玥
责任校对	李　莉
责任印制	郝美娜

出　　　版	中国社会科学出版社
社　　　址	北京鼓楼西大街甲 158 号
邮　　　编	100720
网　　　址	http://www.csspw.cn
发 行 部	010 - 84083685
门 市 部	010 - 84029450
经　　　销	新华书店及其他书店
印　　　刷	北京君升印刷有限公司
装　　　订	廊坊市广阳区广增装订厂
版　　　次	2023 年 1 月第 1 版
印　　　次	2023 年 1 月第 1 次印刷
开　　　本	710×1000　1/16
印　　　张	20.25
插　　　页	2
字　　　数	312 千字
定　　　价	118.00 元

凡购买中国社会科学出版社图书,如有质量问题请与本社营销中心联系调换
电话:010 - 84083683

序

　　城市是人类文明进步的历史产物和承载地域。自古以来，中华民族的兴盛都伴随着社会治理方式冲突更替中生产力与科技水平的提高，人口繁衍与定居逐步流向交通便捷、商贾云集、百业兴起的大小城镇。民众历来对城市显现的城郭巍峨、人文荟萃、宜居安稳、灯火阑珊、繁华街市等赋予寓意和憧憬。20世纪以来，城市的拓新已成为走向现代化的经济载体、发达标志与繁荣象征。进入21世纪，中国新型城镇化建设的全面推进及神州大地宜居宜业新城雨后春笋般崛起，成为振兴中国、惊奇世人的成功典范。

　　以人为核心、面向中国式现代化进程需求的新型城镇化正加速成为中国经济高质量发展的重要动力和新引擎。然而随之而来的难题是：中国新型城镇化建设过程中产、城、人发展不平衡的挑战凸显。中国曾是一个农业大国，劳动密集型产业扩增，城乡发展失衡、产业结构缺陷、人的城市主体性被忽视等现象突出，城镇化建设中产、城、人失衡如何破解并实现融合发展？

　　迄今为止，关于产、城、人融合可持续发展命题仍在实践探索中。本书作者对该问题的系统理论研讨，是对中国新型城镇化建设与产业集聚互动发展这一研究领域的开创性尝试。本书不仅有助于丰富中国特色的产城互动发展经济学理论研究，同时为如何把握产、城、人三大核心要素，将城市新区建设成为经济健康发展、生态环境优美、人民生活幸福之地提供了创新性思路，对实现"以产兴城、以城带产、产城融合、城乡一体"发展格局，探索新型城镇化和现代产业化融合发展新路径有着值得重视的理论价值和实践意义。

当前我国新技术、新产品、新业态、新经济的发展方式更新迭代，广泛渗透于经济社会各领域，且与人们的生产生活深度融合，已成为创新引领和转型驱动的先导动能，对新型城镇化与产业联动发展具有深刻的影响。在新型城镇化建设中，将产城互动发展作为经济可持续发展的内生动力，不断优化城市产业结构、空间结构及管理格局，有利于提高城市可持续发展能力，推动经济转型升级和加快推进社会主义现代化建设。

作者正是聚焦全面建成小康社会后产、城、人发展趋势和新阶段现代化建设战略部署，倾注精力于全面发挥产城融合的经济、社会、环境效应而综合归纳研究，使本书应运而生。作者力图把握产业集聚与新型城镇化互动发展规律，从理论与实践的结合上分析产业集聚与新型城镇化互动影响因素及动态演化过程，并探究推动产、城、人融合发展的新路子，这是本书的核心与关键。本书作者选取当下劳动力回流、产业转移承接现象集中的中西部地区作为讨论范围，并将地区资源集聚、示范效应突出的城市新区作为研究对象进行深层次的分析；将城市新区产业集聚与新型城镇化互动的理论阐述及模型推导作为逻辑起点，多方面分析中西部代表性城市新区产城互动现状及主要阻碍；在产城互动发展水平测度基础上对其耦合协调水平、互动发展影响因素进行深入讨论，并利用系统动力学进行动态演化分析，这是本书进行路径讨论的扎实实证基础；在借鉴国内外典型经验的基础上，系统地提出中西部城市新区产业集聚与新型城镇化互动发展的战略路径与对策。

近年来，在与本书作者就产城互动相关理论进行探讨时，我深切感受到作者对产、城、人融合问题执着探究的勤奋与求实求真的毅力。我相信并期待，这位年轻学者未来在这一领域将奉献更多高质量研究成果。

在本书即将出版之际，愿向广大读者予以推荐。同时欢迎同行同仁对本书尚存的不足提出评价与指正，以期共同为推进中国特色新型城镇化建设、实现人民群众美好幸福生活愿景而添砖加瓦，献智出力。

陈德敏
2021 年 9 月于重庆大学城虎溪花园

前　　言

党的二十大报告指出："从现在起，中国共产党的中心任务就是团结带领全国各族人民全面建成社会主义现代化强国、实现第二个百年奋斗目标，以中国式现代化全面推进中华民族伟大复兴。"[①] 基本实现新型工业化、信息化、城镇化、农业现代化是中国式现代化建设的重要目标之一。加快推进新型工业化和新型城镇化良性互动是实现中国式现代化的有效举措之一。在城市经济发展和社会进步过程中，人们逐渐认识到新型城镇化与新型工业化形成了休戚与共的伴生关系，共同成为推动经济发展和社会进步的动力源泉。产业发展是推进城镇有序建设的经济动力，城镇建设是保障产业稳步发展的平台载体，更加凸显了产业发展与城镇建设之间的相互依存关系。在我国城镇化建设经历了无序杂乱与粗放低效的初始阶段之后，将"以人为本"作为核心理念的新型城镇化建设越来越受到政府和学界的关注和重视，新型城镇化与产业集聚互动发展已成为无法阻挡的趋势和选择。

而近年来中国经济发展洪流中频繁呈现出以"产业适应性转移和劳动力转移"为显著特征的"双转移"现象，这种推拉力矩构成的二元矢量发展趋势，促进了产业和劳动力向中西部转移。中西部地区各城市开始抢抓机遇调整承接产业转移所需的产业规划，利用产业集聚效应辐射带动区域经济增长，同时加速推进以人为本的新型城镇化建设。而城市新区往往是区域资源的汇聚地，能为产业承接与新型城镇化建设提供丰

---

①　习近平：《高举中国特色社会主义伟大旗帜 为全面建设社会主义现代化国家而团结奋斗——在中国共产党第二十次全国代表大会上的报告》，人民出版社 2022 年版，第 21 页。

沃的土壤，能在区域经济增长、产业转型升级、现代化城镇建设等多方面发挥带头示范作用。当前，世界之变、时代之变、历史之变正以前所未有的方式展开，在世界百年变局加速演进、世纪疫情持续冲击、地缘政治冲突凸显等背景下，在国内国际双循环、高质量发展、全国统一大市场等战略推动下，在"产业转移与劳动力回流"的"双转移"大趋势下，立足新型工业化与新型城镇化协同发展的关键时期，城市新区产业集聚与新型城镇化互动发展的内在要求更加紧迫，是新型城镇化由量到质转变的重要环节。基于此，在"双转移"视角下探索产业集聚与新型城镇化互动发展的优化路径成为破解城市新区发展难题的关键路径。

本书沿着"理论构架—现实问题—实证检验—路径探究—政策建议"这一逻辑思路，试图运用一种全新视角分析产业集聚与新型城镇化互动发展的优化路径。首先，对"双转移"、城市新区、产业集聚、新型城镇化、产城互动发展等进行概念界定与理论梳理；对"双转移"趋势下城市新区产业集聚与新型城镇化互动发展的逻辑关系、理念解构、内在机制进行阐述；运用中心—外围模型对"双转移"趋势下的互动发展关系及其耦合机理开展针对性的模型推导。其次，深入探讨和客观分析中西部城市新区产业集聚与新型城镇化之间互动发展关系的现状机理及其暴露出来的问题。从宏观层面对城市新区发展现状、中西部城市新区产城互动发展现状进行概述，立足空间布局、产业布局、功能布局、要素资源和经济效益五大角度分析互动发展存在的问题，并深入剖析机制体制模式、资源环境、创新能力及土地空间等方面的发展制约。再次，选取三个中西部城市新区样本，构建中西部城市新区产业集聚水平、新型城镇化水平测度体系，并根据耦合协调综合水平测算结果进行统计分析。在产业集聚水平、新型城镇化水平测度的基础上，对经济发展水平、城乡统筹、金融支持度、人力资本水平等互动发展关系影响因素进行分析；构建产业集聚与新型城镇化互动发展系统动力学模型，基于产业集聚、经济、人口城镇化和新型城镇化四个子系统剖析"产城"系统的多重反馈机理，探寻城市新区产业集聚与新型城镇化的互动发展的作用机理。最后，在经验总结的基础上，从理论突破和实际应用的角度，结合分析多种创新发展模式，把握宏观、中观、微观层面基本路径，从"协调、创新、绿色、开放、共享"五个角度出发，详细研究产业集聚与新型城镇化互动发展的现实路径，创新性提出旨在针对产业集聚与新型城镇化互动发展关系的战略路径设计与政策制定考量。

通过研究我们形成如下认识：

1. 基于"中心—外围"的拓展模型，从"双转移"的角度探析区域发生劳动力转移、产业转移的内在动力和福利变化。研究表明：劳动力转移对产业集聚有重要影响，追求更高的收入水平是劳动力转移的重要动力；运输成本、集聚效应、资源禀赋差异等影响地区间产业转移的程度与水平；中西部地区尚未达到集聚所产生拥挤效应的临界值，得益于较低的生产成本，在承接产业转移以及产业集聚、劳动力集聚方面发展潜力巨大。

2. 着眼于中西部城市新区产业集聚与新型城镇化互动发展关系的外部特征与内在机理，深刻剖析产城互动内部自我作用过程中所暴露出来的突出问题，逐步加深和准确把握对我国中西部城市新区发展演变以及运转现状的科学认识和逻辑理解，为破解发展难题提供必要的参考。整体上看，中西部城市新区互动发展成效明显，但受到治理理念、发展导向、机制体制、资源环境承载能力、创新能力、土地空间等方面的制约，导致产城空间规划的合理性与协调性不足、产业链不完善、发展路径缺乏持续性、配套设施落后、职住分离现象突出、人力资本集聚水平低、市场化融资手段较少、区位组合效益不高、集聚效益不明显等问题突出，实现中西部城市新区产业集聚与新型城镇化可持续发展仍需克服一系列"瓶颈"与挑战。

3. 选取重庆市北部新区（现称两江新区）、四川省绵阳经济开发区和湖南省长沙经济开发区三个中西部典型城市新区进行互动发展水平测度。通过构建新型城镇化综合指数和产业集聚综合指数进行发展水平测度，结果表明 2002—2017 年中西部主要城市新区的新型城镇化水平整体呈上升趋势，产业集聚水平除个别年份由于受到市场风险、金融危机等因素影响出现较大下滑外，整体呈波动上升趋势，其中北部新区与长沙经济开发区近年来产业发展呈现加速集聚态势。三大城市新区产业集聚与新型城镇化的互动发展依赖于产业集聚与新型城镇化的同步协调。

4. 对中西部主要城市新区开展耦合协调测度。结果表明：北部新区耦合度逐年上升，近十年处于平稳且高度耦合的状态，城镇化建设、产业结构发展得到了显著促进；绵阳经开区总体耦合度呈现上升并趋于平稳的态势，但产业集聚水平较新型城镇化建设情况仍处于较低状态，协调水平有更大的提升空间；长沙经开区产业集聚与新型城镇化耦合度逐年上升趋于平稳，协调度与耦合度的差距不断缩小，新型城镇化发展水平对系统协调度以及耦合度的贡献率较大。

5. 通过构建影响产业集聚和新型城镇化建设的两个影响因素变量体系，根据影响因素的特征，归纳出两者互动发展的共同影响因素，并总结出影响机制及其作用路径。研究表明：产业集聚与新型城镇化有显著的互动影响关系，并且涉及诸多因素之间、单因素与整体之间的相互作用，其中经济发展水平提升、人力资本水平提高、金融支持力度增加、产业结构升级、交通基础设施完善等能有效促进产城互动发展，城乡一体化水平不高对新型城镇化建设有抑制作用，财政支出、对外开放程度等对产业集聚有与预期相反的阻碍作用。

6. 通过构建产业集聚与新型城镇化系统动力学模型，剖析两者互动发展的作用机理，研究表明：从作用机制来看，各子系统的演变过程表现为动力机制与互动机制，其中动力机制作用于产城系统的初期，表现为人口城镇化的迅速发展对产业和经济的推动作用显著；动力机制作用于产城系统的成长期和成熟期，子系统间互促共进，形成"产业集聚—经济发展—新型城镇化"的正反馈循环；从政策情景模拟来看，兼顾产业集聚发展及新型城镇化建设的协调发展路径，通过"产城融合"的互动发展机制，最终能够实现产业集聚与新型城镇化的可持续发展。

7. 基于"双转移"视角，根据中西部城市新区发展战略需求和现实基础，构建"微观、中观、宏观"三位一体的发展格局，在空间上实现产业与城市共荣、在发展上实现生产与生活共促、在功能上实现居民与环境共生，并对城市新区产业集聚与新型城镇化互动发展的现实路径进行设计，提出坚持协调发展，把握市场与政府关系，促进"产""城"协同发展；坚持创新发展，关注新型城镇化质量提升、加快产业转型升级；坚持绿色发展，促进"产""城"可持续发展；坚持开放发展，构建开放、包容的"产""城"发展体系；坚持共享发展，打造以人为本，产、城、人融合发展的城市新区。

目　　录

第 一 章

绪　　论

本部分首先从新型城镇化与产业集聚发展时代要求、现状困境、政策指导等方面出发，结合产业转移与劳动力转移双重趋势，阐述了本书进行城市新区产业集聚与新型城镇化互动发展研究的背景，深入剖析研究目的及意义，最后以理论构建、现状总结、实证考察、战略路径与政策设计为基础模块构建全书内容框架、研究思路。

第一节　研究背景

新中国成立特别是改革开放以来，我国取得了举世瞩目的发展成就。党的十八大以来，中国人民经历了对党和人民事业具有重大现实意义和深远历史意义的三件大事：迎来中国共产党成立一百周年；中国特色社会主义进入新时代；完成脱贫攻坚、全面建成小康社会的历史任务，实现第一个百年奋斗目标。党的二十大胜利召开，开启了中国共产党团结带领全国各族人民全面建成社会主义现代化强国、实现第二个百年奋斗目标，以中国式现代化全面推进中华民族伟大复兴的新时代新征程。回溯历史，以城镇化和产业化推进现代化的中国经验无疑是国内外理论界和实务界关注的重要课题之一。在人类社会文明历史进程中，工业革命激发的机器大工业化发展对工厂劳动力产生了旺盛需求，生产效率的几何级提升获得相较农业更为丰厚的劳动收益，不断吸引农村劳动力向城镇区域转移，以致城镇规模由于人口持续集聚而快速膨胀扩大。

以此为起点，城镇化与工业化形成了休戚与共的伴生关系，并共同成为推动经济发展以及促使社会进步的动力源泉。城镇化一直是中国社会经济发展的主题，城镇化与城市发展相关产业占全国 GDP 的 50% 以上。城镇化水平的不停攀升所带来的直接效应就是国民经济中不同产业各自占有的比重发生了较大变化，第一产业所占比重前所未有地开始逐渐下降，而与之相反的是，第二产业、第三产业所占比重却稳步升高，由农村涌向城市的大规模劳动力迁徙流动状况也使得城乡之间的人口结构产生了史无前例的变动。在阔步迈入新时代之后，具有中国特色的社会主义建设也正式进入了一个新的阶段，其社会主要矛盾已转变为人民日益增长的美好生活需要和不平衡不充分的发展之间的矛盾。与此同时，我国经济发展的历史进程也随之跨入了新时代，其最显著且鲜明的阶段性特征即是由高速增长转向了高质量发展，并成为当前时期经济转型升级和社会主义现代化建设快速推进的时代主旋律。

经济新常态背景下新型城镇化仍然是当前"扩大内需、稳增长"的重要手段，也是推动形成国内大循环为主体、国内国际双循环相互促进的"双循环"新发展格局的重要抓手之一。城镇化发展水平是衡量与推动现代化进展程度的重要标尺和必经之路。2020 年党的十九届五中全会提出的"以人为核心的新型城镇化"是国家现代化的必由之路，是"两新一重"建设的重要内容，是关乎如何有效解决国民经济与社会发展过程中不断出现的农业、农村、农民问题的根本所在，也是协调改善区域之间非均衡发展问题的关键钥匙，更是治理新时代迸发的社会主要矛盾、有力促进经济发展转向高质量和高效率轨道、深化供给侧结构改革、扩大内需和促进产业升级的重要抓手。进入"十四五"时期，我国城镇化发展也将进入新阶段、呈现新特征、涌现新需求，推进新型城镇化，将有效释放巨大的内需潜力，对做好"六稳"工作、落实"六保"任务、稳住经济基本盘具有重要意义。党的十八大以来，党中央、国务院一直把新型城镇化工作放在关系国民经济和社会发展的重要议程上：2013 年 12 月，改革开放以来中央召开的第一次城镇化工作会议在北京举行；2014 年 3 月，中共中央、国务院印发了《国家新型城镇化规划（2014—2020 年)》，经国务院批复同意，建立了推进新型城镇化工作部际联席会议制度；2015 年 12 月，中央城市工作会议在北京召开；2016 年 2 月，国务院印发了包含九个方面36条具体措施的《关于深入推进新型城镇化建设的若干意见》，对此项工作做出了针对性的全局部署；2019年3月，全国两会政府工作报告中提出，促进区域协调发展，提高新型城镇化质量；2019年4月，国家发展改革委公布出台了《2019年新型城镇化建设重点任务》，提出了深化户籍制度改革、促进大中小城市协调发展等任务；2020年10月中国共产党第十九届中央委员会第五次全体会议提出完善新型城镇化战略，构建高质量发展的国土空间布局和支撑体系。要构建国土空间开发保护新格局，推动区域协调发展，推进以人为核心的新型城镇化；2021年发布的《中华人民共和国国民经济和社会发展第十四个五年规划和2035年远景目标纲要》第八篇提出坚持走中国特色新型城镇化道路，深入推进以人为核心的新型城镇化战略，以城市群、都市圈为依托促进大中小城市和小城镇协调联动、特色化发展，使更多人民群众享有更高品质的城市生活。2022年10月，党的二十大报告中强调"推进以人为核心的新型城镇化，加快农业转移人口市民化。以城市群、都市圈为依托构建大中小城市协调发展格局，推进以县城为重要载体的城镇化建设"①。这对于优化我国城镇布局和形态，进而推动新型城镇化高质量发展具有重大意义。与此同时，生产力的日益增长与有限的城镇发展空间之间的矛盾日益突出：一是随着城镇化的持续推进，城市新区发展过程中出现的"鬼城""空城"以及"空壳城市病"等现象，与新型城镇化宗旨背道而驰。二是农业富余劳动力呈下降趋势，人口老龄化程度加深，从前依靠廉价劳动力推动城镇化发展的模式已不可持续，某些区域和地方以"唯工程论"将物质形态的城镇化建设内容作为完成这项工作的主要标准甚至唯一标准，暴露出了"重物轻人"的工作思路和实际问题，致使土地城镇化率明显快于人口城镇化率，产业集聚与人口集聚之间难以形成协调同步的发展水平。部分新建城镇区域公共服务配套设施不完善，影响城镇人口的集聚以及居民生活质量的提高，户籍人口与外来人口公共服务差距带来城乡二元结构矛盾突出，人口转移必将呈现新

---

① 习近平：《高举中国特色社会主义伟大旗帜 为全面建设社会主义现代化国家而团结奋斗——在中国共产党第二十次全国代表大会上的报告》，人民出版社2022年版，第32页。

局面。三是资源环境与粗放式经济发展模式相矛盾，环境问题已成为各地区产业及城镇建设规划的重要考虑因素，产业转移也将呈现新的态势。

在城市经济持续发展过程中，产业发展是推进城镇有序建设的经济动力，城镇建设是保障产业稳步发展的平台载体。随着城镇规模和容量的扩大，产业发展水平与之动态兼容和适配契合，两者休戚相关的二元关系已然牢不可破。在计划经济时代和改革开放初期，我国城镇化建设经历了无序杂乱与粗放低效的初始阶段，时至今日，针对当前经济转型升级的发展特征与新时代社会变革的发展需要，将"以人为本"思想作为核心理念的新型城镇化建设及其与产业集聚之间日臻紧密的互动关系，正被摆在更为突出的位置而越来越受到重视，产城融合已成为无法阻挡的趋势和选择。推进城镇化，核心是人的城镇化，关键是提高城镇化质量，目的是造福百姓和富裕农民。走集约、节能、生态的新路子，着力提高内在承载力，不能人为"造城"，实现产业发展和城镇建设融合。"一带一路"倡议为我国产业发展的布局升级和新型城镇化建设的合理推进可谓是带来了多重利好，诚然，"一带一路"国内沿线城镇目前的产业发展水平良莠不齐且相互之间产业联动发展水平较低，但以该战略为契机，突破原有行政疆域的空间隔阂，继而对沿线产业实施一体化结构重组与布局规划，不但有利于提振区域产业结构的转型升级步伐和经济收益转化效率，还能助力提高区域范围内新型城镇化建设水平与质量。2014 年颁布的《国家新型城镇化规划（2014—2020 年）》着重强调了城镇化建设对于产业转型升级具有无可替代的促进作用，更明确提出必须围绕现代产业体系的合理空间布局与科学规划设计，促进产业集聚效应的加速形成，继而深化推动新型工业化进程，并带动新型城镇化的高质量建设。国家发改委发布的《2019 年新型城镇化建设重点任务》明确提出：分类引导优化城市产业布局，实施积极的政策导向指引，提升经济密度，强化创新驱动，做优产业集群。产业发展与城镇建设的有机融合、协作分工和同步一致是助推区域经济乃至有力策应全国经济提质增效发展的可靠保障。2020 年国务院政府工作报告中提出，加强新型城镇化建设，发挥中心城市和城市群综合带动作用，培育产业、增加就业。党的十八大、十九大、二十大对新型城镇化发展所需产业支撑、就业转移和人口集聚均逐步提出更加清晰明确的要求，并在探索中将产城互动发展作为经济可持续发展的内生动力。综上所述，系统研判和细致分析产业集聚与新型城镇化两者之间互动发展关系及其规律，对我国所要完成的经济转型升级的重大任务和加快推进社会主义现代化建设紧迫工作，具有举足轻重的理论价值和不可或缺的现实意义。

近年来，中国经济发展洪流中频繁呈现出了以"产业适应性转移和劳动力单向回流"为显著特征的"双转移"现象，这种推拉力矩构成的二元矢量经济发展状况，带动了产业和劳动力向中西部转移。我国产业由东部沿海地带向中西部地区的空间性转移既是大势所趋，也是按照经济规律发挥作用的市场自然行为，体现了平衡发展和协调发展；不仅是企业自身发展的需要，也有利于加快中西部地区工业化和城镇化进程，推动东部经济转型升级，促进协调发展，从而形成在全国范围内优化产业分工的格局。而促进东部地区产业向中西部地区转移早已开始，2010年9月，《国务院关于中西部地区承接产业转移的指导意见》指出：承接东部沿海地区产业转移，是中西部地区产业经济发展的重要举措之一，对于单个县、市、区或产业园区而言，要规划发展某些特定产业，把握周边城市群、都市圈产业转移发展机会，更是实现产业快速发展的有效手段之一。制定产业规划，应该把融入都市圈、城市圈作为宏观战略指引，把承接都市圈和城市群的产业转移作为微观行动路径。当前，中西部承接东部产业转移也呈现出质量、总量逐步加大的特征。伴随产业转移到中西部地区，之前在东部沿海地区务工的劳动力人口呈现出持续回流至安徽、湖北、贵州、重庆、四川等多个中西部省份原籍地的明显态势。根据国家统计局发布的数据显示，2020年我国农民工数量为2.856亿人，超过500万人从城市返回农村。受疫情影响，部分用工企业被迫停工停产，在用工数量下降的同时，农民外出打工被推迟或因疫情反复被迫返回家乡；同时乡村振兴战略的推进也促进了劳动力逐渐回流。相应地，中西部地区人口大省的城镇化步伐不断加快，过去农民工大规模"候鸟式迁徙"的代价是6000万留守儿童和几千万的留守妇女、留守老人，这些家庭为此付出了沉重的代价，需要借助"产业转移和劳动力回流"为主要特征的"双转移"推力，实现就地城镇化。在"双转移"趋势下，中西部地区各城市开始抓住机遇调整承接产业转移所需的产业规划，利用产业集聚效应辐射经济发展，同时加速推进以人为本的新型城镇化建设。

与此同时，城市新区开始担负为人口膨胀增多和产业发展用地提供必要空间的职能，进而分担城市规模扩张压力、就业岗位紧缺压力和经济增速提质压力，成为能承担现代化区域中心城市辐射带动作用的腹地，有着明显的区域示范作用、引领作用，承担着维持区域经济持续增长的历史责任。自 20 世纪 90 年代起，我国中西部城市新区逐步建设发展，在国家、区域、城市战略引导下，中西部地区城市新区已经凭借自然环境条件和政策利好形成了多个特色农业、服务业、智能制造设备园区、高级新技术产业园区或综合化城市新区，初步形成产业集聚效应。中西部城市新区基本公共服务日益健全，为人口转移和产业转移创造了基本条件，交通运输网络不断完善，工业高新技术层层突破，为中西部城市新区产业集聚和新型城镇化良好互动发展提供了有力保障。

当前中西部城市新区处于"产城融合发展"的关键时期，面临着经济再平衡与产业格局再调整的新的时代背景。2015 年 7 月，《国家发展改革委办公厅关于开展产城融合示范区建设有关工作的通知》指出：围绕现代产业园区的基础实际，以产业集聚作为未来发展方向，按照市场经济的基本规律，因地制宜、顺势而为，用产城融合的发展理念指导各产业园区从单一的生产型园区经济向综合性城市经济加速转型，进而为新型城镇化探明道路、指引航程。2016 年国家发改委印发的《关于支持各地开展产城融合示范区建设的通知》在明确目标任务方面强调要走以产兴城、以城带产、产城融合、城乡一体的发展道路，为新型工业化和城镇化融合发展探索可复制、可推广的经验做法。国家发展改革委印发的《2021 年新型城镇化和城乡融合发展重点任务》亦提出协同推进户籍制度改革和城镇基本公共服务常住人口全覆盖，提高农业转移人口市民化质量；在中心城区周边科学发展郊区卫星城，促进多中心、组团式发展，实现产城融合和职住平衡。党的二十大报告提出了"以中国式现代化全面推进中华民族伟大复兴"新的使命任务。① 实践证明，推进以人为核心的新型城镇化与新型工业化、信息化、农业现代化协同发展，是中国式现代化道路的重要内容，也是以中国式现代化推进中华民族伟大复兴的必然选择。立足"产业转移与劳动力回流"的"双转移"大趋势，在新型工业化与新型城镇化协同发展的关键时期，产业集聚与新型城镇化互动发展的内在要求更加紧迫。在"双转移"视角下缓解城市新区发展矛盾，探索产业集聚与新型城镇化互动发展的优化路径成为亟须破解的难题。

第二节　研究目的及意义

一　研究目的

本书基于"双转移"视角下探讨中西部城市新区产业集聚与新型城镇化互动发展，主要有以下目的：

（一）契合新型城镇化战略实施的新形势，为有效破解城市新区发展过程中"有城无市的过度城镇化、新城变空城的'拉美化陷阱'以及众多'城市病'"提供解决新思路，进而为拓展我国经济发展的腹地空间、实现经济持续健康发展找到出路。在城镇化加速推进中建设的城市新区必然承担着为新来入住人口和产业拓展升级所需土地提供足够空间的重大职能，继而缓解日益增加的基础设施建设压力、就业岗位紧缺压力和经济稳定增长压力，以确保能够肩负起助推经济持续发展的历史责任。城市新区发展过程中出现的"鬼城""空城"以及"空壳城市病"等现象，与新型城镇化宗旨背道而驰，既有政策并未从根本上回答上述问题。因此，有必要深入推进新型城镇化战略实施与反思城市新区既有发展模式和政策效果，凸显新阶段城市新区发展战略路径定位新要求，进一步探寻城市新区持续健康发展的适宜路径。

（二）切实推动城市新区发展方式的根本转变，解决城市新区发展中

---

① 习近平：《高举中国特色社会主义伟大旗帜 为全面建设社会主义现代化国家而团结奋斗——在中国共产党第二十次全国代表大会上的报告》，人民出版社 2022 年版，第 21 页。

的既有问题，实现城市新区发展的理想目标，亟待通过走产城互动融合之路推动城市新区"内涵式"发展。城镇化的推动因素是内生的、市场的，以产业发展形成的经济基础是城镇化的根本内容和本质所在，而产业集聚是产业发展到高级阶段的必然选择。城镇化由过去追求城市体量容积的大幅提升、建设规模的无节制扩大、生产生活空间的急速膨胀向当前以高质量发展为主、速度为辅的道路转变，更加注重"以人为核心"和"产业与城镇融合发展"的发展理念。城市新区发展的核心诉求在于通过实现产业与城市发展的双轮驱动、双向提升，促进产业集聚和人口集聚，进而形成新的区域经济增长极和合理的城市发展规划及其空间布局。因此，将研究主题聚焦于产业集聚和新型城镇化互动式发展中彼此之间千丝万缕的关系脉络上，对于探索"摊大饼式无序扩张"的退出机制，改变现有"先建后发展"的进化模式和违背城市发展规律的"造城运动"，都具有重要的现实意义。

（三）在理论思考与实践探索中率先使中西部地区城市新区走上产业集聚与新型城镇化互动发展之路，必须基于"双转移"视域对城市新区拓展进程中产业集聚与新型城镇化互动发展内生机理、市场规律进行科学认识和系统揭示，通过有效的路径选择和政策设计真正建立起城市新区针对自身长远健康发展前景以及个体性独特实际的自我造血、输血乃至血液循环机制。改革开放以来长期惠存的各种经验表明，我国城市新区发展历程揭示了在国家政治经济体制转型和统筹城乡发展大背景下所出现的一种不同于传统城市及西方"新城"的制度与机制。基于产业和劳动力要素从东部地区向中西部地区"双转移"的区域经济发展趋势与机遇，探索中西部城市新区如何通过承接"双转移"率先走上产业集聚与新型城镇化互动发展的自我能力提升道路，对于挖掘改变中西部城市新区"刚性制度"约束的政策机制，丰富新时代中国特色社会主义经济转型理论体系与跨区域统筹发展理论体系，都拥有极为重要的实践意义和理论价值。

二　研究意义

随着新型城镇化的持续推进，城市新区建设的过程中业已出现"有城无市的过度城镇化、新城变空城"的"拉美化陷阱"以及众多城市病等现实问题,本书将为中西部城市新区解决或避免城市问题提供思路,进而将产城互动发展的经验推广至其他地区乃至全国,实现经济社会可持续发展,这对形成符合我国总体国情,又兼具区域特点的产城发展模式具有深远意义。

(一)理论意义

1. 丰富新时期中国特色社会主义经济体制转型理论与区域统筹发展理论。新型城镇化建设与现代工业化建设是中国特色社会主义建设中一个重要的理论问题,要不断地丰富拓展产业发展与新型城镇化建设的理论成果,并切实地以理论来指导中西部地区城市新区新型城镇化建设与现代产业发展。因此,研究中西部城市新区产业集聚与新型城镇化互动发展关系,有利于把握"双转移"趋势,丰富拓展中国特色社会主义经济转型理论与区域统筹发展理论。

2. 促进多学科交叉融合,丰富拓展产城融合问题解决的基础理论。产业集聚与城镇化协调发展过程属于复杂的综合系统,通过运用产业经济学、城市规划、区域经济学、生态学等多学科交叉研究方法探讨产业集聚与城镇化互动发展问题,有利于立足社会科学和自然科学交叉融合解决较为复杂多变的问题。同时,以往对于产业集聚与新型城镇化建设的互动关系大多从主要障碍、政策研究等方面展开,且相关研究集中于东部发达地区,对于中西部地区产城互动关系内在机制探讨还不充分,本书以中西部城市新区为研究对象,从"双转移"的角度进行剖析,有利于丰富和拓展传统学科应用研究领域。

(二)实践意义

1. 切实推进中西部城市新区高质量发展。历史经验表明,发达国家的发展之路与工业化、城镇化发展密不可分,当前我国处于城镇化与工业化同步发展阶段,是现代化建设的核心环节。产业的健康发展是动力,城镇化提供平台和载体,为产业发展提供空间与支持,带动产业发展。因此,本书探讨中西部城市新区产业集聚与新型城镇化互动发展的现实路径,期待通过内涵式发展破解"有产无城"和"有城无产"的困境,对推进中西部城市新区实现高质量发展、加快现代化进程具有重要的现实意义。

2. 促进区域协调发展战略的有效执行。改革开放以来，东部沿海地区借助地理优势和政策优惠率先发展，相较之下，中西部地区深处幅员广阔却交通闭塞不便的内陆，发展水平落后东部地区。因此，本书基于"双转移"视角，探寻中西部地区产业集聚与新型城镇化良好互动发展的实现路径，有助于中西部地区发挥后发优势，合理疏导拓展产业集聚和市场空间由东向西的延伸转移，在我国国民经济全局版图中形成与东部地区交相呼应的新增长极，缩小东中西地区差距，缓解东西部发展不平衡的问题，促进和保障区域协调发展战略的贯彻执行。

3. 保障中西部城市新区社会稳定和全面进步。随着城市新区经济的繁荣和功能的完善，居民的物质生活逐渐殷实，精神生活更加丰富多彩。产业集聚提升生产效率，新型城镇化提高居民生活品质，因此，本书通过推动中西部城市新区构建起产业集聚与新型城镇化两者之间协同推进、相互兼顾的良性互动发展机制，有利于城乡居民公平享有社会主义精神文明和物质文明建设所结出的丰硕果实，保障居民高品质生活，推动社会的整体和谐与全面进步。

第三节　研究设计与主要内容

一　研究思路

城市新区在体制机制创新、区域经济增长、产业健康发展、城市功能健全等多个方面具有示范功能作用，故本书在讨论产业集聚与新型城镇化互动发展时以国家级新区、国家级经济技术开发区及国家级高新区等城市新区作为主要研究对象，同时基于产业转移与劳动力回流"双转移"的创新视角，对作为承接产业转移的重要场所中西部城市新区开展实证考察，进行基于城市新区持续健康内涵发展要求的中西部城市新区产业集聚与新型城镇化互动发展的战略路径选择与政策制度设计。本书遵循以下思路展开：

首先，进行理论建构，在梳理"双转移"趋势下城市新区产业集聚与新型城镇化互动发展的理论成果基础上，形成本书的基本理论框架。

其次，通过开展实地调研、进行资料整理，系统分析我国以及中西部地区城市新区"双转移"情况和产城互动发展现状，基于现实基础深入探讨中西部城市新区产业集聚与新型城镇化建设面临的问题与挑战。

再次，进行实证考察，以我国中西部典型城市新区产业集聚与新型城镇化互动发展情况为现实依据，重点采用描述性实证分析和计量模型实证分析相结合的方法手段，研究中西部城市新区产城互动发展的影响因素和互动机理，明晰中西部城市新区产城互动发展的现实基础，以达到理论借鉴与经验观察相结合的效果。

复次，开展案例分析，剖析国内外典型城市新区发展案例，总结其产业集聚与新型城镇化互动发展的先进做法，以期为中西部地区产城互动发展的路径选择和政策制定提供经验借鉴。

最后，进行战略路径设计，借由通过前面细致严谨分析研判而总结出的论断，利用制度经济学、发展经济学、产业经济学、区域经济学等理论，对我国中西部城市新区产业集聚与新型城镇化之间的互动发展关系开展战略路径与政策创新方面的理论设计。

综合以上研究思路，本书要解决的主要问题有：

1. "双转移"趋势下城市新区产业集聚与新型城镇化互动发展的理论依据与互动逻辑、耦合协调机理、互动发展机制等。研究综合运用产业经济学、城市经济学、发展经济学、系统科学、管理科学等学科理论，对"双转移"趋势下城市新区产业集聚与新型城镇化互动发展的内涵进行理论界定和理念解构，针对中西部城市新区在区域经济发展战略中的定位和阶段性把握，科学分析"双转移"趋势下城市新区产业集聚与新型城镇化互动发展的内在机理，并借助中心—外围模型进行数理推导，继而搭建起围绕中西部城市新建区域内产业集聚态势与新型城镇化形式之间复杂关系的创新理论框架。

2. 以中西部城市新区在我国经济社会中的实践问题为基础，分析"双转移"趋势下城市新区产业集聚与新型城镇化互动发展的现状、存在的主要问题及其制约因素，力图摸清"双转移"趋势下城市新区产业集聚与新型城镇化互动发展的现实基础与问题挑战。

3. 以中西部典型城市新区进行典型性案例调研，通过构建指标体系，系统分析"双转移"趋势下城市新区产业集聚与新型城镇化互动发展的水平,并进行耦合协调测度;在此基础上,构建实证模型,实证分析产业集聚与新型城镇化互动发展的影响因素;运用系统动力学方法,探求"双转移"趋势下城市新区产业集聚与新型城镇化互动发展的内在动力。

4. 剖析国内外典型城市新区发展案例,在借鉴国内外成功经验基础上,基于"双转移"趋势下城市新区产业集聚与新型城镇化互动发展的战略基准、基本目标与路径等视角,运用行动研究法和公共政策分析法等,提出城市新区产业集聚与新型城镇化互动发展的战略路径,并进行相应政策制度设计。

基于此,本书的技术路线如图 1 - 1 所示。

二 主要内容与框架设计

本书梳理了"双转移"趋势下城市新区产业集聚与新型城镇化相关概念、产城互动发展机制等,对中西部典型城市新区产城互动发展的实证考察及我国中西部城市新区产业集聚与新型城镇化建设的现状,并借鉴国内外城市新区产城互动发展的经验,探索符合我国中西部城市新区产城互动发展的战略路径和政策建议。具体研究框架包括四大模块,逻辑关系如图 1 - 2 所示。

模块一:"双转移"趋势下城市新区产业集聚与新型城镇化互动发展的理论建构

①"双转移"趋势下产业集聚与新型城镇化互动发展的概念逻辑。基于人本导向、功能融合、结构匹配的理念和"对称互动"框架,厘清"双转移"趋势下城市新区产业集聚与新型城镇化互动发展的概念逻辑。②"双转移"趋势下城市新区产业集聚与新型城镇化互动发展理念解构与内在机理,从时间、空间、持续、社会、人文、生态六大维度深入剖析产城互动内涵。③从政府政策引导、市场化方式运用、经济要素集聚、效率优化提升、共生协同发展和利益协调均衡等方面构建产城互动发展内在机理分析框架。④构建中心—外围模型,对"双转移"趋势下产业集聚与新型城镇化互动发展关系进行模型推导。

模块二:"双转移"趋势下中西部城市新区产业集聚与新型城镇化互

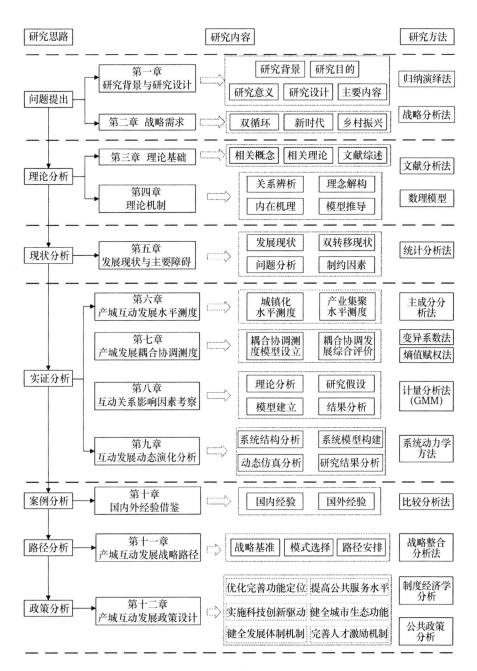

图1-1 研究技术路线示意

动发展的现状基础

①"双转移"趋势下中西部城市新区产业集聚与新型城镇化互动发展现状总结。调研分析全国城市新区发展概述及区域特征,总结产业转移与劳动力转移情况,剖析中西部城市新区产业集聚与新型城镇化互动发展现状。②挖掘中西部城市新区发展过程中在空间布局、产业布局、功能布局、资源要素、环境生态等方面的现存问题。③中西部城市新区产业集聚与新型城镇化互动发展的制约因素分析,从机制体制、公共服务水平、创新能力等角度深入剖析制约互动发展的关键因素。

模块三:"双转移"趋势下中西部城市新区产业集聚与新型城镇化互动发展的实证考察

①构建产业集聚和新型城镇化评价指标体系,采用统计方法初步考察城市新区产业集聚与新型城镇化互动发展的相关关系。②建立产业集聚与城镇化协调度的测度模型和方法,对两者互动发展的动态演进关系进行实证检验。③建立产业集聚与新型城镇化互动发展耦合协调模型,对城市新区产业集聚与新型城镇化协调发展水平进行评价与分析;立足"双转移"趋势,借助系统演化思想构建产业集聚与城镇化之间的动态耦合模型,并得出判别两者耦合特征的具体方法和实现机理。④构建联立方程模型,运用 GMM 估计方法,实证检验对产业集聚与新型城镇化之间互动发展关系产生主要影响的各种因素及其作用机制。⑤围绕产业集聚与新型城镇化之间互动发展关系的特殊实际,构建起有针对性的系统动力学模型,并基于产业集聚、经济、人口城镇化和新型城镇化四个子系统剖析"产城"系统的多重反馈机理,探寻城市新区产业集聚与新型城镇化的互动发展的作用机理。

模块四:"双转移"趋势下中西部城市新区产业集聚与新型城镇化互动发展的战略路径与政策设计

①以上海浦东新区、天津滨海新区、深圳坪山新区、上海青浦新城、匹兹堡、阿德莱德科技城、尔湾市等国内外城市新区为案例,分析总结城市新区产业集聚与新型城镇化互动发展的基本规律与经验。②"双转移"趋势下中西部城市新区产业集聚与新型城镇化互动发展战略路径。基于顶层设计思想,立足思路创新和路径优化,从目标体系、路径安排、

模式选择以及推进机制等视角，制定适应中西部城市新区转型可持续发展的产业集聚与新型城镇化互动发展的总体战略构想与行动策略。③"双转移"趋势下中西部城市新区产业集聚与新型城镇化互动发展的政策创新设计。立足"双转移"趋势和规律，基于互动发展关系类型的差异性特征，创新性的设计出着眼于中西部城市新区产业集聚与新型城镇化之间互动发展关系实际的政策实施举措。

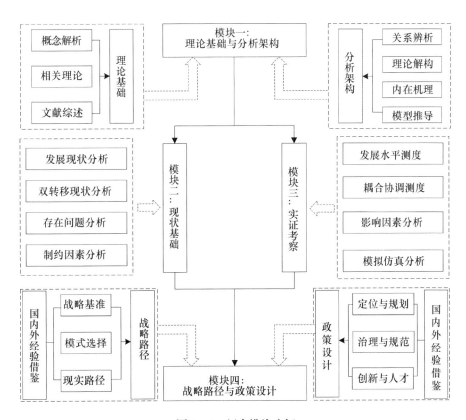

图1-2 研究模块分解

三 研究方法

本书坚持基础研究与应用研究并重、理论研究与实证调查并举、定量分析与定性研判兼顾、综合研究与案例诊断结合，运用发展经济学、产业经济学、城市经济学、空间经济学以及制度经济学等多学科分析方法进行系统研究，具体如下：

1. 理论框架分析：主要运用文献研究方法，在查阅分析各种文献资料的基础上梳理提炼理论观点，形成理论支撑；利用系统要素解析法，剖析城市新区产业集聚与新型城镇化互动发展的内在机理，构建产业集聚与新型城镇化互动发展的理论分析框架。

2. 实证考察分析：主要采用主成分分析法对城市新区产业集聚与新型城镇化水平进行衡量；借助物理学中的耦合概念和方法流程研究两者互动发展的耦合协调机理；利用计量经济学方法构建动态面板联立方程模型分析两者互动发展关系影响因素；基于系统动力学（SD）方法进行模型仿真和政策模拟。

3. 战略路径分析：主要采用案例分析法对国内外城市新区典型发展案例开展模式梳理和经验总结，为中西部城市新区发展路径的制定提供借鉴参考；采用总体架构理论（EA），结合战略整合分析法等提出中西部城市新区产城互动发展的战略路径；采用制度经济学分析和公共政策分析等，进行政策制度设计，提出适合中西部城市新区产业集聚与新型城镇化互动发展的创新制度和对策措施。

第 二 章

产业集聚与新型城镇化
互动发展的战略需求

  本部分对产业集聚与新型城镇化互动发展的战略需求进行阐述，首先提出新时代背景下产业集聚与新型城镇化互动发展的新使命、新要求；其次在阐释"双循环"新发展格局的重要性、特征等基础上讨论产业集聚与新型城镇化互动发展在"双循环"中的内核作用；最后通过对乡村振兴战略与产城融合相互作用关系的分析，强调乡村振兴与新型城镇化融合发展的必然趋势。

第一节　新时代背景下产业发展与新型城镇化

  1. 从国家战略高度认识新时代新型城镇化与产业互动发展的新使命。中国特色社会主义进入了新时代，这是党的十九大做出的一个重大政治判断，是一项关系全局的战略考量，是改革开放以来我国社会发展进步的一个新的历史阶段，是我国社会主要矛盾运动的必然结果。党的二十大报告进一步提出"以中国式现代化全面推进中华民族伟大复兴"，[①] 强调中国式现代化是中国共产党领导的社会主义现代化，既有各国现代化的共同特征，更有基于自己国情的中国特色。中国式现代化开辟了现代化的新境界新格局新高度。我国社会主要矛盾已经转化为人民日益增长

---

  ① 习近平：《高举中国特色社会主义伟大旗帜 为全面建设社会主义现代化国家而团结奋斗——在中国共产党第二十次全国代表大会上的报告》人民出版社 2022 年版，第 21 页。

的美好生活需要和不平衡不充分的发展之间的矛盾。着力解决好发展不平衡不充分问题，大力提升发展质量和效益，更好满足人民在经济、政治、文化、社会、生态等方面日益增长的需要，更好推动人的全面发展、社会全面进步，这是新时代对我们发展的要求。城镇化伴随着工业化发展，是非农产业在城镇聚集、农村人口向城镇集中的自然历史过程，是人类社会发展的客观趋势，是国家现代化的重要标志。面向未来，我国城镇化建设以及产业转型升级仍有较大发展空间，需要从国家战略高度认识推进产城融合对经济社会发展的重大意义，主动把握产城融合蕴含的巨大机遇，准确研判产城融合发展的趋势特点，以新目标新思路推动产、城、人融合优质发展。只有以人为核心的新型城镇化建设与产业发展的良性互动才能满足新时代的发展要求。新时代背景下，产、城、人的融合是人口、产业、空间的结构性匹配过程，是不断攻克经济社会发展阶段出现的发展模式、体制机制、规划布局等方面瓶颈的过程。产城融合发展是解决社会主要矛盾、满足人民日益增长的美好生活需要、推动经济高质量发展的重要抓手。以人为本、生产生活和谐有序、全面持续发展是新时期对城市新区发展的新要求。产城互动发展过程中要不断提升城市功能，因为创造最适合于人生活和工作的城市空间环境是城市的根本价值。

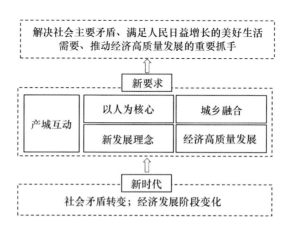

图 2 - 1　新时代背景下产城互动发展要求示意

2. 新时代对新型城镇化与产业集聚互动发展提出新要求。新型城镇化与产业集聚发展开始从"量"向"质"转变。新型城镇化与产业互动发展在解决新时代我国社会主要矛盾、满足人民日益增长的美好生活需要、推动经济高质量发展等方面具有重要作用。新时代具有经济发展提质增效、政治道路成熟稳健、文化自信不断彰显、治理水平不断提升、生态环境有序恢复等方面的特征，由此对新型城镇化建设与产业发展互动提出了更严格的要求。落实"以人为核心"，要遵循经济社会发展规律，认清我国城市水平落后于工业化水平、城市建设水平与产业发展水平无法满足人民需求的现实问题；不断完善城市功能、提高城市服务水平，更加体现人性化的价值取向，让生活在城市里的人有幸福感。要秉持"创新、协调、绿色、开放、共享"的发展理念：创新城镇规划与产业规划的协调发展，优化产城主体形态和空间布局，通过技术创新推动产业升级，促进产业链水平高级化，完善创新体制机制，营造良好的城市创新环境；充分发挥城镇化建设在区域协调发展中的积极作用，更加注重大中小城市之间、东中西部城市之间的协调发展，制定精准的土地、财政和重大项目倾斜等政策，引导人口在大中小城市和小城镇合理布局，努力做好中西部地区产业承接工作，推动中西部地区产业转型升级；加强生态文明建设，加快城镇绿色生态空间规划，推进绿色低碳城镇建设，发展低碳、节约的环保产业，倡导绿色低碳的生活方式和消费模式，处理好城市发展与自然生态的关系，促进生产、生活、生态和谐发展；加快农村转移人口市民化，依托"一带一路""长江经济带"等机遇，利用好国际国内两种资源、两个市场，加强区域间开放交流，提高城镇与产业对外开放水平；提高居民收入，完善社会保障，实现公共服务均等化。推动城乡融合发展，推动新型城镇化建设与乡村振兴战略双轮驱动，在推进产城融合的同时，促进乡村振兴，增强乡村公共服务能力和基础设施建设，促进农村人口有序流动进城安居乐业，提高城市公共服务供给能力。要努力实现经济高质量发展，优化城市布局与产业布局，以产业发展带动城市经济增长，通过城市优化提升为承载产业发展提供更广阔优质的空间。

第二节 "双循环"新发展格局下产业
发展与新型城镇化

1. 实现"双循环"是外部环境变化的必然结果，是国内发展阶段转换的必经之路。当前，我国发展环境正面临"世界百年未有之大变局"和"中华民族伟大复兴的战略全局""两个大局"历史关键节点，这是习近平新时代中国特色社会主义思想立足世情国情做出的深入分析和科学判断。从世界发展的趋势研判看，世界正经历百年未有之大变局，国际形势错综复杂，世界经济低迷，全球市场萎缩，经济全球化进程受阻；保护主义上升、大国竞争与博弈加剧，导致全球经济治理体系快速变革。从中国发展的历史走向看，我国迈入中华民族伟大复兴历史进程，全面建成小康社会取得决定性成就，经济实力、科技实力、综合国力跃上新的大台阶。大局之下，我国的发展暴露出部分中长期问题，国内改革发展稳定任务艰巨繁重，发展不平衡不充分问题仍然突出，科技创新、城乡差距、生态环保等任务仍旧艰巨。中国具有全球最完整且规模最大的工业体系、强大的生产能力、完善的配套能力，作为全球第二大经济体，能够释放巨大潜力。根据我国发展阶段、环境、条件变化，以习近平同志为核心的党中央做出"推动形成以国内大循环为主体、国内国际双循环相互促进的新发展格局"的战略决策，这是事关全局的系统性深层次变革。以国内大循环为主体带动国内国际双循环，以"双循环"助推大循环，持续保障国民经济中生产、分配、流通、消费的高质量循环提升，成为谋划中国经济下一程的重点内容。

2. 产城融合发展是促进国内大循环、重塑国际大循环的"内核"。以内需为导向、以发挥国内超大规模市场优势为指引的区域经济一体化、产城发展一体化、城乡一体化进程将进一步加快。要形成国内大循环为主体，应以产业为先导，以市场为手段，提高要素生产率和报酬率，提高居民可支配收入，基于庞大的消费意愿和能力辅以大规模投资，促进产业和消费协同升级。城镇是国内人口主要聚集地，是产业集聚、产业创新和产业发展的重要空间，在"双循环"新发展格局中将扮演重要角色。产城融合发展为内循环提供了最优的空间支撑与物质支撑。产城融合体现了助推国内大循环的两个关键点，即扩大内需和产业链的创新性、开放性与稳定性。新型城镇化建设是扩内需的重要内容，也是扩内需的重要保障。产业聚集是城镇形成和发展的基础，城镇化又能通过聚集效应促使产业不断创新升级，是城市发展的内生动力，有利于提升城市竞争力形成区域增长极。加快推动新型城镇化建设，可进一步拓展投资空间、产业空间、生活空间，有效助推"双循环"新发展格局的形成；同时，通过产业转型升级，促进要素自由流动，利用"一带一路"扩大对外开放水平，借助中西部梯度转移，确保国内产业链安全稳定提升，以此在良好的国内循环的基础上提升在国际循环中的地位和竞争力。

3. 产城融合在生产、分配、流通、消费领域发挥对"双循环"的战略支撑作用。在"双循环"背景下，可从畅通生产、分配、流通、消费四个领域理解新型城镇化建设与产业集聚互动发展对国内大循环新发展格局的战略支撑作用。进入"十四五"时期，产城融合发展需贯彻"新发展理念"，做到"以人为核心"。新型城镇化与产业集聚良好的互动发展，首先可以为产业集聚提供良好的生存建设空间，通过 5G 通信网络、大数据、物联网、人工智能等新基建提高企业集聚优势，同时为企业科技创新提供更优质的平台、环境等，大量人才的集聚和技术创新使产业链不断升级优化，进而推动区域经济高质量发展；通过产城互动的统筹布局优化，不断完善的收入分配制度、土地制度、财税制度等提高居民可支配收入以及降低企业生产成本，从居民实际购买能力上提高其消费能力；产业集聚最大的优势是供应链优势，不仅仅是上下游产品，包括信息流、物流、人才资源等等都高度聚集，使集群内部企业成本大大降低，形成巨大的边际效应；汇集更多常住人口的新型城镇化市场规模迅速扩大，消费基数不断扩大，随着城市居民对生活品质的提高，对医疗、教育、商品和服务的需求不断提高，对综合交通、生态保护、市政公用、公共安全、民生保障等领域需求更全面，有助于吸引更多投资，形成持续产业转型升级的推力，提供更好的产品满足内需，通过产城融合带动投资和消费需求，以此助推"双循环"新发展格局构建。

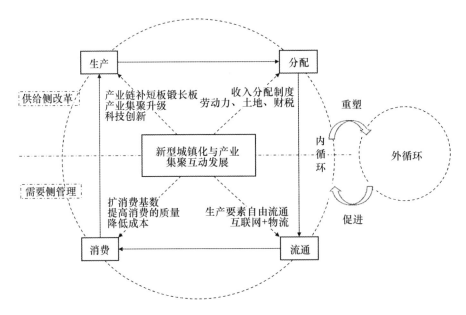

图 2 - 2　产城互动对双循环的促进机制示意

第三节　乡村振兴战略下产业发展与新型城镇化

1. 乡村振兴战略是决胜全面建成小康社会、全面建设社会主义现代化国家的重大历史任务。党的十九大报告指出，农业、农村、农民、问题是关系国计民生的根本性问题，必须始终把解决好"三农"问题作为全党工作的重中之重，实施乡村振兴战略，是新时代做好"三农"工作的总抓手。党的二十大报告强调"全面建设社会主义现代化国家，最艰巨最繁重的任务仍然在农村"。①《中共中央国务院关于实施乡村振兴战略的意见》提出，要坚持农业、农村优先发展，按照产业兴旺、生态宜居、乡风文明、治理有效、生活富裕的总要求，建立健全城乡融合发展体制机制和政策体系，加快推进农业、农村现代化。《中共中央关于制定国民

---

① 习近平：《高举中国特色社会主义伟大旗帜 为全面建设社会主义现代化国家而团结奋斗——在中国共产党第二十次全国代表大会上的报告》，人民出版社 2022 年版，第31—32 页。

经济和社会发展第十四个五年规划和二〇三五年远景目标的建议》强调："十四五"时期要全面实施乡村振兴战略，强化以工补农、以城带乡，推动形成工农互促、城乡互补、协调发展、共同繁荣的新型工农城乡关系，加快农业、农村现代化。要围绕立足新发展阶段、贯彻新发展理念、构建新发展格局带来的新形势、提出的新要求，扎实做好新发展阶段"三农"工作，促进农业高质高效、乡村宜居宜业、农民富裕富足。

2. 产城融合发展助力乡村振兴。新型城镇化与产业融合发展有助于农村人口减少，减轻国家支持乡村振兴的压力。"十三五"时期，我国1亿农业转移人口和其他常住人口在城镇落户目标顺利实现，城镇棚户区住房改造超过 2100 万套；脱贫攻坚成果举世瞩目，5575 万农村贫困人口实现脱贫，960 多万建档立卡贫困人口通过易地扶贫搬迁摆脱了"一方水土难养一方人"的困境，区域性整体贫困得到解决，完成了消除绝对贫困的艰巨任务。产业集聚与新型城镇化的融合发展为农民提供了更多的就业机会，使大量农业人口转移，为产城发展提供了丰富的人力资源，同时随着产业发展，城市经济水平不断提高，城镇吸纳非农就业的能力在不断增强，农民人均可支配收入中工资性收入占比不断升高。随着户籍制度的改革完善以及转入农业人口医疗、住房、教育等保障水平提高，农村人口减少，城镇人口增加，大大减轻了国家支持乡村振兴的压力。在产业方面，产城互动发展为产业发展提供了更舒适的空间，经济水平的提高为国家推动乡村振兴提供资金支持，保持主要帮扶政策和财政投入力度总体稳定，推进脱贫地区发展。农村人口的减少，同样有利于农业现代化要素的投入和适度规模经营。同时，产城优化布局，可依托产业集聚群发展带动旅游、文化、养老、休闲等绿色产业，为农民就近城镇化、农业农村现代化提供有力支撑。

3. 乡村振兴与新型城镇化融合发展是必然趋势。城与乡承载着同等重要的价值并需要有机结合在一起。城乡区域差距是高质量发展的重要短板，新型城镇化战略和乡村振兴战略双轮驱动，是推动中国现代化发展的重要方向。新型城镇化主要着眼于高质量提升城镇化水平，同时有助于带动农业农村现代化；乡村振兴战略主要着眼于农业农村发展，同时有助于新型城镇化的顺利推进。乡村振兴和新型城镇化都是我国建设

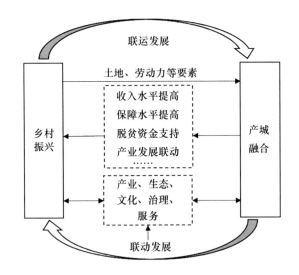

图 2 - 3　乡村振兴与产业融合互动发展示意

推进现代化建设的必经途径，振兴乡村与建设城镇之间并不矛盾，两者是相辅相成的，推进手段也是一致的和互补的。乡村振兴是城镇化发展的基本动力，城镇化发展也为乡村的振兴创造条件，随着城乡二元结构的破解，生产要素双向流动，将进一步促进二者融合发展。乡村振兴和新型城镇化作为国家现代化的重要标志，既是消费提振的"加速器"，也是投资扩张的"催化剂"，二者的协同推进将持续释放城乡生产生活消费、就业保障、基础设施和公共服务等需求潜力。只有新型城镇化和乡村振兴战略联动推进，才能通过"两翼齐飞"走出一条中国特色的城乡融合发展之路。

乡村振兴中的产业兴旺、生态宜居、乡风文明、治理有效、生活富裕的内容可与产城融合规划中现代产业体系建设、生态文明建设、文化传承、社会治理、公共服务建设等板块联动发展，为构建新发展格局提供持久、稳定、协同的动力源。

第四节　产业高质量发展与智慧城镇建设的融合

1. 产业高质量发展、智慧城镇建设是新时代要求下的迫切之举。产业是支撑经济增长、推进现代化、保障国家安全的核心力量。当前，我国经济已由高速增长阶段转向高质量发展阶段，随着新一轮科技革命和产业变革深入推进，中国产业发展面临短期性问题与长期性问题叠加、国内因素与国外因素交织、外部风险与不确定性增加的重大挑战。如何在全球变革中加速产业强国建设步伐，推进产业高质量发展，是实现中华民族伟大复兴的战略抉择。产业高质量发展依赖现代化产业体系，需形成合理的产业结构，提供高品质产品与服务，形成强大的创新能力与竞争力，产生良好的经济效益。智慧城镇建设是提高新型城镇化质量、推动产业升级的重要助力。随着移动互联网、云计算、大数据的应用逐渐开始渗透到城镇经济社会各个领域，作为现代经济发展与社会生活的重要载体，智慧城市越发受到重视。党的十九大报告明确提出建设"智慧社会"，党的二十大报告进一步指出"打造宜居、韧性、智慧城市"。①政府工作报告亦提到新型城镇化要体现以人为核心，提高柔性化治理、精细化服务水平，让城市更加宜居，更具包容和人文关怀。均为新型智慧城镇建设指明了方向和路径。智慧城镇建设在引领信息技术应用、提升城市综合竞争力、实现城市可持续发展等方面具有重要作用，蕴藏着创新供给和扩大需求的巨大潜力和空间，有利于推动我国经济高质量发展。新时代背景下产业高质量发展与智慧城镇建设融合是产城融合发展的必然趋势。

2. 产业高质量发展通过经济增长、信息化水平提高、技术创新能力提升推动智慧城镇建设。首先，地区经济发展需要产业支撑，合理化和高级化的产业结构是促进区域经济发展重要因素之一。产业高质量发展的重要特征是跟踪全球新一轮科技革命趋势，前瞻性研究未来生产生活

---

① 习近平：《高举中国特色社会主义伟大旗帜　为全面建设社会主义现代化国家而团结奋斗——在中国共产党第二十次全国代表大会上的报告》，人民出版社 2022 年版，第 32 页。

方式、居民需求和消费场景，通过持续的创新驱动，提出产业体系优化的智能化动态调整策略，优化商业模式，不断培育新兴经济增长点。故产业高质量发展可以在"双循环"背景下更好地满足国内消费需求，激发消费潜力，拉动国内生产总值的大幅提升，成为城镇经济发展的重要推手。其次，党的十九大报告指出，"推动新型工业化、信息化、城镇化、农业现代化同步发展"，展示了信息化在工业化、城镇化间的密切关系。而推动大数据、物联网、5G等新技术在各行业的应用，加快推进产业数字化转型；以信息化、数字化、智能化为导向，引导传统企业数字化转型是产业高质量发展的重要变革路径。产业高质量发展既是信息化发展的产出形式之一又是信息化发展的重要媒介载体，通过信息化水平提高改变人们生活方式，如在线教育、在线医疗、电商消费等有利于提升城镇化质量；亦通过完善城镇在智慧交通、政府管理等方面的基本功能，促进城镇智慧化发展。最后，依靠创新推动实体经济高质量发展，培育壮大新动能。技术创新是推动产业高质量发展与城镇化建设的可持续动力。产业高质量发展对创新人才的吸纳能力极强，能为智慧城镇建设同样输送活力；同时产业高质量发展所带来的技术创新能切实提高智慧城镇建设中资源利用效率、环境污染治理能力和城市管理能力。

3. 智慧城镇建设为产业高质量发展提供载体与空间，两者相辅相成。智慧城镇建设是将"智慧城市、智慧产业、智慧科学"的概念引入城镇，以城镇的生态化、网络化、数字化、幸福感为出发点，通过打造智慧城镇为城镇化提供居住、生产、休闲、工作等便利的环境，从而加快产业城镇、文化城镇、科技城镇建设，推动城镇经济社会进步。作为信息化、工业化和城镇化同步推进的重要结合点和突破口，智慧城镇建设以智慧的方式建设城市，用智慧的产业支撑城市，以智慧的手段治理城市，有助于促进城乡各个关键系统和谐高效地运行，提高新型城镇化质量。智慧城镇建设可以带动实体经济发展，成为扩大内需、调整优化产业结构的重要推进器。大数据、云计算、物联网、人工智能等智慧产业的出现为城市发展带来了巨大的机遇，同时，新型智慧城镇建设的加速推进又引发对新一代智慧技术的巨大需求，为产业高质量发展提供了更广阔的空间，形成良好的互动效应。而基于新一代智慧技术应用构建的制度环境和生态系统，有利于激发全社会创新活力，更好地推动我国经济新旧动能转换，不断增强我国经济创新力和竞争力。同时产业高质量发展，离不开良好营商环境的支撑，优化营商环境是激发各类市场主体活力和创造力的重要要求。智慧城镇建设依托于信息技术的创新运用，为城市各类主体提供高效率、高质量的服务，此过程将不断优化营商环境，为产业高质量发展提供空间。

第三章

产业集聚与新型城镇化
互动发展的理论基础

本部分首先对"双转移"趋势下城市新区产业集聚与新型城镇化互动发展研究所涉及的双转移、城市新区、产业集聚、新型城镇化及产城互动发展等相关基本概念进行介绍与界定；其次对五个基本概念所涉及的相关理论进行归纳阐述，构建本书的理论框架；基于"双转移"、产业集聚、新型城镇化、产业集聚与新型城镇化相互关系四个维度进行文献梳理，并对研究现状及趋势做出总结，为后续的机理分析与实证讨论奠定理论基础。

第一节 概念界定

一 "双转移"

"双转移"是指产业转移和劳动力转移。产业转移是指在市场经济条件下，发生在不同经济发展水平的区域之间的一种产业在空间分布上由发达区域向欠发达区域转移的现象，造成这种现象的原因在于区域间比较优势的存在导致部分发达区域的企业通过直接投资将相关产业转移到欠发达区域。产业转移不仅仅是一个资源空间流动的过程，亦是资源优化配置的过程，其最根本的特点是从经济发达地区向经济落后地区的生产转移，以达到缩小区域经济差异、促进经济协调发展的目的。劳动力转移从要素流动的角度一般指劳动人口由第一向第二、三产业转移，受收入、就业机会、社会保障水平、基础设施等区域间差异影响，由经济欠发达地区向经济发达地区转移的经济现象。劳动力回流指劳动力到某一地区务工，经过一段时间以后由于各方面主观或客观的因素重新返回到原户籍所在地居住、务工的现象。

随着东中西部不同地区资源、环境承载力与经济发展矛盾点的差异，以产业转移和劳动力转移为核心的"双转移"现象日益凸显。从实践来看，2008 年广东发布《关于推进产业转移和劳动力转移的决定》，标志着"双转移"战略的正式提出，指出：珠三角劳动密集型产业向东西两翼、粤北山区转移；东西两翼、粤北山区的劳动力，一方面向当地二、三产业转移，另一方面其中的一些较高素质劳动力，向发达的珠三角地区转移。基于此，"双转移"定义为：适应经济发展基本规律和产业分工地位差异，基于要素禀赋、市场需求以及技术更替等经济基础条件变化趋势，充分发挥市场化工具和政府政策性引导，实现产业和劳动力在不同发展水平的区域间动态转移的过程。"双转移"概念的逻辑关系如图 3 - 1 所示。

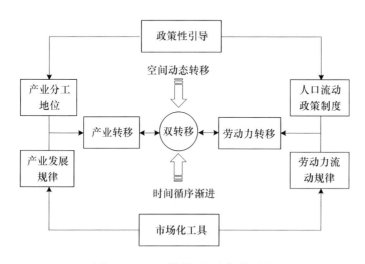

图 3 - 1　"双转移"概念解构示意

二　城市新区

城市新区是指政府基于经济社会发展需要，依托老城或跳出老城，在城市规划区内建设具有特色功能的新城区，通过城市发展空间的拓展，实现老城功能的疏解、转移或提升。城市新区在空间结构上，是改变城市原有的用地结构，实现单核向多核的转变；在功能定位上，能够反映城市新型职能的培育和演化的方向；在地域范围上，位于城市规划范围内；在与母城的关系上，与旧城相对应，是母城的有机组成部分；在独立性方面，具有相对的独立性，而非工业区或者居住区的内涵。20 世纪 80 年代初期我国设立了经济特区，由于其发展迅速、经济效应良好，我国开始大规模进行开发区的设立、建设与示范实践，各类经济开发区、高新区以及边境经济合作区等不断涌现，并在 20 世纪 90 年代初期和末期掀起了两次"开发区热"。

城市新区按照不同的标准主要有以下分类：

1. 基于主导功能的差异可划分为：（1）工业开发型新区，此类新区以工业及其相关产业为主，比如各层次和类别的工业园区、物流园区等；（2）科研教育园区，此类园区依托科研机构、高等院校、高科技企业的汇聚而形成的技术密集型新区，比如高新技术开发区、大学城等。

2. 基于发展完善程度可划分为：（1）单一型新区，此类新区承接城市发展的单一方面功能，如旅游度假新区、保税区等；（2）综合型新区，此类新区承接多种城市功能，各功能分区的作用和规模相当、难分主次，发展较为完备。

3. 基于发展动力因素可划分为：（1）主动发展型新区，此类新区为满足工业化、城镇化发展实际而主动发展开发，以缓解城市发展或产业聚集问题，发展的主要驱动力来自经济、社会需求；（2）规划开发型新区，此类新区在政府主导下进行统一的规划和开发，并制定相关政策吸引企业、人才入驻，发展的主要驱动力来自政府支持，多见于行政中心新城和副中心新城。

4. 基于区域战略功能的定位可划分为：（1）国家级新区，此类新区是由国务院批准并统一进行规划的综合功能区，根据所承担的国家重大发展和改革开放战略任务制定整体发展目标和定位；（2）地方级新区，此类新区由地方政府根据区域经济社会发展的需要批准设立，根据区域特色和所承担的任务制定规划和目标，主要包括省级新区、市级新区、县级新区三类。

5. 基于管辖权限和战略导向可分为：（1）国家级高新区，归属于科技部管辖，侧重于集聚研发类企业，譬如科技含量高的高端装备制造等战略性新兴产业等；（2）国家级经济技术开发区，归属于商务部管辖，是为实行改革开放政策而设立的现代化工业、产业园区，主要解决我国长期存在的审批手续繁杂、机构功能叠加等制约经济社会发展的体制问题；（3）国家级循环经济产业园区，归属于国家发改委管辖，主要以可持续发展为最终目标，致力于污染预防和物质循环流动，推动绿色发展和生态文明建设。

三　产业集聚

产业集聚是指某一空间区域内，同一类型产品涉及的上下游生产企业及配套的服务企业基于共同的目标和利益而聚集到一起的现象。产业集聚现象早期受到马歇尔、韦伯等的关注，之后以克鲁格曼为代表的新经济地理学家围绕产业集聚现象开展了系统的理论研究。由于涉及经济学、管理学和地理学多学科，目前学者对产业集聚尚未形成统一的概念界定，其中主流的定义包括：

1. 产业集聚是产业发展演化过程中形成的一种地缘现象，作为区域经济发展的主要动力，具有外围产业发展支持体系健全、上中下游产业链条完整、整体灵活机动的特点。

2. 产业集聚是指生产或者销售同类产品的企业或者某一领域相互关联的企业在地理空间上的集中，是产业在地理空间上的非均衡分布。

3. 产业集聚是一种地域生产综合体，聚集的大量企业通过分工合作形成协调有序的社会生产网络、互联互通的经济要素资源交易节点以及互相认同的文化价值观念。

与之相关的概念是产业集群，产业集群是指特定区域中具有竞合关系且在地理上集中，有交互关联性的市场主体等构成的群体。产业集聚强调同一产业内各企业的集聚，产业集群的重点则在于不同产业的相互配合、分工协作。本书侧重于两者概念内涵的共同点，为表述方便，少数存在交叉使用的情况。

四　新型城镇化

城镇化是指人口向城镇集中的过程，表现为一方面城镇数目的增多和城市人口规模的扩大，另一方面第一产业占比不断减少，第二产业、第三产业占比不断提高。城镇化具有阶段性特征，内涵也随着阶段性的变化而调整。城镇化初期带有明显的粗放型特征和过渡性质，外延的无序扩张带来资源配置失灵、资源被无节制消耗、生态环境破坏、土地掠夺式占用等问题，因此初期城镇化发展在发展理念与模式方面亟须改革，新型城镇发展的紧迫性与必然性更加凸显。2012年，中央经济工作会议首次提出"把生态文明理念和原则全面融入城镇化全过程，走集约、智能、绿色、低碳的新型城镇化道路"，确立了新型城镇化在推动经济发展中的重要作用。2014年，中共中央、国务院印发了《国家新型城镇化规划（2014—2020年）》提出的新型城镇化，是以城乡统筹、城乡一体、产城互动、节约集约、生态宜居、和谐发展为基本特征的城镇化，是大中小城市、小城镇、新型农村社区协调发展、互促共进的城镇化。新型城镇化的"新"在发展理念、动力机制、空间布局模式、城乡协调等方面有根本性转变，目的是实现城镇化由"量"向"质"的过渡，由片面追求城市空间和规模的扩张向提升城市品质等内涵转变，使城镇成为高品质的宜居之所。

1. 以人为本。传统城镇化建设盲目地进行规模的扩大，而新型城镇化坚持贯彻"以人为本"的发展理念，人口转移是内因也是表现，注重提升社会公共服务水平，促进发展成果全民共享，使居民更具幸福感、安全感，实现统筹、和谐的城镇化发展目标。

2. 资源集约。传统的城镇化主要依靠粗放型发展模式，造成严重的资源浪费和环境污染，而新型城镇化采取资源集约型的发展模式，通过提高资源有效利用率和技术创新促进经济效益的提升，大力发展战略性新兴产业，为新型城镇化建设提供更多驱动力。

3. 科学布局。传统的城镇化片面追求单一功能目标的实现，缺乏对生态或地理要素空间的合理分布与配置，造成城市空间格局功能失衡。新型城镇化基于现代化管理体制，能够对产业、人口、市政进行科学规划和布局，促进城镇功能完善、空间优化，实现城镇均衡发展。

4. 协调发展。传统城镇化片面强调城市自身的发展，忽视与周边城镇的互动，造成城乡发展的不均衡。新型城镇化打破城乡二元结构，加强城乡统筹规划，推动教育、医疗、住房等社会公共服务资源在城乡居民之间更加均等化，实现城市公共服务向农村延伸，走城乡共同繁荣的发展道路。

五 产城互动发展

产城互动发展是城市新区产业集聚与新型城镇化建设相互融合、协同共进的发展模式和动态过程，是在转型升级背景下提出的一种发展思路。产城互动发展要求产业与城市进行空间整合、功能融合，产业为城市发展提供支撑，城市为产业发展提供依托，以产促城、以城兴产，最终实现产城融合发展目标。产业集聚与新型城镇化是一种相互促进、协同发展、互为一体的耦合关系，产城融合是两者之间耦合作用的结果。基于此，本书结合行文语境，在部分阐述中将产城融合发展、产城一体化发展、产业协同发展与产城互动发展等交叉使用。产城互动发展主要遵循以下作用机制：

1. 产业集聚是新型城镇化的主要推动力。产业集聚拓展了新型城镇化的发展空间，降低了新型城镇化的成本，对新型城镇化形成了有效的支撑。此外，产业集聚的核心是人口、要素的高度集中、不断汇聚的过程，与新型城镇化的过程在本质上是相契合的，是新型城镇化内涵的进一步提升。

2. 新型城镇化是产业集聚的重要载体。新型城镇化是产业集聚的前提和条件，通过住房、交通、娱乐、医疗、教育等基础性和生活性服务设施建设，为各类要素汇聚提供载体平台。随着新型城镇化水平的不断提高，为产业集聚向产业升级、技术创新等更高层次的演进提供了契机。

3. 产城互动发展是一个动态的过程。产城互动发展主要通过空间位置、功能组织、交通组织的合理安排，达到合理配置资源、完善城市职能、促进产业发展的目的，是产业集聚和新型城镇化协同共进与良性互动的动态演进过程。

第二节　相关理论

一　"双转移"相关理论

（一）产业转移理论

1. 劳动密集型产业转移理论

刘易斯（Lewis，1977）从发展经济学角度提出了"劳动密集型产业转移论"，通过考察 20 世纪 60 年代部分劳动密集型产业从发达国家转移到发展中国家的现象，提出发达国家人口增长不足是引起转移的重要原因。由于人口增速低于工业经济增速，因而劳动密集型产业的比较优势因国内非熟练劳动力供给不足、劳动力成本进一步上升逐渐丧失，导致发达国家与发展中国家在劳动密集型产业和劳动密集型产品的双向流动。在发展中国家快速发展劳动密集型产业的同时，使得发达国家产业结构实现转型升级，满足了彼此产业发展与社会发展的需要，引起新一轮全球经济秩序调整。学者研究发现，在开放的经济体系中就各种生产要素密集型产业而言，劳动密集型产业发生转移的可能性显著高于资本密集型产业，在此过程中带来的企业规模和创新速度的增长对产业转移的承接地产生积极影响，而预期的不确定性因素可能对产业转移形成阻碍（Pennings and Sleuwaegen，2000）。

2. 产业生命周期理论

产业生命周期是产业从开始进入市场到最终退出市场的整个过程，该理论是在产品生命周期理论的基础上发展起来的。费农（Vernon，1966）认为产业演化周期与产品生命周期有关，产品生命周期是产业空间演化的表现形式。一般说来，产业发展要经历形成（创新）、成长、成熟、衰退的周期。在产业创新形成阶段，本国的技术优势会成为竞争优势，这些优势产品以出口为主。而在产品技术成熟和标准化生产阶段，劳动密集型产业由本国向其他劳动力比较优势区域转移，产品以进口为主。政府根据产业所处的阶段，制定有针对性的战略举措。

3. 梯度转移理论

梯度转移理论认为，产业结构形态影响区域经济发展水平，而产业结构形态主要取决于地区经济部门，尤其是该区域主导产业在产业生命周期中所处的发展阶段。若某区域的主导产业科技含量高、资源效率高、成长潜力大，并且能够引领区域经济发展，则认为该区域具有较大的发展潜能，经济学上把该区域列入高梯度区域。实践证明，知识含量高、科技创新能力强的活动基本发生在高梯度区域。科技创新水平是决定区域发展梯度层次的关键因素。随着产业发展规律的演变，一国或区域会发生产业渐近性转移，大多从高梯度区域转向低梯度区域。总体而言，梯度转移理论认为高梯度区域应首先加快自身发展，跟随产业发展规律，在时机成熟时逐步向欠发达地区进行产业转移，进而辐射和带动区域经济发展水平的提升。

4. 雁型模式

"雁型模式"（Flying Geese Paradigm）起初是用来分析日本国内特定产业发展模式的一种产业发展理论（Akamatsu，1932）。修正后的"雁型模式"成为基于动态比较优势的东亚国际分工模型，该理论认为该地区产业结构相对优势由较先进的国家或地区不断转移到较不发达的国家或地区。该地区的欠发达国家被认为是"类似大雁飞行方式，按照它们在不同经济增长阶段的顺序，先后在先进工业国家之后依次承接产业转移"（Ozawa，2005）。该模型的主要驱动因素是"领头雁"受国内劳动力成本上涨的压力而产生"对国内产业重组升级的紧迫性"（Kasahara，2004）。由于"领头雁"在全球范围的比较优势使其不断从劳动密集型产业向资本密集型产业转移，因此将其生产率较低的产业转移至发展程度相对较低的国家，然后在更低层级的国家之间再重复该模式。"雁型模式"在描述东亚区域产业结构升级与产业转移时被学者们广泛接受。

5. 边际产业扩张论

日本学者小岛清在比较优势理论的基础上，提出了"日本式对外直接投资理论"，即"边际产业扩张论"（Kojima，1978）。他认为，应利用国际分工中的比较优势原则，把在日本国内失去比较优势的产业转移到处于比较优势的发展中国家；在国内集中发展具有比较优势的产业，调整和升级国内产业结构，使其更趋合理，促进对外贸易的发展。其他日本学者对该理论进行了发展，认为产业结构国际化调整的载体就是产业转移，其主要原因在于跨国企业经营、产业在国家间的转移是伴随产业结构调整进行（大西胜明，1999）。

（二）劳动力转移理论

1. 马克思的人口迁移思想

马克思作为科学社会主义的创始人，最先阐释了资本主义生产方式所特有的规律，认为过剩人口主要有三种形式：一是流动的过剩人口。通常是指暂时没有找到工作或某一时期从生产过程中被分流出来的失业人口。二是潜在的过剩人口。主要指农业产业中的剩余劳动力。三是停滞的过剩人口。是指那些无固定职业，依靠零星打工维持生计的人口。马克思认为，资本有机构成的不断提高是形成相对过剩人口的必要条件；在所有影响劳动力迁移决策的因素中，经济性移民影响最大。在市场化、工业化与城市化的快速进程中，人口的动态迁移是一种相对具体的表现形式，改变了全球的资源配置格局及人口分布格局。

2. 刘易斯的二元经济模型

刘易斯（Lewi，1954）提出的二元经济模型由城市非农业、乡村非农业和乡村农业三部分和资本、土地、劳动三要素组成。从国民经济宏观角度来看，乡村农业（农业部门）与由城市非农业和乡村非农业共同组成的非农业（非农业部门）构成了二元经济结构的分析框架。由于农业部门剩余劳动力的边际生产率接近为零，非熟练劳动力的工资极低，存在大量的隐性失业，非农业部门从农业部门大量吸收劳动力。按照该理论，非农业部门新增劳动力的工资水平保持不变，劳动产出大于工资总量，成为利润转化为资本扩大再生产的关键，直到剩余劳动被全部吸收。二元经济模型描述了农业部门和非农业部门在生产组织方面的不对称性，基本契合发展中国家的经济特征。

3. 费景汉—拉尼斯模型

费景汉—拉尼斯模型（Fei and Ranis，1961）从动态角度考察农业、工业均衡增长的二元结构理论，是对刘易斯二元经济模型的改进及发展。该模型认为，由于农业生产率的逐步提高而出现农业剩余是农业劳动力流入工业部门的先决条件。在此基础上，提出了劳动力向工业部门转移的三大阶段：第一阶段与刘易斯模型相仿，农业部门边际生产率逐渐减少并趋于零；第二阶段，农业部门随着向工业部门转移劳动力的增加，使农业部门边际生产率逐渐升高，供给减少，部门萎缩；第三阶段，随着农业完成从传统农业向现代农业的蜕变，剩余劳动力的转移完成，农业部门和工业部门的劳动力流动由边际生产力决定，二元经济改造完成。但该模型认为，过剩劳动力在两部门间的转移，其实际工资被假设为恒定不变。

4. 乔根森模型

戴尔·乔根森（Jogenson，1967）在新古典主义的框架下对刘易斯和费景汉—拉尼斯模型进行了修正和发展。主要表现在：第一，实际工资应随着资本积累和技术进步提高，而非前人认为的收入水平恒定。第二，剩余劳动力在两部门间的转移是消费结构升级的结果，而非前人认为的促进经济增长与发展。第三，该模型吸收了马尔萨斯人口理论，认为人口增长是经济增长的函数，并据此破除了前人在古典主义框架下建立的剩余劳动假说和工资恒定假说。乔根森模型的发展提高了二元理论的适用性，对于发展中国家两部门转移的现象较前人的理论有更强的解释力。

5. 托达罗模型

该模型由美国经济学家托达罗（Todaro，1970）提出，用以解释有关农村—城市劳动力转移问题。该模型产生的背景是前人的模型对于发达国家有较好的解释力，但却无法解释发展中国家存在城市失业率增加与农村劳动力向城市转移增加同时存在的悖论。该理论的主要假设是，农村劳动力迁移的决策是基于农村和城市地区之间的预期收入差异，而不仅仅是实际工资差异。如果预期的城市收入超过预期的农村收入，那么即使在城市失业率较高的前提下，理性的农村劳动力向城市流动仍是合理的。因此，该理论认为发展中国家解决城乡二元结构矛盾，单纯提高城市就业率、增加失业补助或提升农村教育水平，只会加剧农村劳动力的转移预期并增加城市失业率。与此相反，应将治理的重点放在农村，通过发展农业、开发和发展农村，创造更多就业机会，提高农业人口实际工资，降低过剩农村劳动力对城市收入的预期，减缓农村—城市人口转移。

二 城市新区相关理论

(一) 花园城市理论

花园城市理论 (Howard, 1898) 提出的目的是减少人类和社会、自然的异化,提倡将社区包围于田地或花园的区域之中,避免工业城市的两极分化、过度拥挤、环境污染等问题,平衡住宅、工业和农业比例的一种花园城市理念。该理论提出了花园城市应同时包含城镇和乡村两部分,城市周围应有农业环绕,并有小城市组成城市群。通过城市群的建设,抑制城市规模和过度发展,疏解部分中心城市的职能和人口,从根本上解决工业化城市的问题。

(二) 卫星城理论

昂温 (Unwin, 1922) 提出卫星城理论与花园城市理论有着相似的背景和目的。卫星城是紧邻中心城市 (母城) 周边的较小的城镇,无论在经济、社会还是文化方面,通常是独立于中心城市的行政辖区;自身本来配备完善的工业区与住宅区域,城内的体教文卫设施齐全。基于此,一般认为卫星城产生的主要目的是相对分散中心城市的人口,缓解环境带来的巨大压力;承接产业转移,通过技术溢出、知识溢出效应优化调整产业结构;改变城乡二元结构,形成多层次的城市空间结构。伦敦郊区的莱奇沃斯是最早的卫星城范本,具有代表性。

(三) 有机疏散理论

有机疏散理论是芬兰学者埃列尔·萨里宁 (Saarinen, 1934) 在针对大型城市过度发展引起的各种问题,提出城市规划中疏导大城市的理念,是城市分散发展理论的一种。尽管该理论与卫星城理论相似,但萨里宁认为并不是每个中心城市都需要专门寻找或建设卫星城镇,也可以通过疏解中心城市的部分职能和优化城市定位达到治理大城市的目的。该理论将生物学的有机理论借鉴到城市治理中来,将城市视为生命体,认为城市与人体一样也是由许多"细胞"组成,城市通过细胞繁殖而逐步生长,是一个不断成长和变化的有机体。通过将城市内部的工业产业转移到城市边缘,减少中心人口和环境压力,达到城市科学治理的目的。

（四）精明增长理论

美国规划师协会2000年提出的精明增长理论（Smart Growth）是一种城市规划和交通理论。该理论将增长集中在紧凑的城市中心，以解决城市蔓延（Urban Sprawl）造成的城市低密度但重度依赖交通工具的新型城市规划难题。美国环境保护组织（EPA）将精明增长定义为"一系列发展和保护战略，有助于保护我们的健康和自然环境，并使我们的社区更具吸引力，经济实力更强，社会更具备多样化"。该理论倡导公交出行、自行车友好、步行可达的规划战略。该理论在美国和英国最为流行，通常也被称作"紧凑型城市""城市集约化"等。该理论重视可持续性的长期规划发展，其可持续发展目标是实现独特的社区和区域共识，扩大交通、就业和住房选择的范围，公平分担发展的成本、分享发展的成果，保护自然文化资源并促进公共卫生设施。美国规划协会（APA）提出了较为明确的监管框架，成为精明增长理论最早理论来源之一。

三 产业集聚相关理论

（一）外部经济理论

亚当·斯密（1776）基于分工协作视角，认为产业集聚是处在不同分工位置的企业形成的产品联合生产体；李嘉图（1871）基于比较利益学说视角，提出了产业集聚所引致的集聚经济效应。马歇尔（1890）第一次提出了产业集聚、空间外部经济以及内部集聚的概念及其内涵，并详细区分了内部经济和外部经济，认为"产业氛围"对一定区域内的集聚经济发展影响较大。

马歇尔借助"外部规模经济"阐释空间集聚及厂商临近的优势，提出工业集中于特定地区会形成专业化"产业区"，产业区的"外部经济"效应能够实现规模报酬递增。外部经济主要包括：产业区的劳动力之间通过互相学习和模仿，能够促进知识外溢，并且企业能够从技术外溢中获得收益；产业区的劳动力市场对企业形成劳动力共享，有利于降低劳动力短缺的可能性，进而提高就业水平；产业区集聚的配套服务企业能够按照分工要求做好专业化服务工作，进而提高核心企业的专业化水平。在一定的空间范围内，某产业集聚的企业越多，经济要素共享程度越高，专业化水平就越高，有利于降低产业生产成本和促进分工深化，进而提高生产效率和竞争力。

（二）杜能圈理论

德国经济学家冯·杜能（Thünen，1826）首次从空间经济学和经济地理学的角度论述了圈理论，并将其与地租理论关联起来。为了便于分析，杜能将模型的前提精简为以下六大假设：城市位于"孤立国家"的中心地带；这个国家被荒野包围；土地完全平坦，没有河流或山脉；所有土壤的质量以及气候条件是一致的；这个国家的农民自己的货物运往市场需要用马车，通过陆地达到中心城市，中间没有可用于航运的河流与运河；农民是理性经济人，以利润最大化为目的。因而，选择哪块土地进行生产取决于运输到市场的成本和农民可以负担得起的土地租金[①]。据此，杜能设计了四个同心圆的农业生产活动圈。同心圆的中心点是城市，第一圈代表奶牛场和集约化农业最靠近城市。由于蔬菜、水果、牛奶和其他乳制品必须迅速进入市场，因此它们在最靠近城市的地方生产。第二圈代表用于燃料和建筑原材料的木材。木材是重要的取暖和烹饪燃料，因其重量大、难以运输，因而位于城市附近。第三圈包括粮食等在内的大面积种植农作物。由于谷物的贮存时间比乳制品长，又比木材轻，运输成本低廉，因此它们可以远离城市。最后一圈是牧场。畜牧业可以远离城市，是因为动物可以自行走到中心城市出售或等待屠宰。事实证明，杜能的圈理论在经济史上影响较大，特别是用于分析工业革命之前欧洲经济史和欧洲殖民主义的经济地理问题。

（三）产业区位理论

区位理论作为经济地理学、区域经济学的一个重要组成部分，解决了经济活动所处位置和原因的问题。区位理论通常假设代理人的行为是符合其自身利益最大化的。因此，企业选择最大化利润的厂址，个人选择最大化其效用的地点。

韦伯（1909）系统论述了工业区位理论，该理论主要从宏观视角研究地区工业布局和从微观视角研究厂址布局。韦伯认为运输成本与劳动

---

① 该租金由产量决定，在模型中保持不变。

力成本是影响布局的主要因素，由此提出了最低成本理论。确定运输成本最小化和劳动力成本最小化的影响因子主要有：运输费用、劳动力成本、集聚与分散等。在韦伯的工业区位理论中，通过模型推导探讨了运输费用和劳动力成本最小化的条件，并论述了集聚效应对企业的内外部性影响，配套企业在布局选址上取舍的重要性，以及过度集聚之后引起的分散化对工业布局与企业选址产生的影响和借鉴意义。

胡佛（1937）把聚集经济分为三种类型：内部规模经济、地方化经济以及城市化经济。城市化经济过程中，群体以外的其他类型的产品供给或活动在某种程度上能够增进聚集优势。勒施（1940）研究了产业聚集、城市形成及城市化的关系，认为大规模的个别企业的区位可能会形成城市，并且将城市定义为非农业区位的点状聚集；研究过程中进一步提出，城市化的主要原因在于非农业区位的点状聚集，城市化是产业区位聚集的不可或缺的要素；在上述研究的基础上，把类似区位的聚集分为受场所约束的聚集、自由聚集两种形式。

（四）中心—外围理论

克鲁格曼（Krugman，1995）提出的中心—外围模型（Core-Periphery Model），是基于部门（农业和工业）经济系统在集聚、转移、分散等经济活动的推演和分析。该模型的假设可以用"222"概括，即两个部门、两种要素和两个区域。系统中仅存在农业部门和工业部门，有工业工人和农业工人两种生产要素，两部门分别位于系统的南、北区域，最初两部门无论是偏好、技术水平、贸易开放程度以及要素数量都是对称的。该模型主要探讨了自我强化式与基于联系式的集聚，认为企业都希望布局在大的市场附近，以节省运输和销售成本，但是市场容量的大小本身就与人口密度紧密相关。因此克鲁格曼提出了集聚力和分散力，两种力的相互作用造成了集聚中心的强化或偏移。同时，模型运行的基本动力由以下三种效应组成：第一种是"市场准入效应"（Market Access Effect），描述了垄断企业倾向于将其生产选址于大市场而出口到小市场。第二种是"生活成本效应"（Cost of Living Effect），即当地生活成本对企业选址的影响。工业企业集聚程度越高，该区域商品往往越便宜，这是因为该区域的消费者从其他区域引进的产品种类相对更少，从而降低了贸易成本。第三种是"市场拥挤效应"（Market Crowding Effect），反映的是竞争不充分市场中的企业倾向于在竞争者相对较少的地区选址。显而易见，前两个效应倾向于鼓励产业集聚，第三个效应倾向于产业分散。

（五）集群竞争优势理论

迈克尔·波特（1990）通过对工业化国家比较优势模式的发展和创新，将竞争力五力模型、价值链分析框架以及竞争优势理论统一于一个分析框架内，从国家竞争优势的角度提出了集群竞争优势理论，即著名的钻石理论模型（Diamond Model）。主要用于分析企业在国内市场中的运作能力，以及国家市场在国际市场上的竞争能力。该理论认为，在分析一国在特定国际市场上的竞争优势时，应从四个研究层面展开：需求条件；要素条件；相关及支撑产业；企业结构、战略和竞争对手。上述四大层面中的前两个侧重于（国家）宏观经济环境，以确定需求是否与其相关的生产要素（即价值链的两端）相匹配。第三个层面侧重于研究特定企业/行业/国家与支持产业的相互关系。最后一个层面考察企业的战略响应水平（微观层面），比如其企业战略与行业结构和竞争对手情况。波特通过四个层面的钻石模型，从微观和宏观的角度论述了国家产业集群的分布与国家竞争优势之间的逻辑联系，对产业集聚理论产生了深远的影响。

（六）交易费用理论

交易费用理论认为，企业作为参与市场交易的组织，通过优化管理经济要素资源，能够降低信息不对称，减少交易成本及费用。由此表明产业聚集能够带来很好的经济效益。科斯和威廉姆森（Coase and Williamson，1937）认为，产业聚集能够克服市场交易中的机会主义、降低环境的不确定性、提高信息的对称性和改变小数目条件，进而降低交易费用。从市场交易的视角来看，市场和企业属于两种可供选择的交易形式、经济组织形式，产业聚集属于市场和企业间的中间组织形式。马丁（1999）系统阐述了企业的区位选择、产业的地理集中，认为前期投资效果将会影响后期的投资选择，由此存在后续企业选择与前期企业相同区位的可能性，产业聚集现象产生。集聚范围内的企业由于成本优势、规模优势等集聚效应的产生，专业化水平持续提升，综合竞争力得到持续增强。

此外，新制度经济理论强调社会资本对产业集聚的重要作用，提出社会资本是形成产业集聚出发点之一，也是产业聚集带来综合竞争优势的先决条件之一。

四　新型城镇化相关理论

（一）中心城市发展理论

中心城市发展理论（Central Place Theory）是德国地理学家克里斯塔勒（Christaller，1933）在《德国南部的中心地》一书中首次提出，其目的是为了探索和解释人们在居住系统中为何存在居民点数量、规模和地点的不同。克里斯塔勒深受杜能圈理论和韦伯区位理论的影响，在建模设定约束条件时效仿杜能的"极简主义"，较为理想化地提出了该理论的前提假设。认为尽管假设不同地域、人口和资源是同质均匀分布的，但由于经济人假设以及消费者经济地位的流动性等因素，中心地存在不同等级的划分，等级越高，服务周边能力越强，相应地吸引居民消费的能力就越强。一个地区消费者的经济状况也很重要，经济地位较高的消费者往往更具流动性，因此绕过低等级的中心地。中心城市发展理论是区域经济学研究的理论基础之一，在城镇区域规划中合理布局公共服务设施和购物中心以及优化区域结构等领域有重要理论和参考价值。

（二）收缩城市理论

收缩城市（Shrinking Cities）是原本人口密集，但发生了显著且持续的人口流失的城市。产生的原因有可能是港口城市的铁路、国家基础设施（如高速公路）的老化，以及郊区化（逆城市化）；也有可能是去工业化引起的就业人口从城市核心区域转移到周边价格更低的地区。城市人口的萎缩对区域经济、社会发展、基础设施建设等方面产生了一系列社会经济影响。一方面，经济衰退导致税收减少，从而减缓政府对基础设施运营和维护的投入，反过来加剧经济恶化，增加人们的负面预期效应。另一方面，人口的急剧减少直接影响周边房价，从而带来闲置、废弃资产的浪费，进而引发犯罪活动，降低居民安全感，从而进一步导致更大规模的人口流失。

（三）新型城镇化理论

城市化是现代化的重要组成部分，是人类社会发展的必然趋势。自18世纪60年代以来世界城市化的历史进程历经了200多年，国内学术界把这个过程大体分为三个阶段，即缓慢起步（1760—1850年）、率先发展（1850—1950年）和全面普及（1950年至今）三个阶段。三个阶段呈现出聚集与扩散交替作用、产业同步演化、城市化水平与社会经济水平相统一的发展规律。城市化发展至今，大都市区和大都市连绵带成为最具活力的地区，信息化也成为主要动力，同时城市化发展更加突出生态化。而中国的城镇化发展正处于新型城镇化建设的快速发展期，中国城镇化建设发展仍旧在不断探索。

新中国成立后，城市无论是在规模、结构上还是在国民经济中的作用、地位上都有了长足发展。主要经历了如下几个阶段：

新中国建立后至改革开放前的城镇化停滞期（1949—1977年），该阶段的城镇化发展受限于计划经济制度的影响，整体呈现出停滞性、自上而下的特征。从属于工业化的发展，提高工业部门的劳资比率水平以优先保障资本密集型重工业的发展，但其所导致的直接影响就是形成了典型的"城乡二元结构"分化格局，极大地限制了中国城乡、地区之间的劳动力流动。

城镇化恢复发展阶段（1978—1994年），中国城镇化受到市场经济体制引入、发展道路选择争论和以经济特区引领对外开放三大方面的影响，呈现逐步恢复发展的进程。该阶段呈现工业化先行、城镇化滞后的基本特征，其中工业化的主力是乡镇企业。在该阶段以"小城镇论"为主导的城镇化发展模式在缓慢推进的过程中主要表现出就近城镇化的态势，即农业劳动力向乡镇企业转移。

城镇化协调发展阶段（1994—2012年），是中国城镇化速度发展最快的阶段。主要特色是通过土地、财政、金融"三位一体"的运作模式，解决城市基础设施建设和公共投资的资金约束。这个阶段城市建设用地的扩张、城市建成区面积的扩张速度明显高于城镇化率的增长速度，出现了一些所谓的"空城""鬼城"，这是"土地和资金先行，人口和产业滞后"的结果。

现代化经济体系时代的城镇化高质量发展期（2012 年至今），2012
年后，在传统的高投资、低价值链加工等经济增长模式失灵以及经济增
速放缓的背景下，中国经济面临着从以数量和规模的快速扩张为显著特
征的经济增长模式转向以注重质量为突出特征的高质量发展模式，建设
现代化经济体系是经济转型的迫切要求。该阶段最突出的特征为新型城
镇化建设。"新型城镇化"伴随"新型工业化"在党的十六大上正式提
出，党的十八大提出了"坚持走中国特色新型工业化、信息化、城镇化、
农业现代化道路"，党的十八大、十九大、二十大把新型城镇化提升到了
国家战略高度，此后，新型城镇化成为中国城镇化政策的指导方针。新
型城镇化坚持以人为本，注重可持续发展，通过城乡区域统筹与协调共
享发展、节约集约利用资源与绿色发展等，走具有中国特色的新型城镇
化道路。

新型城镇化具有以下特征：一是人本性，强调以人为本。新型城镇
化反映出城镇化的价值理念由结构主义向人本主义转换。新型城镇化建
设的根本落脚点是为人民谋福利、求发展，核心目标是在城镇化过程中
促进人的自由全面发展和社会的公平正义，使全体居民共享经济社会发
展成果。以人为本的新型城镇化必须确立以人民群众的福利和发展为根
本诉求的价值导向；必须在坚持人民主体地位、尊重人民主体意愿的前
提下多方参与、协调推进城镇化建设。只有如此，才能实现"人""城"
和谐。二是协同性，实行集约式发展，持续完善城市功能。新型城镇化
坚持走城镇集约化发展道路，在持续加快城镇发展方式转型的同时积极
为全社会发展方式转变创造条件。在新型城镇化背景之下，综合考虑各
地区实际接纳和实现人口市民化的规模和水平，以人的城镇化为核心，
匹配相应的建设用地指标等，促进城镇化各要素在空间上的有序流动和
协同发展。三是坚持完善新型城镇化发展的动力机制，走多元化道路。
我国的新型城镇化逐渐由政府主导向市场主导转型，转型过程中注重统
筹兼顾，结合各地实际走差异化、多元化发展道路。通过构建科学完善
的多元化评价体系，促进新型城镇化水平的持续提升。四是包容性，强
调更公平的发展理念。过去城镇化进程更加关注城市，而相对忽视乡村
发展，城乡之间绝对收入差距不断扩大，乡村甚至出现了空心化的危机。

新型城镇化与乡村振兴战略紧密结合，推动城乡统筹发展，同时还应更多关注流动人口、脆弱群体。五是坚持绿色发展，注重构建生态文明，推动社会和谐发展。我国的新型城镇化道路坚持走环境友好型、资源节约型的发展道路，注重人与自然和谐发展，在以人为本的基础上，注重生态环境与社会的和谐相融。

（四）供给侧结构性改革理论

供给侧结构性改革的提出对生产生活方面的发展提出了更新更高更全面的要求。顺应自然历史规律，城镇化是非农产业在城镇集聚、农村人口向城镇集中的过程，是实现国家现代化的重要特征。城镇化建设是一个极其复杂的系统，所涉及的经济、社会及环境等各领域需要根据供给侧结构性改革要求进行相应调整，所包含的人、产业、生态环境等多方面要素平衡在供给侧结构性改革的背景下有了更高的发展要求。在我国大力推进新型城镇化的过程中，加快推进供给侧结构性改革，需要各区域对其产业结构进行调整，合理分配区域资源，在产业转移的过程中处理好转出地与承接地之间的关系，协调好城市与乡村发展的关系。如何通过完善公共服务和制度环境，使城市间的生产要素合理流动，提升资源的配置效率，这是新型城镇化推进及产业转型发展亟待解决的关键问题。供给侧结构性改革涵盖了社会生产、生活的每个方面，如何在新时代新发展背景下调整新型城镇化建设步伐，把握以人为核心的建设内容，如何在产业转型升级趋势以及区域发展不协调的现实背景下提高产业全要素生产率是供给侧结构性改革需要思考的重要课题。

（五）经济高质量发展理论

新时代经济高质量发展应充分体现产业的创新性、资源利用的高效性、经济发展的开放性和改革发展成果的共享性。结合我国当前经济形势，高质量发展的核心是加快培育形成经济增长新动能。新型城镇化是以人为核心的城镇化，是新时代经济高质量发展的主要表征。由此可见，对经济的要求不仅仅只是国民生产总值的提高，其对如何实现经济的可持续发展，如何协调人、城、产以及生态环境之间的平衡发展，如何满足城乡居民美好生活需求等多方面均提出了新的发展要求。城镇化是强化供给和需求新动能的黄金结合点，按照积极稳妥的原则，以人为本，积极推进，能够为提高经济发展质量带来诸多好处。城镇化建设中劳动力等要素的集聚是产业集聚发展的基础，而经济高质量发展离不开这些充满活力的市场动力因素，其与经济高质量增长既相互需要又彼此依赖，所以经济高质量增长对城镇化建设中如何推进农业转移人口市民化、如何完善人才资源配置机制、如何健全基础性制度、如何完善社会保障制度等诸多方面提出发展指引。

第三节　文献综述

一　"双转移"研究综述

（一）产业转移相关研究综述

国内外针对产业转移问题的研究主要集中在产业转移概念、动因等方面。产业转移的动因分析多从以下两方面展开：第一，产业转移产生受要素禀赋绝对优势和比较优势的影响，早期在国际贸易的研究中，学者发现比较成本是地区间产业转移关键影响因素（Kojima，1973），尤其是劳动力成本；当某一国家或地区各产业在比较成本优势的影响下会出现一地向另一地产业转移的现象，如劳动密集型产业由发达国家向发展中国家转移（刘易斯，1997），又如部分东亚地区产业由亚洲 NIES 国家向 ASEAN 国家转移（Dowling and Chean，2000），该现象被称为"比较优势的再生"（Ozawa，2002）。第二，产品生命周期动因论。关于产业生命周期的研究，弗农（1966）从产品生产周期理论的角度看，认为产品生产的不同阶段，对于不同生产要素的要求是不同的，所以产品的生产会在要素不同的国家和地区之间进行转移。在此基础上，部分学者将产业生命周期动因论进行拓展，或从产业内高、中、低三档产品分级中进行转移现象讨论（Tan，2002），或从企业国际迁移影响因素出发，分析全球网络的可接近性、开发程度、企业规模、创新能力、工业化程度等积极影响因素和不确定性等消极影响因素对产业转移的作用（Pennings and Sleuwaegen，2000）。

国际产业转移模式研究主要有以下几种：第一，雁型模式，日本经济学家赤松要（Akamatsu，1932）首次阐述了"雁行模式"及相关概念，小岛清（Kojima，1978）在此基础上通过边际产业扩张理论对国际贸易与对外直接投资之间的互动、对位于产品生命周期中衰退的"边际产业"转移到具有比较优势地区的现象进行了深入剖析。弗农（1966）将要素禀赋差异、产品属性变化等要素纳入产业转移现象的考虑中，通过产品生命周期理论和工业生命循环理论进一步丰富和拓展了雁行模式。第二，国际直接投资模式，发达国家企业通过衡量本国与他国在产业组织、要素禀赋结构、交易成本上的所有权优势、区位特定优势和内部化特定优势（Dunning，1988），借助企业兼并重组、收购等行为，以离岸外包、全球协作、企业战略联盟等模式进行生产的全球化分工与合作，将企业的投资生产活动转移出去。在此产业转移活动中，学者们发现，进行产业转移的国家补贴、优惠等政策会对产业转移产生极大影响（Litle，1978；Raul，1990；Luger，1995；Roger et al.，2000；Cheng，2000）。随着全球化活动越发频繁，国际间产业转移活动更加复杂，不仅仅是由发达国家向欠发达国家转移，各国亦成为产业转入、产业转出双重角色的扮演者（Ginzburg，2005）。同时随着高新技术产业、金融业、服务业的快速发展，国际间产业转移又呈现出新特征，如高新技术产业的发展对先进技术水平的要求提高，当其发展到一定阶段时，该产业将重新转入到发达国家或地区以获得更高水平的发展空间与要素保障（Partridge，2009）；又如技术对制造业的影响越来越大，当技术给予企业的收益大于本土业务回归劳动力成本的增加时，制造业转入回归的现象在本土技术快速进步与国际运输成本较低等多方面的影响下逐步增多（Kinkel，2012）。

在产业转移的影响、效应等方面，产业转移可以发生同一地区内，亦可以在国与国之间进行，该活动的产生受到诸多因素的影响，例如跨国生产网络的联系成本（Jones and Kierzkowski，2001；Kumar，2002）、国家生产力水平、环境监管力度（Sonia and Natalia，2010）、劳动力市场监管制度与市场化程度（Potrafke，2013）等。产业转移过程会受到环境因素影响，同时不仅会对东道国的经济增长、市场发展、产业结构优化升级等方面产生影响，例如西班牙电影行业转移所造成的光盘产业逐渐衰败等负面影响（Donoghue et al.，2014），也会对承接地环境（Li et al.，2018；Liang，2019）、经济增长、产业结构升级（Liu et al.，2020；Shan et al.，2019）等产生效应。而承接产业转移的影响因素也与能源生产要素价格（Wang et al.，2018）、生态效率以及环境监管（Chen et al.，2019）、社会政策（Ang and Yuen，2018）等有关。

中国是世界上重要的产业承接大国，区域间经济发展的不平衡使我国产业转移现象突出，在产业转移概念规律、影响因素、模式分类、效率评价等方面的研究尤其丰富。

关于产业转移的概念及相关规律研究。现有研究对产业转移概念也没有形成一致的表述。产业转移的含义随着产业发展所处阶段的不同而产生变化，有学者从宏观市场供需关系出发，将其定义为 A 地转入 B 地的过程（卢根鑫，1997；陈建军，2002），或将其定义为因资源供给或产品需求条件发生变化后，某些产业从某一国家或地区转移到另一国家或地区的经济行为和过程（戴其文等，2020）。有学者从产业转移产生基础出发，将其定义为经济与技术发展区域梯度差异的客观趋势产物（张可云，1997；Rahman et al.，2018），有学者将产业转移冠以抽象的概念，从时间和空间两个维度解释产业转移的动态演进过程，认为产业转移的本质是空间扩张、企业区位调整的过程（陈修颖、顾朝林，2003；魏后凯，2003）。同时有学者发现，产业转移的发生一般从劳动密集型产业开始，不断向具有同样原始优势的区域转移，且产业关联性会影响产业转移，关联性越强，产业转移越不容易发生（丁建军，2011）。

关于产业转移动因的研究。有学者认为产品技术差异使产业在不同区域间出现成本差异，推动了产业转移的产生（卢根鑫，1994）；有学者研究发现经济地理空间的"成长差"与不同区域产业主体之间的"利益差"构成的"产业差"（王先庆，1998）、市场扩张因素、资源利用因素（陈建军，2002）、生产要素禀赋与产业结构差异（戴宏伟，2003）、地租上升与劳动力成本提高（张公嵬，2010）等是产业转移的主要原因。学者认为中国新一轮产业转移是在中央政府、转出地地方政府、承接地地方政府、承接地相关地方政府以及迁移企业等多个主体综合博弈下进行的，多主体通过对原材料、资本、土地、技术、公共基础设施、市场效应、优惠政策等企业迁移影响要素施加影响而左右企业迁移，从而形成了一个复杂的、多主体参与下的包含推力、阻力、拉力和斥力四类作用力的产业转移驱动力机制（刘俊勇等，2021）。同时，部分学者从东西部区域角度、不同产业分类角度探究产业转移动因，东部较高的生产成本以及东部地区传统产业结构优化升级需求等是东部地区产业向中西部地区转移的重要动力（李小建，2004；石敏俊，2013），而政策制度、区位通达性、劳动力成本、市场资源配置、网络体系建设等因素同样是影响制造业区域分布、区域转移的主要原因（贺灿飞，2008；赵博宇，2020；张峰、薛惠锋，2020）。

关于产业转移模式分类的研究。从产业不同特性以及产业发展动态过程等角度切入，对产业转移模式有着不同的分类。产业具有扩张性与撤退性之分，故有学者将产业转移分为扩张性产业转移和撤退性产业转移（郑燕伟，2000）；在产业分工基础上，有学者将产业转移分为垂直顺梯度工序型转移模式、水平工序型转移模式、垂直逆梯度工序型转移模式（汪斌，2001）；根据产业动态演进特征，部分学者将其分为产能型转移、配套型转移、淘汰型转移等（郭元晞，2010）。部分学者将产业链作为分类切入点，从整体、内部化、梯度、集群四个角度综合分析产业承接模式（庄晋财、吴碧波，2008），或从动因出发将产业转移分为供应链衔接性转移模式、成本导向型转移模式等（马子红，2009）。研究发现，在承接产业转移的过程中，正确科学的产业转移理念的地位越来越重要，在当今绿色可持续发展的倡导下，跨梯度、生态化、网络型的新型产业转移承接模式逐渐成为主流（邓丽，2012），同时在立足构建新发展格局的要求，由依赖全球价值链转向夯实国内价值链，不能仅把传统转移模式作为指导（李雯轩、李晓华，2021）。

关于产业转移效率的研究。产业转移效率的计算是基于传统效率计算方式的拓展，主要方法包括非参数的 Malmquist、BCC 模型、SBM 模型、因子分析法等。部分学者将产业转移效率分成技术效率和技术进步两个方面（宋可，2010），将非期望产出纳入模型中（朱佩枫，2014），从不同角度分析产业转移效率变化以及产业承接效率（王晓东，2010；胡百红、周加来，2012）；或基于东道国条件、转移产业质量、承接产业转移效应、环境约束四个维度对我国产业转移效率与国际产业转移承接效率进行测度（姬顺玉，2015）；产业转移效率对经济的影响往往存在结构性的变化（纪明等，2021）。

关于产业转移承接效率及影响因素研究。产业转移是产业从转出地转移到产业承接地的过程，产业转移对产业承接地有着重要的影响。产业转移承接地在产业转移过程中受到的影响与该区域要素水平、承接能力关系密切（郝洁，2013），而作为产业转移主体的企业具有极大的差异化，企业所在行业和规模不同、市场竞争状况、技术扩散程度、产业结构等对产业转移承接地会产生不同的影响（江三良，2014；彭赞文，2014）。通过对劳动力、资本和技术三要素进行增长效应加总处理，发现产业转移对经济增长具有一定的正效应（张辽，2013），因区域间产业转移所引起的区域产业调整对经济增长的促进存在地区差异化（胡伟、张玉杰，2015），诸多学者通过实证对地区产业转移承接效率进行测度（朱佩佩，2014），尤其是中西部地区产业承接成为近年来研究的热点问题，研究发现中西部地区产业承接平均效率较低，需要进一步优化各区域资源配置，合理利用境内外投资，增强创新水平（李丹、李翠兰，2015；关爱萍、魏立强，2013）。有学者以产业关联思想为核心，利用要素集聚指数对转出地和承接地的制造业集聚水平进行测度，实证检验产出转移通过要素影响地区经济发展的中介机制，发现产业转出地的要素集聚水平要明显高于承接地，实现了生产要素的空间优化配置；产业转移与要素集聚的交互作用显著影响地区经济发展，传统制造业的迁入虽然改善了承接地生产率水平，但增加了能源消耗和污染排放（孙晓华等，2018）。学者发现技术条件（文余源、张博伦，2019）、土地资源（刘莉君、刘友金，2019）、转移模式（周勇等，2019）、金融发展（陈春、董冰洁，2019；曹薇、邱荣燕，2017）、政府政策（桑瑞聪等，2016）等对产业转移有不同影响（邹迪，2018）。有学者综合聚类分析、ESDA及回归分析等方法对河南省18个地市承接产业转移空间差异及形成机制进行研究，发现产业结构对产业转移具有负向作用，而技术创新能力、人力资本、集聚效应、交通区位等对产业转移具有正向作用（张建伟等，2018）。有学者运用门槛面板回归模型探讨其对经济增长效应的门槛特征，发现江西省各地市产业转移承接效率整体偏低，产业转移承接效率对经济发展的促进作用随着产业承接效率的提高而缓慢减弱（戴志敏、罗琴，2018）。又如施晓丽和林晓健（2021）通过空间计量模型研究发现制造业产业转移对区域的创新产出具有显著的正向溢出效应，研究与开发投入、人力资本水平、对外开放程度、地区基础设施水平、国有化程度以及空间邻近区域的创新等均对区域创新产生积极影响。

（二）劳动力转移相关研究

国内外关于劳动力转移的研究以农村剩余劳动力为对象，围绕动因及产生的影响等方面展开。

关于影响农业劳动力转移因素的研究。国外已有研究主要从部门间生产率差异、消费者偏好、户籍制度等角度分析讨论农村劳动力转移影响因素。有学者以两部门生产作为基础模型，即农业生产部门与工业制造业部门，发现由于存在先天资本份额的差异，随着资本深化的进行，工业部门生产率高于农业部门（非农部门）。与此同时，城乡实际的工资差距和城市就业机会的预期是影响预期收入两个因素，城市收入高于农村收入（Todaro，1970），为寻求更高水平的城市收入，农业从业人口向非农行业转移（Lewis，1954；Acemoglu and Guerrieri，2008）。当拓展到多部门增长模型时，可通过 CES 函数对各种消费品实证分析劳动力在部门间移动的过程（Pissarides，2007）。异于产业种类的部门划分方法，学者将经济部门分为先进部门和落后部门，研究发现在两部门生产率达到相同之前，落后部门的劳动力会不断向先进部门流动（Baumol，1967）。早期的研究中，学者通过分析人口迁移所受到的推力与拉力的相互作用，从正反两面探讨影响农业劳动力移动的农村消极因素与城市积极因素（Bogue，1961）。随着研究的深入，学者们开始关注到农村劳动力移动过程中更多的影响因子，例如偏好，由于存在偏好的非位似性，劳动力在经济增长先上升后下降的趋势中发生流动，在不同部门间配置直至趋于稳定（Echevarria，1997）。从社会经济结构变化的角度，学者通过广义平衡增长路径或运用非位似偏好进行分析，研究发现，不同产品边际效用的差异会导致产品之间边际技术替代率的变化与产品消费量的变化，进一步使经济结构产生变化（Foellmi and Zweimuller，2008），而在经济结构变化的过程中，农业部门所能生产的农产品总量和就业数量会降低，而服务业所提供的产品量和就业机会则大大增加，进一步导致劳动力从农业部门流向非农部门（Kongsamut and Rebelo，2001）。

我国经济社会发展过程中有着典型的劳动力转移与城乡建设实例，故针对农业劳动力转移的研究虽起步晚却发展快，其理论研究、实证研究内容充实，成果丰硕。刘易斯二元经济模型是研究农村劳动力转移的经典模型，部分学者结合我国国情，构造了农业、工业和城市部门三元经济理论，研究发现加强工业的发展有利于农业劳动力的转移（陈吉元，1993）。我国早年以农业生产为主，重农抑商的社会现状对我国经济发展有着深刻影响，而随着经济社会的持续发展，社会结构发生了巨大变化，农业资源的缺乏（杜鹰，1997）、国家制度政策的推动（黄乾，2003）、转移成本和城乡收入差异（王春超，2005）等因素成为影响农村劳动力转移的重要作用力。劳动力转移对经济增长（李扬、殷剑峰，2005）、要素禀赋差异、劳动力需求结构、地区收入水平（姚枝仲，2003）等能产生深刻影响，故我国农村劳动力转移一直是研究的热点，但我国农村劳动力有着复杂的社会现状，学者发现我国流动人口不再遵循一般的推拉规律，农村劳动力的转移受到更多因素的影响与制约，如户籍制度（李强，2003）、迁移前后成本和收益（蔡昉等，2003；程名望，2013）、人力资本分割（李芝倩，2007）、社会保障（王上青，2020）等。部分学者通过对劳动力转移影响因素的定性分析发现，恩格尔效应促进劳动力转移，鲍威尔效应抑制劳动力转移（刘明，2012）；通过定量分析发现人力资本、经济资本等会对农村劳动力转移产生积极影响（罗明忠，2018）。部分学者讨论了教育对城乡劳动力转移的影响及其机制，基于中国居民收入调查数据库，从教育的外部性视角系统分析了农村地区教育程度的提高是否会促进当地农民外出就业，研究发现，平均受教育程度的增加对外出就业同时存在抑制和促进两种作用力（谭华清，2018）。

关于农业劳动力转移产生的影响研究。农村劳动力的转移会改变社会的劳动力配置，广泛作用于社会各方面，对此，国内外学者试图厘清农业劳动力转移后产生的影响。

劳动力转移对经济发展的影响。劳动力转移对宏观经济增长有着客观的促进作用，在中国经济年均增长率的核算中发现，20世纪八九十年代，劳动力转移为中国经济增长带来超过 13% 的贡献率（胡勇泰，1998）。此后，研究农业劳动力转移对国内经济的影响逐渐增多。为了量化劳动力转移的影响程度，学者们通过构建生产函数和劳动力配置效应模型，借助历史增长核算法等方法实证研究农业剩余劳动力转移对经济发展的作用机制，研究发现农业劳动力从农业转移到非农行业可以提高劳动力边际生产力和劳动力利用效率，促进经济发展（刘秀明，2005；张广婷，2010；齐明珠，2014；伍山林，2016）。

农业劳动力转移对农民收入和农业产量产生影响。从生产角度看劳动力转移人口是富足的，但在一定的农村劳动力人口规模下，有一个最佳的边际生产率（郑祥江，2015），由于当前农业生产效率和生产规模的局限，劳动力又出现相对缺乏的局面（盖庆恩，2014），学者通过对中西部地区省市的实证研究，发现农业劳动力向非农产业的转移可以提高农业的总产量、推动农民收入的增加，且劳动力转移速度越快农民收入增加越快（阳俊雄，2001），但一旦转移人口规模超过"刘易斯拐点"会出现抑制农业发展的情况。所以，不同劳动力转移模式对农业生产效率影响不同，异地和本地转移模式存在显著差异（杨志海，2016）。有学者在"新劳动力迁移经济学"分析框架基础上，构建了一个能够比较山区和非山区农村劳动力转移与农村家庭收入相互作用关系异同的扩展模型，考察和分析了我国农村劳动力转移对山区人口贫困化的影响，发现山区农业收入受到劳动力减少的负面影响较非山区更大，山区农业机械化生产难题是造成劳动力转移对山区农业收入负面影响的主要原因，这使山区农村家庭更容易陷入劳动力过度转移、生活更趋贫困化的恶性循环（潘泽瀚、王桂新，2018）。有学者运用中部地区面板数据进行研究，发现中部地区收支剩余的变化与省内农民工数量呈"U"形关系，收支剩余相对距离与省内农民工数量呈相反关系（吴方卫、康姣姣，2018）。

劳动力转移对城乡收入差距、城镇化水平的影响。劳动力转移与城乡收入、城镇化水平存在显著的互动关系，研究发现，城市化水平中的诸多因素，如基础设施建设、社会保障水平、教育医疗资源等能够促进劳动力向非农部门转移（刘晓光，2015），劳动力转移可以提高农业生产效率、劳动力自身水平，提高农村劳动力收入水平，缩小城乡收入差距

（万晓萌，2016；卫宝龙，2017）。部分学者利用特定区域（如省/市）数据，研究劳动力转移对城镇化的影响机制，发现省外劳动力转移比省内劳动力转移更能促进城市化发展，地区经济发展水平、对外贸易的发展程度和政府支持力度也对城市化有一定的促进作用（樊士德，2018）。亦有学者讨论劳动力转移的空间溢出效应，通过构建空间计量模型，设置邻接、地理和经济三种空间权重矩阵，研究发现农村劳动力转移不仅有利于本区域内的农村贫困减少，还可以通过溢出效应来缓解相邻地区的农村贫困（黄大湖等，2021）。

其他有关劳动转移的影响研究。有学者通过实地调查、构建模型的方式分析农业劳动力转移对家庭与国民储蓄率、农地使用权市场发育的影响，研究发现在农业劳动力转移过程中，随着非农部门资本积累的不断扩大，储蓄率持续上升（张勋，2014）；不同性别劳动力转移对农地使用权市场发育有着不同的影响，可以通过促进农业分工来提高农业收入（黄枫，2015）；促进农村转移劳动力向城市的稳定迁移和就业，尤其是让非稳定转移就业者实现在城市的长期、稳定就业，是解决现阶段农村土地流转市场供给不足的有效出路（栾江、马瑞，2021；徐苗苗等，2021）。

（三）双转移研究综述

"双转移"源于2008年广东省提出的"双转移"战略，是基于当前我国出现的劳动力转移与产业转移现象提出的针对性对策，有着鲜明的中国现阶段城市发展与产业发展的现实特色，故以国内的研究为主，且由于提出的时间较短，其理论发展主要通过战略实践成果进行表现，研究成果亦有待丰富。

在理论研究方面，早期有学者聚焦"民工荒"问题，认为此与外向型的工业化模式有关（张捷，2008），并提出如何促使刘易斯转折点提前到来成为当前促进经济结构、产业结构调整变化的重点，"双转移"战略的研究顺势而生，学者们根据珠三角地区人力资源转移的实际状况（钱东人，2009），从理论上提出制造业向内地转移的建议。有学者指出"双转移"作为推动科学发展的一种有效制度设计，是遵循经济发展规律、顺应产业发展趋势的理性抉择，是提升产业水平、保护生态环境的双赢举措，是提高劳动力素质、缩小地区发展差距的重要方式（卢淳杰，2009）。有学者根据欧盟地区政策及其产业转移效应、意大利核心地区产业集群升级和企业外迁的特征，认为广东区域均衡发展政策目标应该是多样化的和基于增强欠发达地区内生能力的，"双转移"和珠三角产业升级是一个长期过程，且珠三角产业集群的中小企业是关键，目前以政府为主导的"双转移"战略和政策应该既着眼于转入地的企业也应该扶持转出地的企业（李铁立，2009）。

广东"双转移"战略是经济发展遭遇瓶颈时的应对之策，对于促进广东地区产业结构调整升级、城乡一体化发展、经济高质量发展等有着重要意义（王志锋，2010）。学者研究发现广东省产业结构的调整以及生产方式的转型升级是时代潮流所需，通过"双转移"战略，广东省传统加工制造业不断转型升级，且产业结构逐渐丰富，战略性高新技术产业已初步发展（吴敬，2010）。"双转移"战略的实施取得的成效对新时期广东欠发达地区发展路径做出了探索，对推动广东省经济社会可持续发展意义重大（周运源，2010）。

"双转移"战略的提出源于广东，但随着该模式理念的逐渐成熟，近年来在产业梯度转移加速及劳动力回流中西部地区就近务工的趋势下，学者将该战略推广拓展，研究发现中西部地区可以通过城市公共服务水平以及人力资本引进保障政策提高劳动力流入水平，维持、扩大其劳动力比较优势，东部地区与中西部地区分别形成现代服务业、高新技术产业与劳动密集型制造业、传统服务业为核心的产业结构。提高城镇化质量，当前重点是将中西部中小城市快速扩张为 100 万人口以上的大城市，发挥其在分散型城市群战略中承上启下的集聚效应与辐射作用，同时指出应积极探索户籍、社保、住房制度改革，推进农民工"市民化"及人口实质性城镇化的进程（陈浩、郭力，2012）。

在实证研究方面，为量化"双转移"战略对广东省各方面影响，学者们采用不同方法开展实证分析，如运用灰色关联模型研究发现"双转移"战略对广东省产业结构、就业结构的优化以及外贸竞争力的提升有积极作用（郑京淑、郑伊静，2014）；如采用双重差分的方法研究发现产业转移的污染转移效应与政府产业政策导向密切相关，部分地区工业废水排放总量和排放强度有所下降（刘愿，2016）；或采用产品空间方法，探索发现"双转移"政策能够促进广东出口产品结构优化，尤其是政策与相关产业关联密度高时，增进作用明显（杨佳意、朱晟君，2017）。部分学者从全国的角度探究了"双转移"对区域产业集聚的作用机制，研究发现产业转移对区域产业集聚具有正向影响，劳动力流动对区域产业集聚具有负向影响（冯星仑，2017）。有学者运用欠发达地区形成的农民工数据描述了广东省"双转移"战略实施以来农民工的流动经历，主要分析了产业承接地的人力资本与农民工的产业选择、工资变动以及职业地位发展，研究发现欠发达地区形成了以省内农民工为主的劳动力格局，但欠发达地区农民工的人力资本水平较低，普遍存在着受教育程度低、持证比例低等问题（杨宇鸣等，2018）。有学者通过测度广东省经济动态效率，认为1992—2016年广东省经济动态效率一直处于动态有效区间，1992—2008年有效性呈现上升趋势，而"双转移"政策实施以来，呈现明显的下降趋势，但仍处于动态有效区间，究其原因，在"双转移"政策引导下，粤东西北地区投资力度加大，经济增速加快，但由于与珠三角总量差距过大，使得净收益水平持续下降（马少康，2018）。亦有学者发现"双转移"促进了广东省总体协调度的提升，但拉开了四大区域之间的发展差距；而对口帮扶提高了四大区域之间的协调度，但增大了地级市之间的发展差距。政策上应进一步发挥好珠三角的溢出效应形成市场驱动、共享共赢的区域对口帮扶新机制，强化粤东西北地区的追赶效应与收敛效应，推动低水平的不平衡发展转向高质量的不平衡发展（吴海民等，2021）。

二　产业集聚研究综述

关于产业集聚的研究起于19世纪末，国外在该领域已形成较为全面的理论体系。国内关于产业集聚的研究起步晚，但近年来越来越多的学者结合国外已有研究基础及发展中国家的特征开展系列研究，研究成果不断丰富。

关于产业集聚概念的研究。早在19世纪40年代，马歇尔发现某区域内，企业集群间及企业集群内各企业之间通过业务或技术上的合作与竞争存在很强的关联性，且实现了明显的专业化分工（Marshall，1890）。随着研究的深入，学者们将马歇尔的研究进行拓展，进一步强调劳动分工，同时将研究范围扩大，不仅仅局限于发达国家（Bagnasco，1977；Schmitz，1995），并突破宏观层面定义，提出上中下游的产业主体和提供外部资源的企业及机构形成的能够为企业带来持续性竞争优势的集群概念（Porter，1998），并且将创新意识加入到概念构成中（Hill and Brennan，2000）。我国工业化发展既有发展中国家的共同点又有环境的复杂之处，故我国学者给出了具有中国特色的产业集聚概念，微观层面上，将其定义为一种企业相互合作的组织形态（王冰，2000）；宏观层面上，侧重于产业集聚对区域经济的作用（张元智，2001），并在梯度推移理论、增长极理论和地域生产综合体理论基础上系统地对产业集聚概念进行了阐述，并强调了企业集群对创新水平及创新环境的积极作用，为中国产业集聚的研究奠定了基础（王辑慈，2002）。盛丹（2013）通过研究发现产业集聚是经济发展的必然趋势，也是工业化进程中的必然结果。陈强远和梁琦（2014）认为产业集聚是经济发展的必然现象，并且在经济发展的不同阶段，产业集聚的特点也随着产生变化，而政府在整个发展过程中应做好政策支持工作，保障产业集聚和经济增长之间能够互相促进，实现整体利益最大化。张廷海（2014）研究发现产业集聚的形成与城市化有关，随着城市化的提高，农村要素转变为非农化，也会导致产业集聚。任太增（2015）发现产业集聚内部的企业在发生集聚的同时也在适应外部环境，这两种变化都是产业集聚的过程。严含和葛伟民（2017）认为产业集聚是指同一产业在某个特定地理区域内高度集中，产业资本要素在空间范围内不断汇聚的一个过程。而从状态来说，则一般是指同类企业集中在一个区域范围内。

关于产业集聚成因的研究。以马歇尔、韦伯、波特等为首的各理论学派均从自身的研究角度阐述了产业集聚的成因，认为企业对于获得丰富劳动力、中间投入以及知识外溢的需求可以形成产业集聚（Marshall，1890），并发现不同区位的竞争者位置、交易成本（韦伯，1928）、运输成本（Hoover，1975）、竞争优势（波特，1990）等要素是产业集聚形成的重要原因。之后学者将规模报酬递增、运输成本、生产要素移动、不完全竞争因素等纳入分析范畴，即中心—外围模型，从"向心力"与"离心力"两个作用力探讨区域集聚的形成机制（Krugman，2002）。

国内学者在产业集聚成因的研究中将发展中国家的诸多特征纳入，部分学者从企业集聚内部演进或整体波动过程研究产业集聚的动力机制（刘峰，2004）。有学者通过 Panel-data 等模型，具体分析劳动力密集度、行业发展情况、规模经济、劳动生产率、运输成本、政府干预（马玉堂、陆秀峰，1988）、要素流动性（梁琦、黄利春，2014）等要素对产业集聚的作用方向及程度，发现要素集聚的资源空间配置效应会导致产业集聚（梁琦、黄利春，2014），整体向上的经济发展状况有利于产业集聚的形成，政府过分干预对产业集聚是一个不利因素，产业集聚促成因子在地区间存在效应的差异化（王猛，2015）。

关于产业集聚效应的研究。主要包括对企业及地区的影响分析，学者发现产业集聚过程伴随着信息技术的传播以及关联性企业连接，信息技术的传播有利于促进企业集群创新能力提升（丁云龙，2001），关联性使产业链更加完整，行业协会、中介等先导企业的配套机构的出现可以不断促进企业提高生产效率（张元智，2001），企业可以通过产业集聚实现内部、外部规模经济（梁小萌，2000）。梁琦和王斯克（2019）选取1999 年、2005 年和 2009 年的数据，运用 Epanechnikov 核密度估计法研究集聚效应和选择效应对区域内企业生产效率的不同阶段影响，发现这两种效应对生产率都有显著的促进作用，其中高技术类产业集聚效应相对于传统产业更显著。

在其对地区经济增长影响的研究中，部分学者通过对具体行业的实证研究发现，企业集聚能够提高要素集聚程度，推动行业知识技术外溢，促进区域技术的进步与创新（程中华，2014；张国峰、周锋，2017），从而促进经济发展（潘文卿，2012；David and Gyarmati，2014；Hanlon and Miscio，2014）。但部分学者研究发现产业集聚对经济的效应并非单一增长态势，如陈奕玮和吴维库（2021）就发现产业集聚与城市经济韧性之间呈现"U"形关系，在一定范围内，产业集聚对城市经济韧性起抑制作用，当超过临界点后，城市经济韧性水平会随产业集聚程度提高而提高。产业集聚效应存在转折点，在发展前期，资源集聚和知识的共享对区域经济增长有着显著的促进作用（Sbergami，2009），区域互动中的学习和竞争机制可以提高行业全要素生产率，但后期存在抑制效应，削弱经济增长（张云飞，2014；陈阳、唐晓华，2018）。部分学者将环境污染纳入经济增长考核的一部分，通过区位熵指标、IPAT模型等对细分行业集聚水平进行分析，发现倒"N"形、正"N"形、倒"U"形和正"U"形等多种形态（余昀霞、王英，2019）。

关于产业集聚测算的研究。产业集聚测算的方法多样，由于区域范围、行业对象各异，在结论上稍有差异。学者大多利用我国近20年制造业细分行业省际面板数据进行产业集聚测算（文东伟，2014；刘明，2017），主要的测算方式集中在空间基尼系数法、（修正的）EG指数法等。部分学者发现我国制造业、运输业、农业等五个行业的整体区域集中度在1998年之前呈现下降趋势（Young，2000），亦有学者利用企业级数据测算发现1998—2003年我国制造业区域集中度稳定上升（白重恩，2004；路江勇，2006）。有学者认为产业化和专业分工是造成产业集聚的根本原因（梁琦，2004），但行业分类的不同会造成产业集聚测算趋势的不同，同时区域位置会有显著影响，如东部地区生产条件和科技水平优越，高端制造业集聚水平高，且有不断加深的趋势，中西部地区作为部分产业集聚的承接地，由扩散向集聚转变（高丽娜，2012）。王文翌等（2014）运用层次分析法分析区域产业集聚的问题，以武汉市的物流业为例，通过实证分析发现政府对物流业产业集聚的影响程度较大。付书科和廖莉莉等（2018）采用空间基尼系数对2004—2015年长江经济带沿线11个省市物流产业集聚水平进行测度，研究发现长江经济带物流产业集聚水平存在明显的空间二元结构。丁鹏飞（2019）对上海市主要三位数制造行业，利用基于点对距离的DO指数，计算了其在不同空间尺度的集聚程度，发现电子信息、汽车、生物医药等高技术行业集聚程度最大。孙作人等（2021）采用区位熵计算地级以上城市产业集聚度，探讨产业集聚对碳效率的影响机理。

其他关于产业集聚影响因素、产业集聚模式的研究等。产业集聚一方面受到市场的作用，另一方面政府产业政策对其有着重要影响，根据市场与政府在产业集聚形成中的力量大小，学者结合影响因素将产业集聚划分为市场主导、政府扶持和计划三种模式（陈继海，2003），认为在产业集聚过程中，政府干预对产业集聚形成有着重要影响，如优惠政策、财政分权制度（文东伟，2014）等，除此之外，区域开放程度、地理环境条件、人力资源等都对产业集聚产生影响，市场与政府间应提高交流与功能互补以提高产业集聚效应（臧新，2011）。

三　新型城镇化研究综述

关于城镇化水平综合测度的研究。国外学者对城镇化水平进行测度的方法主要包括单一指标法和复合指标法。常见单一指标有城镇人口比重（Northam，1979）、人口密度（Mohammad，2004）、城镇密度（Watada，2007），其中"S"阶段理论，即用国家或地区城镇人口占该区域总人口的比重来衡量城镇化率的方法简单可行，应用最为广泛。复合指标体系具有复杂性与多样性，选取的维度、指标的数量、权重的配备均有一定的差异化，如日本东洋经济新闻报社（1971）利用10个评价指标构成的复合指标体系构建"城市成长力系数"；联合国经济和社会事务统计处（1973）从社会、经济两个方面选取19项评价指标；Klauke（1987）从人口、职业、居住地等角度选取16项评价指标；Inkeles（2005）选取经济发展水平、产业结构、人居环境质量等维度构建指标体系；联合国人居中心（2007）从基础设施、生产能力、废品处理、健康与教育等五方面选取12项指标来衡量城镇化率。

城镇化水平的提高涉及社会生活的多方面，随着经济的快速发展，人们的需求更加丰富多样，单一指标法已不能反应出城镇化水平内涵的全面性，包含多个指标的复合指标逐渐成为学者研究应用的热点。在复合指标体系构建维度即一级指标类别方面，部分学者从城镇化系统动力因子、公平因子、质量因子、集约因子四个维度出发，建立包含经济发展、人口就业、城市建设、社会发展、居民生活和生态环境六个方面的指标体系（朱洪祥，2011）；或为贯彻以人为本的新型城镇化发展理念，突出居民生活质量、民生保障等一级指标（杨惠珍，2013）；或对东中西部地区城镇化发展差异化对比分析，将新型城镇化指标体系划分为包含创新研发、城乡一体化等在内的8个子系统（王新越、秦素贞，2014）；

或从城镇化的民生、质量、可持续性三个角度出发构建评价指标体系（叶菁、朱江洪，2014）。随着城镇化进程的持续推进，新型城镇化指标体系的构建对公共服务水平、环境友好以及城乡一体化发展的要求逐渐提高（张蕊，2015；徐俐俐，2016），不仅仅关注城镇化发展质量，同时对城镇化效率提出要求（朱鹏华、刘学侠，2017）。在指标体系测算上学者借助 EVIEWS、ArcGIS、MatlabR 等基本工具，综合利用主成分分析法、熵值法、多因素综合分析法、数据包络分析法、自然断裂法、德尔菲法、层次分析法等方法对区域城镇化发展水平进行测度，并利用灰色关联度法、耦合协调度模型对新型城镇化指标体系子系统之间关系进行研究分析，更深入地反映城镇化发展内涵。有学者在新型城镇化水平测度上进一步深入研究，选取 26 个新型城镇化指标，建立新型城镇化水平的综合评价体系，测度我国 2006—2015 年新型城镇化水平并从内源动力、外向动力、政府动力、市场动力 4 个方面设定 16 个指标来测度影响城镇化水平的动力因素，发现区域之间水平差异较大，我国新型城镇化建设市场动力大于外部动力，政府动力和内源动力相当（熊湘辉、徐璋勇，2018）。或从经济、人口、社会、基础设施、资源环境等维度构建指标对地区新型城镇化水平进行测度，以指导产业结构调整、环境生态保护等（谢小飞等，2019；吕晓剑，2020；王文举等，2020；杨阳，2020）。杨佩卿（2019）从政府行政动力、市场环境动力、外向经济动力、产业发展动力四方面出发，构建了新型城镇化动力机制测度指标体系。还有一些学者主要通过层次分析法、GIS 数据分析法、因子分析法、非平稳时间序列分析法、Granger 因果关系检验法等方法，构建回归模型、"人口—经济—空间"模型、固定效应模型等从户籍制度、工业发展、城乡二元结构、基础设施、土地改造与利用、公共服务设施等方面深层剖析新型城镇化影响因素。

关于城镇化路径优化的研究。城镇化路径的优化，一方面是如何促进乡村到城镇的融合发展，另一方面是如何提高城镇化内部建设水平。城乡之间、城镇之间有着空间的独立与联系，空间上的互动可以加快各项资源要素的流动，推动产业发展（Mcgee，1992）。国外学者认为，城乡互动机制建立、基础设施建设、教育资源丰富、人才培养、公共服务水平提高等与城镇化水平的提高息息相关，是缩小城乡差距、提高城乡居民收入、提升居民生活质量、实现城乡共同发展的重要路径安排（Epstein，2000；Douglass，2000；Jezeph，2001；Tselios，2014）。因此，城镇化路径的优化要综合经济、基础设施、人才等全方位的考虑。学者研究发现政府动力、市场动力、外向动力是引起中国各省份及三大区域新型城镇化发展的空间差异的主要动力（王滨，2020），除此之外，产业转型升级、宏观政策引导、基础设施建设、特色文化发扬和"以人为本"理念践行是优化城镇化路径的重要思路（程叶青等，2019；张爱华等，2019；赵永平等，2020）。

国内学者认为"小城镇是中国社会现代化过程中出现的农民走上工业化和城市化道路上的重要里程碑"，城镇化建设的地位愈发重要，城镇化的内涵也愈发丰富，城镇化发展路径更加多元（费孝通，1996）。学者认为城镇化建设可以吸引大量农业劳动力向非农产业转移，提高农民收入，实现城乡统筹发展，是促进经济发展的关键举措（辜胜阻，2000）。为推进城镇化建设更加适应社会需求，学者不断丰富城镇化内涵，引入可持续发展理念（崔功豪，1999），并指出中国的城镇化发展道路应适应国情，不盲目照搬他国发展模式，做到因地制宜（仇保兴，2009），把握不同城市群具有差异化的城镇化发展规律，走中国特色城镇化建设道路（顾朝林，2011），以城市群为主体，突出城市群创新、集约、低碳的新定位（姚士谋，2010），以提高民众的生活质量为目标，促进生态社会和经济可持续发展。在城镇化建设发展的具体路径研究中，部分学者利用空间滞后模型、空间误差模型、因子分析法、主成分分析法等方法，为新型城镇化的建设提出发展方向，研究发现加快产业结构升级（蓝庆新、陈超凡，2013）、加大金融机构基础设施投入（熊湘辉、徐璋勇，2015）、完善城乡统筹体制机制（闫玉科、张萌，2016）、建设旅游及特色小镇（郭凯峰、苏涵，2011）等可以进一步优化新型城镇化发展路径。部分学者认为应通过升级产业结构、发展第三产业和培植特色产业来发挥产业对城镇化的支撑作用；通过缩减土地财政、加大实用投资和改革土地制度来发挥土地城镇化的保障作用；通过促进人口市民化、深化户籍制度改革和增加公共福利支出来发挥人口城镇化的主导作用（李子联，

2018），同时应注意市场与政府的地位，以市场为导向，政府发挥引导与推动作用，相互协调（孔薇，2017），但这些举措都应建立在以人为核心的基础上（任碧云、郭猛；2021），要关注重视公平公正的城市福利（刘澎博，2020）。

四 产业集聚与新型城镇化相互关系研究综述

自 20 世纪四五十年代开始，国外经济学家们开始意识到产业集聚与城镇化的互动发展能对经济发展发挥重要的积极作用，缪尔达尔、赫希曼和佩鲁等人认为，互动过程中会产生一种循环累积效应推动经济发展。随后迁移驱动模型、投入—产出联系驱动模型、城市形成模型等理论对产业集聚与城镇化发展两者关系进行了深入的研究，学者认为产业的区位选择和集聚过程是城镇化发展的源泉和动力，规模经济的出现会推动人口的集聚，而规模经济和人口集聚所带来的外部效应就产生了所谓的集聚经济。国外学者在研究中发现城市空间的扩大和产业园区内部产业要素聚集可以推动产城同步发展，充足的劳动力和具有广阔发展前景的产业可以吸引企业向区域集聚，形成具有规模的高新产业园区，以推动城市的发展（米尔斯，1986）。一方面，在城镇化的推进中，产业园区内部条件得到改善，企业生产效率得到提高，产业市场经济快速发展（卢卡斯，1988），另一方面，产业的快速发展可以积累更多的资金资本、人力资本，加速产业园区的转型升级，促进城市经济增长（Vernon，1999）。同时学者对产业发展与城市发展之间的空间特征进行研究，发现城市发展过程中综合性与专业性并存，产业通常会向适应产品发展、生产成本低的城市进行转移，从而形成了产业专业化城市（Duranton，2001）。虽然地区间产业发展特征有差异，但调整产业结构对于城市空间结构和土地开发利用方面产生的影响基本一致（Kiss，2002）。园区功能设置与城市空间结构有着密切的协调关系，诸多理论与产业城市发展模式，如田园城市理论、工业城市模式、有机疏散理论等，为产业结构与城市功能布局的实践研究提供了丰富的理论基础。学者们提出同心圆城市土地利用模型等，一方面可以协调产业类型与城市功能建设，另一方面可以合理分布产业集聚的空间位置，加强产业集聚过程中交通、人力资本、休闲娱乐方面与中心城市的互动环节（Burgis，1991），其中人力资源在产业集聚与城镇化建设中有着关键性的地位，农村劳动力人口向非农产业转移时，可以为城市发展建设和产业集聚提供充足的劳动力资源保障（Murata，1992）；同时学者发现政府在产业集聚与城市发展互动过程中有重要作用，政策因素可以影响到产业发展的各个环节。

国内关于产业集聚与新型城镇化互动的研究集中在产城融合的路径、机制、策略等方面。学者认为产城融合的核心内涵是城市功能复合、配套服务完善与空间布局融合（沈正平，2015），众多学者根据产城互动发展过程中诸如职住分离、配套缺乏等问题提出综合性对策，如以具体城市新区为案例，分析产业集聚与城镇化互动过程中传统园区发展问题，提出包括空间缝合、产业聚合、定位契合、功能复合、结构耦合、设施调和、用地混合、人文融合和规划协和等专项策略以推动产城融合工作的顺利推进，逐步解决职住不平衡，完善配套服务和城市功能空间布局（姚南、李竹颖，2012；曾振，2012；陈睿，2013；欧阳东，2014；纪慰华，2014；黄桦等，2018；赵玉娟等，2019；江泽林，2021）。学者研究发现在产业集聚与城镇化互动发展的过程中，如果产业基础不足以推动城镇化发展，或者城镇功能不足以支撑产业发展，均会产生产城发展不匹配的现象（谢呈阳、胡汉辉，2016），故以人为核心的互动发展路径愈发得到重视。学者以深圳为样本，针对以往控规层次规划应对产业园区转型的不足，首先检讨传统产业园区规划在应对产城融合方面的不适应性，指出"重产轻城、轻人"的规划思路是不适应性的关键所在；继而基于对产、城、人关系的再认识、再梳理，总结提炼产业园区规划在功能布局、用地结构等方面的编制技术方法、标准通则与经验数据，以促进园区规划落实职住平衡、功能优化、配套完善等规划理念（贺传皎，2017）。学者发现当产业区主导产业逐渐发展成熟之后，导入具有高附加值的技术研发、创新创意等产业来完成产业的转型升级，以此带动就业结构升级，从而促进产业区的产城融合（黄健中，2017）。有学者从先进理念的学习、科学规划和创新投资等政策保障方面提出了产城融合下的公共服务体系的构建（周铁，2017）。有学者根据各地不同的地域模式和产城融合发展不同的三种模式分析新城开发区、老城开发区和农村小城镇的发展道路，认为新城开发区应该走效率和质量同等的空间型产城融合发展途径，而老城开发区应该致力于产业升级和结构优化的途径，农村小城镇应与产业群相结合，最终实现城乡一体化的产城融合发展途径（关博，2018）。有学者从发展动力、产业、功能、空间 4 个方面阐述了开发区发展的生命周期，并以苏州工业园区为实证案例，提出产城融合的实质是我国开发区转型发展的阶段性产物，是具有中国特色的城镇化发展模式之一；开发区作为特殊时期的政策性产物，其发展动力应该是由初期外部政策推动向内生动力提升的转变过程，对其政策指引亦要分阶段分要素引导（钟睿，2018）。有学者认为早期的产业集群大多建设周期长、资源耗费大、缺乏统筹规划，现已陆续出现集群内重复度高、创新动力不足、企业间协作能力差、缺乏配套产业链增值服务，从而导致呈现衰落的状态；打造都市型制造业产业集群，聚集都市轻工业 + 生产性服务业延展产业链，发挥产城融合效应，将是传统产业集群转型升级的有效路径（蔡丽娟，2018）。学者认为中国城市新区的产城融合积累了一些有代表性的成功模式，比如工业园区转型模式、卧城转型模式、平地造城模式等。其他地区的城市新区建设可以借鉴这些模式，制定合理的产业发展战略，实施正确的社会化规划，实现城市新区各部分的有机成长，构建体系化的城市新区服务网络来促进产城融合（冉净斐、曹静，2021）。

有关产城融合的评价体系、测算方式及影响因素的研究。产城融合评价体系的构建需要结合政策基础、经济环境等内容，以城市建设服务水平、产业发展水平、"产、城、人"三者关系为基础，确定体系综合性分类以及具体评分途径（高纲彪，2011；李光辉，2014）。为更好地进行产城融合的量化工作，国内大量学者选取国家级高新区、省级及地级市城市新区等为研究样本，综合职住平衡测量标准、因子分析法、熵值法、门槛效应模型等内容，对产城融合水平进行测算与评价，进一步分析产城融合的互动机制与影响因素（李星、曾九利，2013），研究发现区域产城融合不同步、城市功能不健全、社会保障不完善（王霞、王岩红，2014），需要针对性制定城市空间—产业的发展模式（周韬，2016）。在影响因素的研究方面，学者通过区域面板数据模型研究发现制造业产业集聚对城镇化发展有着显著影响，第三产业对城镇化的拉动作用整体不明显，但生产性和消费性服务业对城镇化的促进作用较为明显，而公共性服务业则对城镇化的发展呈现负向的作用（杨仁发、李娜娜，2016）。部分学者从产业与城市融合发展的角度，对影响我国长江经济带国家级高新区创新绩效的因素进行了研究，发现产业平衡和职住平衡有利于提升高新区的创新绩效，本地消费平衡对创新绩效影响不明显；基础设施投入对创新绩效的促进作用受到产业集聚度的制约，即当高新区产业集聚程度较低时，加大基础设施建设能有效提升地区创新绩效，但随着高新区产业集群逐渐走向成熟，想继续通过高强度的基础设施投入拉动创新，效果已不再明显（张建清，2017）。吉亚辉和陈智（2018）采用2006—2015 年我国省域面板数据，实证分析了我国贸易自由水平和产业集聚程度对于新型城镇化的影响，研究发现：贸易自由水平与产业集聚程度都对新型城镇化水平产生一定影响，且贸易自由水平对新型城镇化具有持续的推动作用，而产业集聚程度对新型城镇化水平的影响先促进再抑制，呈倒"U"形。张巍等（2018）通过文献整理分析，识别和筛选出新城产城融合发展的 14 项主要影响因素；采用 ISM 方法构建多级递阶的影响因素关系模型，在此基础上，通过 MICMAC 分析法确定影响因素的驱动力和依赖性，结果表明：制度环境是影响新城产城融合发展的最根本因素，而城市公共服务和生态环境是最直接因素。陈霈和黄亚平（2018）研究构建了由软环境、硬环境及互动组成的评估体系，采用熵值法与灰色关联模型的评估方法，通过 13 个指标分析了湖北省 7 个国家级高新区产城融合的水平与类型，并提出针对性的优化策略；研究表明湖北省各高新区产城融合分异状态明显，均衡—融合型宜采取"促进持续发展、创建引领区块"的优化策略，波动—融合型应采取"保障均衡发展、巩固优势领域"的优化策略，波动—未融合型可以采取"产业发展主导、兼顾均衡发展"的优化策略。贾晶等（2019）从产业发展、城市功能、居民需求、资源配置四个方面选择 16 个具体指标构建指标体系，采用主成分分析和熵值法相结合的方法对河南省 7 个国家高新技术产业开发区的产城融合度进行评价。安静和王荣成（2021）基于产城相互作用机制，构建了产城融合指标体系，运用熵值法、耦合协调度模型对舟山群岛新区和西海岸新区两个地区 2014—2018 年产业发展与城市功能的发展水平，以及两者之间的协调度进行了测度和分析。李豫新和张争妍（2021）基于 2005—2018 年西部地区 84 个地级市数据，构建指标体系测评产城融合水平，并基于城镇化路径视角研究产城融合对城市产业发展的门槛效应，研究发现西部地区产城融合度、综合度、耦合度水平逐步提高，产业支撑、城市功能、人本导向三方面发展水平不断提升；西部地区地方政府的产业优惠政策对城市产业发展存在基于产城融合度、综合度、耦合度的双门槛效应，当融合度、综合度高于第二门槛值，耦合度高于第一门槛值时，地方政府的产业优惠政策显著促进城市产业集聚；在西部地区产城融合发展中绝大多数城市处于中低耦合度阶段，存在"耦合陷阱"。黄成昆等（2021）基于 2004—2018 年我国长三角地区 41个城市的面板数据，运用 PVAR 模型、MGWR 模型和空间可视化方法剖析了旅游产城融合要素中旅游产业、城镇化与居民收入间的交互机理，认为第三产业比重、人均外资金额、旅客周转量、建成区面积比重是长三角地区旅游产城融合空间格局形成的主要驱动因素。邹德玲和丛海彬（2019）认为随着经济发展社会时代背景的转变，产城融合的主要影响因素越来越多地融入"人"这一产城融合的重要维度，这也体现新时代背景下中国主要社会矛盾的历史性转变。

五　研究述评

基于以上梳理发现，已有大量文献围绕产业发展、城镇化以及两者互动关系等维度展开研究，涉及产业转移、劳动力转移、产业集聚、新型城镇化等多个方面，形成的既有研究成果能够为本书提供良好的理论参照和逻辑起点。但是，现有研究多是基于已有理论对研究问题进行机理阐释或进一步展开实证检验，鲜有对产城体系互动发展的整合性研究和规律性的探讨，尚未形成系统、成熟的理论框架，仍然存在以下几个方面的不足：

1. 有关产城互动发展的基础性理论研究薄弱。已有研究大多基于宏观视角通过现状调查研究，围绕具体问题提出相应的建议，而专门针对城市新区产业集聚与新型城镇化互动发展的理论研究缺乏，对产城融合的研究亦大多停留在概念层面或单纯的意义强调，缺乏有深度的理论探析，导致对城市新区"产业集聚与城镇化互动发展"内在机理认知不够，理论指导意义不强。

2. 有关产城互动发展的单项研究较多，综合性研究少。现有研究对产业发展与城镇化的分析多聚焦于某一领域，没有真正摆脱"就产业谈产业、就城谈城"的传统思维定势，对产业转移与劳动力回流"双转移"趋势下具有中国特色的中西部城市新区产业集聚与新型城镇化互动发展研究缺乏统一的理论分析框架和经验研究范例。

3. 多见一般性政策性研究，缺少战略性总体设计研究。已有研究大多是一般性政策分析，主要提出侧重操作层面的单项政策建议，但基于产城互动整体视角进行战略性谋划和引导的总体设计研究尤为缺乏，由此造成产城融合发展缺乏统一性指导，使得出台的政策制度未能形成"合力"，难以为决策层制定系统政策提供与现实契合性的、有价值的参考。

4. 基于发达地区样本研究较多，对中西部地区研究较少。鉴于东部发达地区城市新区产业发展起步早、城镇化水平高，产城互动发展效果明显，现有研究多以发达地区城市新区为样本进行实证检验和案例分析，对具有统筹城乡发展背景的欠发达地区城市新区产业集聚与新型城镇化互动发展的聚焦不足，尤其是对亟待进行相应实践经验总结、承接"双转移"战略的中西部城市新区关注不够。

为此，本书拟突破传统的理论路径依赖，基于产业转移与劳动力回流"双转移"的创新视角，力图构建城市新区产业集聚与新型城镇化互动发展的理论分析框架，并运用中西部城市新区样本开展实证考察，在此基础上，进行基于城市新区持续健康内涵发展要求的中西部城市新区产业集聚与新型城镇化互动发展的战略路径选择与政策制度设计。

第 四 章

"双转移"趋势下产业集聚与新型
城镇化互动发展理论机制

本部分首先针对产业集聚与新型城镇化、"双转移"与产业集聚、"双转移"与新型城镇化三者之间的相互关系进行初步探究和逻辑辨析；其次基于时间、空间、平台、生态、社会、人文的维度对"双转移"趋势下城市新区产业集聚与新型城镇化互动发展的理念进行解构，进一步丰富其内涵，并从政府政策引导、市场化方式运用、经济要素集聚、效率优化提升、共生协同发展、利益协调均衡的视角出发，分析产业集聚与新型城镇化互动发展的内在机理；最后借助中心—外围模型进行城市新区产业集聚与新型城镇化互动发展的模型推导。

第一节 "双转移"、产业集聚与
新型城镇化的关系辨析

一 产业集聚与新型城镇化

产业集聚与新型城镇化存在着相互促进的作用机制。产业集聚作为一种有活力的产业组织形式，是区域经济发展的核心动力，为新型城镇化提供直接的支撑和保障；同时通过吸引大量劳动力形成人口集聚，由人口引致的各方面需求带动经济活动集聚和经济活跃度的提升，进一步为城镇化的发展提供重要驱动力。城镇是主要经济活动和产业发展的空间载体，城镇化水平的提升能够为产业的发展提供良好的配套支持，并且作为区域比较优势吸引产业转移和落地，促进产业的集聚发展。产业集聚与新型城镇化互动发展关系如图4-1所示。

从产业集聚对新型城镇化的作用机理来看：首先，产业集聚是新型城镇化的前提基础。产业集聚发展既是新型城镇化的重要内容，也是新型城镇化的重要支撑。产业集聚的本质实际上是各类要素的集聚，通过产业集聚吸引劳动力、资本、技术的流入，不断提升区域的竞争优势；在各要素流动的过程中，也进一步带动相关配套服务业的发展，产业之间的交互作用为区域新型城镇化建设提供持续的支撑。可以说，脱离了产业支撑的城镇化是不可持续的，失去产业驱动的城镇化因缺乏吸引力最终会形成"鬼城""空城"。其次，产业集聚降低新型城镇化的建设成本。新型城镇化建设是一项需要长期投入的系统工程，单方面依靠政府的推动造成较高的经济成本和较大的财政压力。产业集聚发展的重要因素在于规模经济，通过规模经济效应能够促进资源集约利用和避免生态环境破坏，减少治理成本；与此同时，集群中企业间存在正的外部性，能够促进企业生产效率的提高，进而促进整个经济社会运行效率的提升，最终降低了新型城镇化的建设成本，促进新型城镇化的质量提升。最后，产业集聚优化了城镇空间结构。城镇是产业集聚的空间载体，因此产业集聚的过程实际上也是城镇空间布局的过程。城镇的空间布局是城镇形成与发展的最直观的表现形式，相较于其他产业发展模式，产业集聚发展对城镇的整体布局有着明显的要求和影响，需要进行科学合理的空间布局和规划，涉及选址、环境、道路等多方面因素，因此，产业集聚过程促进了城镇空间的进一步优化，实现了城镇功能布局的多样化与全面性。最后，产业集聚提升了城镇的竞争力。依靠集群内部专业化的分工协作体系，产业集聚区具有生产效率高、成本低、创新能力强的优势，通过规模经济效应获取超额收益，又进一步扩大集群规模和提高研发投入，形成了正向反馈。随着劳动力、资本、技术的不断累积，产业竞争力不断增强，对区域经济的带动作用明显，最终提升了整个城镇的综合竞争力。

从新型城镇化对产业集聚的作用机理来看：首先，新型城镇化是产业集聚发展的必要条件。产业的集聚需要基础设施、劳动力等基本条件，新型城镇化建设能够促进城市多元化功能的提升，为产业集聚发展提供完善的基础设施、便利的交通、高素质的劳动力人口和高效的社会服务，促进产业更好、更快地集群式发展，可以说，城镇化是产业集聚发展的必要条件。其次，新型城镇化为产业集聚提供制度保障。产业集聚是新型城镇化的重要内容和核心任务，政府在推进新型城镇化的过程中高度重视产业集聚发展，通过制定完备的产业政策、提供优质的社会公共服务、营造优质的良好环境，为吸引产业落地和集聚发展提供涉及人才、资本、技术等完善的制度保障，为产业集聚保驾护航。最后，新型城镇化提升产业集聚的质量。新型城镇化要求产业高质量发展，随着城镇化水平的不断提升，催生产业内部不断优化，促使区域经济增长动力由早期的投资拉动向技术驱动转变，依靠技术创新促进产业升级；发展模式由"粗放型"向"集约型"转变，更加注重资源节约和生态保护；产业结构由第二产业向第三产业转变，金融、信息、物流等产业大量集聚，实现了产业高质量的集聚发展。

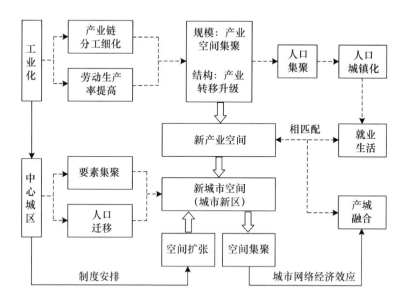

图4-1 产业集聚与新型城镇化互动关系示意

二　"双转移"与产业集聚

（一）产业转移与产业集聚关系辨析

产业转移与产业集聚既有区别又有联系。从两者的定义上看，产业集聚是生产某种产品的若干企业以及上下游配套企业、关联服务业在一定区域内高密度聚集的现象，而产业转移是指某一产业基于成本利益的考量从某一区域向另一个区域转移的过程。从两者的关系上看，产业转移与产业集聚之间相辅相成，一方面，产业转移能够促进、带动承接地产业的集聚度，产业集聚是产业转移的结果；另一方面，产业集聚与产业价值链的上、下游的关联企业与服务机构构成互补关系，促进产业竞争力的提升，成为区域经济发展的主要推动力；与此同时，高度的产业集聚往往能够形成成本比较优势而进一步的吸引产业转移，产业集聚是产业转移的动因。

产业转移与产业集聚的互动关系是一个动态演进的过程，具体来看：在产业集聚形成的早期，常常伴随着区域资源开发、基础设施建设等现象，为产业集聚提供基本的支撑，之后生产相关产品的企业为了降低成本和提高劳动生产率，采取集中连片的产业布局模式，将企业转移到产业链完整的集聚区，产生规模经济效益和增强企业竞争力，因此，在集聚的过程中伴随产业转移的因素。此外，从投资的角度看，投资者将区域内淘汰的或者缺乏比较优势的产业转移到具有发展潜力的区域，充分利用产业承接地生产要素的优势为该地区产业集聚创造条件，这本身就是产业转移形成产业集聚的一种模式。在产业集聚形成的中期，集聚区的规模经济效应已经形成，产品成本、产品质量、技术创新等方面的竞争力明显高于非集聚区，因此自然而然会吸引更多企业向该地区转移，产业集聚规模加速扩张。在产业集聚的后期，产业转出地与产业承接地的集聚度差异逐渐缩小，产业承接地的集聚规模过大，导致边际成本升高、边际效益下降，集聚的规模经济效应减弱，集聚规模在一定时间内难以持续增长，集聚区产业优势不再明显，创新性明显缺乏，造成企业利润下降、内部恶性竞争，此时部分产业又会面临产业转移的现实问题。

综上所述，产业转移与产业集聚之间存在着相互影响、相互促进的关系。产业转移对产业集聚的发展和形成发挥着重要作用，产业集聚本身伴随着产业转移产生，是产业转移的结果，同时，产业集聚又能够吸引产业转移，是产业转移的动因。结合产业集聚和产业转移的关系，两者具有以下演进规律：首先，产业集聚形成的初期是基于其他区域比较优势的考量将产业逐步转移到该地区，形成产业集聚的趋势；其次，集聚趋势形成后，集聚区的规模经济效应显现，市场会吸引企业自发地向该地区进一步转移，形成产业集聚与产业转移的互动效应；最后，随着产业集聚达到合理规模时，规模经济效益逐渐递减，比较优势削弱，产业转移逐渐减少，集聚程度保持稳定，并且随着其他地区的动态比较优势发展，又会面临新一轮产业集聚。

（二）劳动力转移与产业集聚关系辨析

产业转移和产业集聚的动态发展和演变过程往往伴随着劳动力转移。劳动力作为重要的生产要素，与产业组织之间存在相互依赖的关系，一方面产业组织倾向于能够提供廉价且高素质劳动力的地区，另一方面，劳动力倾向于工作机会多、工资水平高的地区，因此，劳动力与产业之间相互依存、相互促进。产业转移的前提是本地区不再具有比较优势，其中人力成本是重要的因素。产业尤其是劳动密集型产业的集聚发展需要较大人口规模，产业的结构升级需要科研和技术人才，因此劳动力人口是产业转移的重要参考因素。由于经济发达地区劳动力成本不断提高，对于部分产业尤其是劳动密集型产业的竞争优势不明显，因此有向人力成本较低的地区转移的趋势。与此同时，劳动力转移与产业转移是同步的，随着产业的不断移入，产业转移承接地产业集聚初步形成，而产业集聚促进了劳动力的进一步转移。随着劳动力的不断流入，尤其是各类技术人才、企业家，为区域产业发展带来更多的技术和资金，进一步加快区域产业结构升级转化，进而降低转移成本和提高劳动力吸纳能力，为地区经济持续发展提供动力。

长期以来，劳动力人口呈现单向集聚的趋势，往往由欠发达地区向发达地区转移。劳动力倾向于流向生活成本低、就业机会多、工资水平高的地区，由于发达地区的生活成本逐渐升高，劳动者对收入的要求也逐渐提高，因此部分劳动密集型企业面临着劳动力成本不断增加的压力，有向成本较低的区域转移的内在要求。随着产业承接地的产业规模在产业转移的驱动下加速增长，产业集聚水平不断提升，本地劳动力不足造成人力资源紧缺，也就改变传统劳动力人口单向流动的现象，出现劳动力转移和回流。企业随着劳动力的不断补充，进一步提高产业规模和生产效率，增加了企业的利润，劳动力的流动加速了具有优势地区的产业集聚。基于此，劳动力转移与产业集聚形成互相促进的正反馈机制。

综上所述，劳动力转移与产业集聚之间相互联系、相互影响、相互作用。产业集聚初期能够提高劳动力的吸纳能力，随着产业集聚水平达到一定规模，区域经济发展水平到一定程度，产业的竞争优势不再明显，一定时期产业规模保持稳定，此时对劳动力人口的吸纳能力减弱，劳动力的转移成本增加，产业和劳动力同时面临新的现实问题。因此，部分产业开始向其他地区转移，随着产业承接地的劳动力人口不足，进而带动劳动力人口转移，劳动力的大量供给促进了新的产业集聚。可以说，劳动力与产业的"双转移"对产业集聚有着重要的影响作用，而产业集聚的程度又影响"双转移"的方向，两者通过动态作用机制构成互促共进的关系。

三 "双转移"与新型城镇化

新型城镇化是我国由传统社会向现代社会转变的必经之路和必然趋势，也是当前促进我国经济增长的重要动力之一。从城镇化发展水平来看，我国较发达国家和地区仍存在一定差距，城镇化水平仍偏低、城镇化质量不高。我国新型城镇化道路面临着诸多问题与挑战，产业与劳动力"双转移"为创新城镇化发展模式带来了新的思路。基于"双转移"的战略背景，产业转移与劳动力回流能够促进中西部欠发达地区形成产业集聚，增加就业机会，充分发挥后发优势，加快新型城镇化进程。从产业转移的角度看，产业的区域转移能够推动欠发达地区的经济发展和工业化进程，进而促进社会公共服务水平的提升，是解决新型城镇化发展瓶颈的重要落脚点；从劳动力转移的角度看，欠发达地区就业容量越大，越有利于农村劳动力转移和劳动力的回流，城镇人口的规模和比例不断提高，城镇化水平加速提升。

具体来看，新型城镇化是产业梯度转移的直接效应之一。城镇化是一个要素集聚的过程，城镇形成就是各种要素累积的结果，而产业正是其中最不可或缺的因素，是新型城镇化的基础与主要内容。一方面，产业转出区将丧失比较优势的产业转移出去，有利于释放空间和资源要素进行产业结构升级，发展战略性新兴产业和现代服务业，提高自身的城镇化发展质量。产业转入区通过承接产业转移能够拉动经济发展，创造更多就业机会，带动基础设施建设和提高居民收入水平，使城镇化水平短时间内迅速提升。可以说，产业转移对于产业转出区和产业转入区的新型城镇化建设都能起到积极地促进作用。另一方面，新型城镇化建设是产业转入区吸引产业落地的重要因素。新型城镇化建设涉及劳动力人口供给、基础设施建设、生态环境等诸多方面，新型城镇化水平高是产业承接区区别于其他地区、具有明显比较优势和竞争优势的核心因素之一。新型城镇化建设能够为产业转移提供平台，并吸引产业的上下游关联企业和生产性服务业，逐渐形成一定的经济规模，实现新型城镇化与城市经济的联动和协调发展。此外，劳动力转移与新型城镇化存在着相互促进的关系。一方面，新型城镇化的核心是"以人为本"的城镇化，着力在城乡规划、基础设施、公共服务等方面实现城乡一体化发展，因此，推进新型城镇化发展能够促进区域农业人口向城镇人口转移，吸引劳动力人口回流转移。另一方面，劳动力人口的回流不仅加速人口向城镇的转化，同时也能为城镇化建设提供资金、技术和人才，促进经济和产业的发展，进而提升新型城镇化水平。因此，推进新型城镇化对推动农村劳动力的有序转移和外出劳动力的回流具有重要意义，劳动力的回流为新型城镇化发展提供支撑和保障。

第二节 "双转移"趋势下城市新区产业集聚与新型城镇化互动发展的理念解构

"双转移"趋势下城市新区产业集聚与新型城镇化互动发展具有复杂

的逻辑关系和多元的价值内涵，探析产城互动发展有必要进行深层次的
理念解构。基于时间和空间之维，城市新区产城互动发展是一个在时间
维度上动态认知、在空间维度上统筹布局的过程，具有依附在时空背景
下的规律特征；基于创新和社会之维，城市新区产城互动发展致力于社
会多元网络融合基础上的发展模式优化和创新；基于人文和生态之维，
城市新区产城互动发展的核心在于实现以人为本、天人合一的发展目标。
基于以上六个维度，城市新区产业集聚与新型城镇化互动发展理念解构
如图 4 - 2 所示。

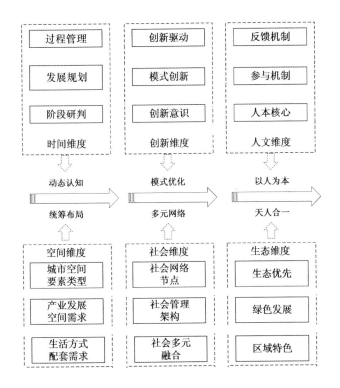

图 4 - 2 城市新区产业集聚与新型城镇化互动发展理念六维度解构示意

一 时间维度：动态认知

城市新区的新型城镇化建设和产业集聚发展遵循着客观的演变规律，
在实际的发展过程中，产城系统基于各自作用机理，难以达到长期静态

的平衡，属于长期处于动态的非平衡状态，两者的演化过程是一个不断打破既有平衡的过程。城市新区因所处的发展阶段不同，制定的目标和任务也不尽相同，因此，研究产城系统要从"动态"的时间维度出发，建立"过程思维"，增强对城市新区产城互动发展的阶段研判和客观规律分析，避免与实际脱节。

基于时间维度建立动态的认知观，把握城市新区产业集聚与新型城镇化的发展规律：首先是科学研判发展阶段，结合城市新区的资源禀赋、城镇化水平、产业基础进行综合评估，为发展思路的制定提供依据；其次是从宏观层面确定城市新区产城互动发展的整体思路、目标和方向，并制定阶段性目标和任务，循序渐进，有计划地推进；最后是注重过程管理，产城系统处于非平衡状态，是一个动态演化的过程，需要根据发展的进程不断调整政策，使两者能够在遵循城市与产业的客观发展规律的基础上，实现相互促动、协同并进。基于时间维度的产城互动逻辑框架见图 4 - 3。

二 空间维度：统筹布局

"双转移"趋势下城市新区产业集聚与新型城镇化互动发展的研究，必须树立科学的空间认知理念。从空间统筹的结构角度来看，产业集聚与新型城镇化互动发展不能仅仅关注于"局部"功能关系上，而是从城市新区或从整个城市的全局出发，评估城市新区的运行效率和功能体系。在产业集聚的驱动下，城市新区往往容易形成以特定产业集聚为依托的封闭功能体系，自成封闭的系统不利于整个城市新区的融合发展和品质提升，造成城市的功能分散，空间布局不合理。因此，城市新区产城系统的融合发展要注重空间的统筹规划，促进产业集聚与新型城镇化在空间布局上的协调发展。

基于空间维度建立整体的大局观，总结不同空间尺度下产城系统的作用规律：首先从全局出发，基于不同的空间层级和区位特征审视产城系统的主要问题，为制定产城互动发展的对策、路径提供现实参考，通过统筹设计促进空间形态结果的多元化和空间作用层次的复杂化。其次根据城市新区尤其是产业集聚区的基础条件、功能关系、生态情况等城市空间要素类型，结合产业发展空间需求和生活方式配套需求，因地制宜提出针对性的、促进产城协调发展的方式方法。最后在城市新区产业集聚与新型城镇化互动发展的背景下，促进产业集聚区逐步成为城市新区的中心区域，在居住、服务等各类功能上打破分区隔阂，与周围区域协同发展，实现空间上的融合。基于空间维度的产城互动逻辑框架见图4－4。

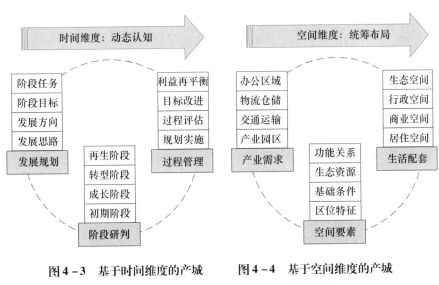

图4－3　基于时间维度的产城　　　图4－4　基于空间维度的产城
　　　互动逻辑框架　　　　　　　　　　互动逻辑框架

三　创新维度：模式优化

城市新区是创新的重要载体，创新为城市新区的产业集聚和新型城镇化建设提供重要的驱动力。城市新区产城互动发展有别于传统方式，本身是一种城市发展模式的创新，是一种全面、协调、可持续的发展路径。此外，在当前全球化、信息化的背景下，产业链分工体系得到进一步细化，产业的融合与创新加剧，新兴业态也不断出现，带来了产业类型与环节特征的显著变化，产城的互动关系不断更新和变化。城市新区的不同发展基础以及产业的不同业态，造成两者之间的互动方式复杂多样，也就决定了产城融合发展的路径方法不是一成不变的，因此，要用发展的角度、创新的思维，基于不同产业类型和城市发展现实需求选择合理的产城融合的方式与路径。

基于创新维度优化产城互动发展的路径与模式，在创新视角下提出适应于现实需求的发展思路：首先，要树立创新意识，基于产城互动的作用过程和各发展阶段的不同需求，创新组织方式和实施路径，提出针对性的解决方案。其次，优化产城发展模式，要客观理解产城作用关系的差异性，结合不同产业的特性和城市发展的规律，总结产城互动的内在特征和作用机理，挖掘出产城融合的核心问题，因地制宜、因时制宜探索出具有适应区域特征、区域特色的发展模式和路径。最后，创新驱动发展，依托城市新区的平台优势，注重技术的积累创新、管理的创新、投融资模式的创新，推动新兴业态的集聚和新型城镇化的高质量发展。基于创新维度的产城互动逻辑框架见图 4-5。

四　社会维度：多元网络

城市新区由产业、就业、居住、教育、消费等构成了复杂的社会网络系统，多元的社会网络架构相互交织、协调共进。不同城市社会网络节点在城市新区网络内部之间的影响和作用不同，如产业作为社会网络的重要节点，其产业集聚的类型按要素可分为劳动力密集型、技术密集型和资本密集型，其中资本密集型、劳动力密集型产业集聚的从业人员人数多、教育水平和收入较低，对社会相关配套服务的要求不高；技术密集型产业集聚以高科技产业为主，从业人员数相对较少、教育程度和收入水平高，对社会配套服务有着较高需求。不同的产业集聚类型产生了不同的就业结构，进而对居住以及教育、消费等社会配套服务的需求也存在差异性，因此，居住和相关社会配套服务的优化，能够促进其与产业集聚相匹配，进而促进产业结构的调整与优化，实现产业集聚与社会结构的深度融合。

基于社会维度构建多维融合的社会网络，促进社会网络各节点多元融合的发展格局：首先，基于社会网络节点的功能分区，厘清产业、居住、就业、教育、消费等各社会网络节点的作用和联系，优化社会网络节点的结构和布局。其次，完善城市新区社会管理架构，从公共管理、公共服务、公共安全和社会保障角度出发，逐步建立与产城互动发展相契合的、全面覆盖的行政管理体系、公共服务配套体系、公共安全体系与社会保障体系。最后，根据城市新区发展的思路和产业集聚的特征，分析社会服务的实际需求，立足于社会多元融合，构建多维融合的社会网络，为产业集聚和城镇化发展提供支撑。基于社会维度的产城互动逻辑框架见图4-6。

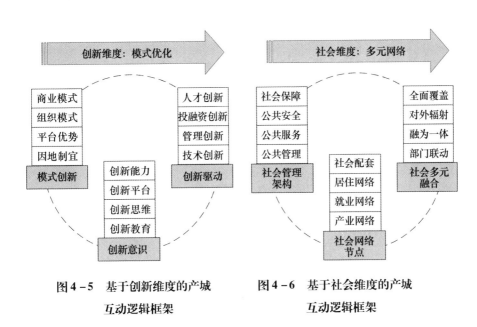

图4-5 基于创新维度的产城　　　　图4-6 基于社会维度的产城
　　　　互动逻辑框架　　　　　　　　　　　互动逻辑框架

五 人文维度：以人为本

"双转移"趋势下城市新区产业集聚与新型城镇化互动发展的核心价值导向在于实现"以人为本"的产城互动发展。"以人为本"的产城互动发展模式基于人的真实需求为出发点，是产城互动发展从"物的层面"向"人的层面"的转变，是产城融合由形式关联向服务关联的过渡，是产城融合从概念表象到内在价值的回归。"以人为本"重点在于基于人的根本需求与发展需要进行制度设计和政策引导，促进城镇化建设和产业集聚在功能分区、统筹规划、绿色生产等方面的不断优化，实现以不断提高居民生活质量为目标的产城互动发展。

基于人文维度构建"以人为本"的发展思路，实现产城的真正融合：首先，牢固树立"以人为本"的观念，重视社会的真实需求，制定更具服务指向性的功能融合方式与类型。其次，加强广泛的社会参与，在产城互动发展过程中构建政府、公众和企业三位一体的参与机制，充分了解不同主体的真实需求，通过协同分工形成合力。最后，构建产城互动发展动态评估与反馈机制，在产城互动发展过程中实时根据人群结构和社会需求的变化调整和解决出现的矛盾和问题，将"以人为本"作为纽带，实现真正意义上的"以人为本"的产城协同发展。基于人文维度的产城互动逻辑框架见图 4－7。

六 生态维度：天人合一

生态维度主要立足生态文明和绿色发展的现实需求，从环保、生态等方面入手，促进城市新区产业集聚与新型城镇化的互动发展。生态文明是新型城镇化建设的重要内容，是新型城镇化的核心价值体现。绿色发展是产业集聚的质量高低的体现，是产业集聚的较高层次的发展模式，摒弃了传统的粗放发展方式，转向资源节约、环境友好的发展路径。可以说，生态文明和绿色发展的理念贯穿城市新区产业集聚与新型城镇建设的全过程，既是产城融合发展的目标，也是产城互动发展的方式。

基于生态维度践行"天人合一"的发展理念，走生态和谐的发展道路：首先，坚持绿色发展，充分考虑城市发展与生态环境之间的动态平衡，立足城市新区的特色和底色，用绿色发展指导城市新区规划，科学合理规划城市布局。其次，注重城市生态保护和人文关怀，将城市发展与生态文明理念相结合，让城市融入自然，强化尊重自然、顺应自然、天人合一的理念，坚持以人为本、传承历史、绿色低碳，遵循自然规律，让居民望得见山、看得见水。最后，打造区域特色，城市发展充分体现区域自然特色、传承民族文化风尚，"因地制宜"搞好城市新区建设和产业发展，促进城市生产、生活、消费方式更加绿色化。基于生态维度的产城互动逻辑框架见图 4－8。

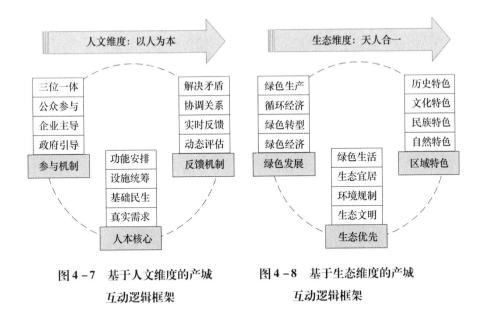

图 4-7 基于人文维度的产城
互动逻辑框架

图 4-8 基于生态维度的产城
互动逻辑框架

第三节 "双转移"趋势下城市新区产业集聚 与新型城镇化互动发展的内在机理

城市新区产业集聚为新型城镇化建设提供重要支撑，新型城镇化又是产业集聚的前提条件，同时作为承接产业转移和人口迁移的重要载体，产业与劳动力的"双转移"为推动城市新区的产业集聚和新型城镇化互动发展提供了新的路径。推动城市新区的可持续发展，在基于产城互动发展逻辑辨析和理念解构的基础上，仍需进一步明确产业集聚与新型城镇化互动发展的内在机理。

一 政府政策引导

相关政策和制度安排对城市新区的发展发挥着重要的作用。由于区域的市场基础、生产成本、资源禀赋在短期内是相对固定的，在政府引导下，政策和制度安排更容易调控，又能够作用于市场等其他因素，因此对引导区域内产业和人口合理转移、推进城市新区产业集聚与新型城镇化互动发展具有重要影响。在遵循市场规律的基础上，政府通过规划引导、政策诱导和环境营造的方式，弥补市场在资源配置过程中能动性不足的问题。充分发挥政府的引导作用，通过行政和法律手段，营造有利于产城互动发展的硬环境和软环境，形成区域比较优势吸引产业转移和劳动力转移，促进城市新区产业集聚发展和新型城镇化建设。整体上看，政府政策引导对产城互动的作用机制主要遵循以下路径：

1. 通过规划引导完善城市新区功能布局。立足城市新区的实际，强化城市新区产业集聚与新型城镇化互动发展的规划引导：首先，由城市新区所在地政府协调相关部门建立规划引导协调机构，重点在于协调产业集聚、城市空间的关系，强调规划的前瞻性。其次，产城互动发展的规划引导要和城市总体规划、产业规划、土地利用规划及城市发展边界等相协调。最后，将城市新区规划贯穿于产城互动发展的各个层面，并且注重规划技术层面的落地实施。城市新区的空间整合一般依托产城互动发展的空间规划进行整体引导和规范，最终落实到空间层面。

2. 通过搭建产业集聚平台加速产城互动发展。在城市新区政府主导下，根据自身产业发展和城镇化建设的需求，采用行政手段划出一片区域，在一定空间范围内进行科学规划和整合，打造产业集聚的园区，制定园区发展的目标和战略，将其作为促进产城互动发展的重要平台，其中工业园区是最常见的形式。在政府规划引导下，工业园区承担了产业聚集和新型城镇化建设的双重目标，是产城融合的重点区域。工业园区利用土地、财税政策等优势吸引企业快速入驻，加速产业集聚发展，同时前期通过基础设施建设、提供良好的公共服务等带动整体的新型城镇化水平提升，基于平台优势促进了城市新区产业集聚和城镇化互动发展的快速推进。

3. 通过构建产城互动发展政策体系提供全方位支撑。首先，通过制定土地、税收、财政等扶持政策，吸引区域生产要素集聚，完善基础设施建设，进而扩大产业辐射能力，提高竞争力。其次，通过制定金融政策鼓励城市新区内企业进行联合、兼并、资产重组，加强企业集团化、专业化，实现规模化发展。再次，通过科技政策推进企业的技术创新，营造创新的文化氛围，依托技术创新实现聚集企业的可持续发展。最后，通过制定人才政策吸引高素质的复合型人才和企业家聚集，为产业发展和新型城镇化建设提供人力资本支撑。

二 市场化方式运用

推进城市新区产业集聚与新型城镇化互动发展，除了政府引导外，运用市场化工具也是重要的手段和方式。通过市场化的运作，既能减轻政府单一的投入造成的财政压力，又能实现资源的最佳配置，提高城市新区经济社会的发展质量。整体上看，市场化方式的运用对产城互动发展主要有以下影响：

1. 通过市场化机制拓宽资金的来源渠道。一方面，运用市场化手段能够为新型城镇化建设尤其是相关经营性项目建设，通过 PPP（公私合营）、BOT（建设－经营－转让）、特许经营规范化、制度化的参与模式提供稳定资金来源，减轻财政压力、降低财政风险，提高社会公共服务供给的质量和效率。另一方面，国有企业、民营企业、外资企业等各类市场化主体通过参与城市的建设和运营入驻城市新区，带动了资金、人才、技术的流入，一定程度上促进了产业的集聚，有利于产城互动发展。

2. 通过市场化机制创新产业经营模式。通过市场化的机制全面释放市场活力，加强市场多元化主体的培育，重视和加强民营企业的创新主体地位。首先，市场化机制能够激发企业创新产业经营理念和经营方式，重视先进人才和技术的引进，加强科技投入，不断提高企业的生产力和竞争力。其次，市场化机制加速产业的优胜劣汰，通过淘汰落后产业，发展新兴产业，促进产业的转型升级。最后，市场化机制促进产业链的整合，通过市场化运作方式形成关联产业的集聚、互补，实现产业集聚和上下游的关联化生产。

3. 通过市场化机制推动要素市场化改革。市场化机制能够实现要素配置的效率和效益最大化，立足市场化的资源配置和创新优势，深化要素市场改革和制度创新，推进城市新区产业集聚与新型城镇化互动发展。首先，通过市场化机制解决土地利用效率低的问题，优化城市空间资源配置，促进土地资源的集约利用，建设空间紧凑型的城市新区。其次，基于市场化模式创新投融资方式，促进财政体制、税收体制以及收入分配制度改革探索。最后,市场化机制加快人才、劳动力的流动,进而推动人口政策、户籍制度的改革。

三 经济要素集聚

在政府政策引导和市场化运作机制的作用下,城市新区不断汇聚资金、人才、技术等生产要素,构成了产业集聚和新型城镇化建设的原始积累。各要素通过相应的作用机制促进产业集聚的形成和新型城镇化水平的提升,并作为产城互动发展的物质流、信息流、能量流,使产业集聚与新型城镇联动起来(如图4-9所示)。基于此,经济要素集聚对产城互动发展有以下影响:

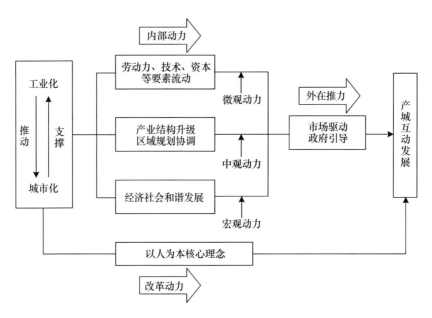

图4-9 政府、市场、经济要素等对产城互动发展的宏观、中观、微观动力分析

1. 资本要素推动产业集聚和新型城镇化互动发展。资本的不断流入促进产业集聚规模的扩张,对城镇的基础设施、教育、文化等建设起到了促进作用。资本带动下产生的规模效应降低了企业成本,企业的集中布局便于共享信息、基础设施、专业市场和劳动力市场等,并通过专业

化分工和产业功能联系等实现成本的节约,进一步促进产业集聚的发展。

2. 人口要素深化产业集聚和新型城镇化向互动发展。人口要素的流入一方面壮大了产业集聚规模,另一方面也扩张了城镇空间,人口的集中从微观层面上推动了城镇化进程。在产业集聚带动城镇经济发展的进程中,住宅、交通、通讯、文化教育、卫生医疗、金融等第三产业也被同时带动起来,进一步扩大了经济规模、增强了城镇经济增长和产业的集聚效应,使产业集聚和城镇化互促共进、不断升级。

3. 技术要素加速产业集聚和新型城镇化互动发展。随着城市新区企业的不断集聚和相互竞争,技术加速积累、创新和扩散,从内部驱动产业的结构升级,产业集聚的质量不断提升。同样,技术的进步对新型城镇化具有加速作用,技术的迅速扩散促进企业新工艺、新设备的更新,生产率和产出量不断提高,从而增加了地区经济的市场竞争力,促进城镇综合竞争力的提升。

四 效率优化提升

推动产业集聚和新型城镇化的可持续发展,将城市新区作为产业集聚和新型城镇化的载体,提高城市新区的综合承载力,实现企业集群、项目集中、要素集约,促进城市新区产城互动效率的提升和优化,加快了产业集聚与新型城镇化的互动发展。具体来看,产城互动发展效率优化提升的关键在于:

1. 要素市场共享促进产城互动效率的优化提升。劳动力、技术等市场要素的合作共享能够加快城市新区产业集聚和新型城镇化建设速度,对于劳动来说,大量集聚企业形成了稳定充裕的劳动力市场,劳动人口在各部间间自由的流动降低了企业的寻找成本,提高了效率;对于技术来说,技术知识会产生外溢效应,合作、转让等方式伴随着人员在企业间的流动,集聚区内人员交流频繁,提升了技术共享的效率。劳动力、技术等市场要素的有效流动最终使产城之间的互动更加紧密和高效。

2. 市场规模因素促进产城互动效率的优化提升。企业倾向于市场需求规模较大的地区,因此市场规模越大,规模效应越明显,边际成本越低,比较优势越显著,越容易形成集聚现象,此外,市场规模大的城市新区经济实力强、基础设施建设完善、扶持政策力度大，越能吸引优质企业投资。随着产业的不断集聚，又进一步扩大了当地的市场需求规模，市场规模的扩大必然会推进城镇化进程，最终形成良性循环现象，促进产城互动发展效率的提升，加速提高产业集聚和新型城镇化水平。

3. 产业关联因素促进产城互动效率的优化提升。产业集聚一方面是生产相同产品或类似产品企业的集聚，另一方面也是上下游关联企业的集聚。城市新区集聚产业的企业关联度越高、涉及的上下游企业越多，产业链的专业化分工和相互协作越紧密，城市的经济多样性越强，产业集聚对包含新型城镇化建设的整个经济社会的影响就越大，反之，新型城镇化水平的提升对产业集聚影响越深，因此，集聚区产业关联度越高，产城互动效率就越高。

五　共生协同发展

城市新区空间、部门的共生协同发展是产城互动发展的核心内容，实现产业空间布局的协同优化、推动各产业部门与新型城镇化的深度融合，对推动产业集聚和新型城镇化的互动发展具有重要的意义，基于此，共生协同发展对产城融合具有以下影响：

1. 产业空间布局的协同优化。产业空间分布不均衡容易造成城市新区产业过度密集与产业空心化并存的现象，直接导致了城市新区内部城镇化"头重脚轻"的格局，使得城市新区产城互动变得有限而困难，社会一体化发展目标难以实现。此外，由于产业形态在地区之间分布比较混乱，造成传统产业挤占了高端产业的发展空间。通过产业空间布局的协同优化，科学规划产业形态、合理布局，促进传统产业向城市新区边缘转移升级，引导金融、计算机等服务产业向城市中心聚集。

2. 现代化农业、工业与新型城镇化协同发展。城镇化作为一种动态演进的社会经济活动，来源于工业文明的发展，但同时它也为伴随其成长的工业以及农业提供了转型升级的契机。城市新区的农业占比虽然不高，但可以通过发展现代化农业提高发展质量和水平，打造合理利用资源又保护环境的示范性农业生态系统，实现与新型城镇化的协同发展。城市新区工业企业选择环境承载能力较高的区域，同时布局对农业产业化发展具有较强带动作用的产业，实现工业与现代化农业的协调发展，工业与社会、资源环境的互动和协调，最终实现工业化、农业现代化以及新型城镇化之间的同步和谐发展。

六 利益协调均衡

产业集聚发展与新型城镇化建设涉及经济发展成果的利益分配问题。其中，产业集聚能创造经济价值，但集聚形成的过程需要前期的投入；同样，新型城镇化建设既能扩大内需，促进经济增长和产业集聚的形成，又需要大量的财政支出。因此，当产业集聚与新型城镇化发展严重失衡时，尤其在只顾发展经济、忽视新型城镇化建设的情况下，有必要进行利益再分配，促进两者协调发展。基于此，利益协调均衡对产城互动发展的作用机理如下：

1. 利益协调均衡是实现居民共享城市新区发展成果的有效路径。利益机制实现的关键在于坚持"以人为本"，由于产业集聚某种程度上就是一种经济发展的不均衡，因此某一产业过度的集聚会挤压其他产业的发展空间，造成城市新区内部的城乡差距、部门差距、收入差距严重，影响新型城镇化建设，不利于新区的可持续性发展，需要进行利益的再均衡，进一步增加对新型城镇化建设的投入，提高居民生活水平，通过合理手段引导产业有序的集聚和增长。

2. 利益协调均衡需要政策工具和手段。产业集聚与新型城镇化不平衡发展的主要原因在于市场机制失灵、政府政策不完善，因此，为实现均衡发展的目标，应完善政策体系，加强政府政策的引导。利益均衡机制将经济发展的成果惠及更多人，具体的措施主要有：完善城市新区基础设施建设，优化生态环境；提升城市新区软实力，增强服务意识和创新能力；增加社会服务机构，形成功能健全、服务到位的社会服务体系。通过产业集聚与新型城镇化的互动发展，促进发展成果的合理分配，真正提高城市新区产业集聚与新型城镇化的发展质量。

综合上述分析，"双转移"趋势下中西部城市新区产业集聚与新型城镇化互动发展的内在机理关系如图4-10所示。

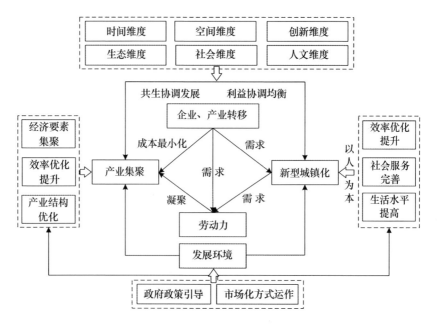

图 4 - 10　产业集聚与新型城镇化互动发展内在机理分析

第四节　"双转移"趋势下城市新区产业集聚
与新型城镇化互动发展的模型推导

　　"双转移"视角下讨论中西部城市新区产业集聚与新型城镇化的互动机理，一方面需要把握"产"与"城"的良性互动关系，另一方面需要深入探究劳动力转移以及产业转移在城市新区产业集聚与新型城镇化建设中的作用。基于此，为将多个要素同时进行深入讨论，从理论角度探究"双转移"趋势下中西部城市新区产业集聚与新型城镇化互动的内在机理，本书引入克鲁格曼的中心—外围模型进行分析。

　　地理空间是集聚的载体，城市形成本身就是集聚的结果，经济的中心—外围结构则是集聚的极端形式。新经济地理学主要研究经济活动在地理空间中的集聚现象，其目标是通过建立模型分析经济活动集聚和分散问题，因此中心—外围模型应运而生，该模型揭示了经济地理集聚的内在运行机制，认为两个对称的区域会发展成为核心和边缘区域，决定经济行为和经济要素在空间上是收敛或是扩散的有两种力量，分别是向心力和离心力，其中向心力来自集聚效应，包括知识溢出、关联效应以及其他外部经济，离心力包括不可流动的生产要素、土地租金、拥塞和其他外部不经济。在此模型中将集聚看作是劳动力流动促成的因果循环机制的结果。基于此，本书从中心—外围模型入手，分析城市新区在劳动力转移、产业转移的背景下，产业集聚与新型城镇化的内在联系，并将其抽象成模型中的劳动力、工业、集聚等具体元素进行分析。

一 中心—外围模型基本分析

（一）基本假设

1. 某个国家由地区 1 和地区 2 构成，其中地区 1 为工业区，只拥有制造业，生产工业产品；地区 2 为农业区，初始状态下，只生产农业产品。

2. 两个部门均使用同一种资源，即劳动力，将工人与农民数量单位化，其数量分别为 λ 和 $1-\lambda$，两地均不存在失业。

3. P_m 表示工业部门向消费者提供最终工业品产品市场价格；其中，工业部门最终产品为 M，由于产品完全同质且处于完全竞争状态，因此，在生产部门内部存在的众多生产最终产品的企业，可以被看作是一个大的生产企业。最终产品生产企业采用间接生产方式，需用中间产品作为投入，生产中间产品采取规模报酬递增的生产技术。工业企业虽然生产差异化产品，但不存在经营多样化行为，任何企业生产的产品都不完全相同，即一个企业生产一种制造品，每种产品只在一个地区生产。

4. P_A 表示农业产品价格，农业部门的生产规模报酬不变，以单位价值作为计价标准，即 $P_A = 1$。

5. 地区 1 和地区 2 的工资分别为 W_1、W_2，且工人的工资不低于农民工资。

6. 产品可跨区域交易，运输成本采取冯·杜能和萨缪尔森的"冰山"交易形式，1 单位产品在只有 $1/\tau$（$\tau > 1$）运输到达目的地，其他部分损耗掉，其中 τ_m 表示工业产品运输成本，τ_a 表示农产品运输成本。

7. 假设消费者具有相同偏好，根据柯布—道格拉斯效用函数：$U = C_M^\mu C_A^{1-\mu}$，其中 μ（$0 < \mu < 1$）表示支出在工业品上的支出份额，C_M 为工业品消费量，C_A 为农产品消费量；同时假设工人和农民均不存在储蓄，其收入等于支出。

（二）消费者行为分析

地区 1 城市工人消费效用最大化：

$$\text{Max} \quad U = C_{M1}^\mu C_{A1}^{1-\mu}$$

$$\text{s. t.} \quad P_M C_{M1} + P_A \tau_A C_{A1} = W_1 \tag{4.1}$$

通过建立拉格朗日函数求解地区 1 城市工人对工业品和农产品的需求函数：

$$C_{M1} = \mu W_1 / P_M \tag{4.2}$$

$$C_{A1} = (1 - \mu) W_1 / P_A \tau_A \tag{4.3}$$

地区 2 农民消费效用最大化：

$$\text{Max} \ U = C_{M2}^\mu C_{A2}^{1-\mu}$$

$$\text{s. t.} \ P_M \tau_M C_{M2} + P_A C_{A2} = W_2 \tag{4.4}$$

同理通过拉格朗日函数求导获得地区 2 农民对工业品和农产品的需求函数：

$$C_{M2} = \mu W_2 / P_M \tau_M \tag{4.5}$$

$$C_{A2} = (1 - \mu) W_2 / P_A \tag{4.6}$$

（三）生产者行为分析

1. 地区 1 工业品生产者均衡分析

假设生产最终产品的企业有 n 种不同的中间投入品，依据不变替代弹性形式生产函数，最终产品的产出为：

$$Y_1 = \left(\int_0^n q(i)^{(\sigma-1)/\sigma} di \right)^{\sigma/(\sigma-1)} \tag{4.7}$$

其中，q（i）表示第 i 种中间投入品使用量，σ 表示中间投入品之间的替代弹性，弹性越小，中间投入品相互之间可替代程度越低，代表最终产品对中间投入品的依赖度和多样性要求越高。根据 D - S 垄断竞争假设，假设劳动是中间投入品在生产过程中的唯一生产要素，且企业生产函数相同，产量 q（i）需要 l（i）单位的工业劳动，则其生产函数表示为：

$$l(i) = f + cq(i) \tag{4.8}$$

其中，f 和 c 分别表示固定劳动投入和边际劳动投入，将工业部门边际单位劳动投入单位化，c = 1，则企业的数量和产品的数量正好相等，且每家企业的产出正好等于该产品的需求。同时中间产品生产企业的利润函数表示为：

$$\pi(i) = p(i)q(i) - wl(i) \tag{4.9}$$

其中，p(i) 表示中间投入品的价格，w 表示工人工资。

在最终产品的生产过程中，要满足中间投入品的成本最小：

$$Min\ C = \int_0^n p(i)q(i)di$$

$$s.t. \int_0^n q(i)^{(\sigma-1)/\sigma}di = Y_i^{(\sigma-1)/\sigma} \tag{4.10}$$

求一阶导得到最终产品生产企业的中间产品需求函数和中间投入品价格函数：

$$q(i) = Y_1 / \left(p(i)^\sigma \left(\int_0^n p(i)^{1-\sigma}di \right)^{\sigma/(\sigma-1)} \right) \tag{4.11}$$

$$p(i) = (Y_1/(Aq(i)))^{1/\sigma},\ A = \left(\int_0^n p(i)^{1-\sigma}di \right)^{\sigma/(\sigma-1)} \tag{4.12}$$

中间产品生产商利润最大化：

$$Max\ \pi(i) = p(i)q(i) - wl(i)$$

$$s.t.\ p(i) = (Y_1/(Aq(i)))^{1/\sigma},\ A = \left(\int_0^n p(i)^{1-\sigma}di \right)^{\sigma/(\sigma-1)} \tag{4.13}$$

假设中间产品的种类无限丰富，从而 p(i) 对 A 的变化可以忽略不计，故 A 为一个常数，上式在约束条件中确定最大值：

$$q(i) = (wc\sigma/(\sigma-1))^{-\sigma}(Y_1/A) \tag{4.14}$$

易证明 $Y_1 = A$，故：

$$p(i) = wc\sigma/(\sigma-1) = (1 + 1/(\sigma-1))wc \tag{3.15}$$

假设中间产品生产商处于完全竞争的状态，不存在进入和退出壁垒，市场均衡时，每个中间产品生产商利润为零，则：

$$q(i) = (\sigma-1)f/c \tag{4.16}$$

代入 $l(i) = f + cq(i)$ 中，得到每个中间产品生产商劳动力需求量：

$$l(i) = f\sigma \tag{4.17}$$

由于规模递增但无规模经济，每个企业只生产一种产品，则生产中间产品的企业数量与最优中间产品种类数相等，均为：

$$n = L_1 / l(i) = L\lambda / f\sigma \tag{4.18}$$

则最终产品生产部门的最终产出为：

$$Y_1 = (((\sigma - 1)f/c)(L\lambda/f\sigma))^{\sigma/(\sigma-1)} \tag{4.19}$$

劳动产出弹性 $(dY_1/Y_1)/(dL/L) = \sigma/(\sigma-1) > 1$，则最终产品生产呈现规模报酬递增的特征。

2. 地区 2 农产品生产者均衡分析

在完全竞争的市场条件下，其生产函数为：

$$Y_1 = \beta l = \beta(1-\lambda)L \tag{4.20}$$

农民工资：

$$W_2 = MR \times MPL = P_A \times \beta = \beta \tag{4.21}$$

（四）市场均衡分析

在完全竞争市场条件下，最终工业产品生产商、农产品企业收益与成本支出相等：

$$\mu W_1 \lambda L + \mu W_2(1-\lambda)L = \lambda L W_1 \tag{4.22}$$

$$(1-\mu)W_1 \lambda L + (1-\mu)W_2(1-\lambda)L = (1-\lambda)LW_2 \tag{4.23}$$

则：

$$W_1 = W_2(\mu/(1-\mu))/(\lambda/(1-\lambda))$$
$$= \beta(\mu/(1-\mu))/(\lambda/(1-\lambda)) \tag{4.24}$$

令 $k = (\mu/(1-\mu))/(\lambda/(1-\lambda))$ 为偏离系数，反映了消费者偏好结构和资源禀赋结构的偏离程度。当 $W_1 > W_2$ 时，$k > 1$，$\mu > \lambda$；当 $W_1 = W_2$ 时，$k = 1$，$\mu = 0$。

最终产品工业品市场均衡出清的状态为总产出与市场需求相等：

$$Y_1 = (\mu W_1/P_M)\lambda L + (\mu W_2/P_M \tau_M)\tau_M(1-\lambda)L \tag{4.25}$$

根据前文所得：

$$P_M = \frac{(1-\lambda)\mu\beta L}{(1-\mu)Y_1} = \frac{(1-\lambda)\mu\beta c\, L^{\frac{1}{1-\sigma}}\left(\frac{f\sigma}{\lambda}\right)^{\sigma/(\sigma-1)}}{(1-\mu)(\sigma-1)f} \quad (4.26)$$

其中农产品价格由假设中设定为 $P_A \equiv 1$。

（五）福利水平分析

由于生产工业品厂商及中间投入品企业均处在完全竞争市场状态下，其企业利润为零，故社会福利水平等于消费者福利总和，首先定义地区1和地区2的实际工资水平：

$$\omega_1' = (P_M)^{-\mu}(P_A\tau_A)^{-(1-\mu)}W_1$$

$$= \frac{\beta\tau_A^{\mu-1}(1-\lambda)/\lambda}{(1-\mu)/\mu}\left[\frac{(1-\lambda)\mu\beta c\, L^{\frac{1}{1-\sigma}}\left(\frac{f\sigma}{\lambda}\right)^{\sigma/(\sigma-1)}}{(1-\mu)(\sigma-1)f}\right]^{-\mu} \quad (4.27)$$

$$\omega_2' = (P_M\tau_M)^{-\mu}(P_A)^{-(1-\mu)}W_2$$

$$= \beta\tau_M^{-\mu}\left[\frac{(1-\lambda)\mu\beta c/\, L^{\frac{1}{1-\sigma}}\left(\frac{f\sigma}{\lambda}\right)^{\sigma/(\sigma-1)}}{(1-\mu)(\sigma-1)f}\right]^{-\mu} \quad (4.28)$$

$\frac{\omega_1'}{\omega_2'} = k\frac{\tau_M^{\mu}}{\tau_A^{1-\mu}}$，由此式可观察得到，若 k 增加，或工业产品运输成本提高，或农产品运输成本下降，地区1与地区2的实际工资比值增加，相比而言，工人的相对实际工资提高，其效用水平得到提高。当两地名义工资相等，$\tau_M = \tau_A = \tau$ 时，$\frac{\omega_1'}{\omega_2'} = \tau^{2\mu-1}$，若此时工人实际工资高于农民实际工资，需要 $\mu > 0.5$。地区间的分布会随着实际工资的变化出现变化，同时劳动力在地区间的分布、运输成本的高低、地区间要素禀赋的差异、工业与农业的分布特点以及分布的变化均存在相互影响的关系。

二 "双转移"趋势下中心—外围模型的拓展

初始的中心—外围模型初步考虑到各要素可能对产业、城市的集聚存在的影响，本书接下来更深入地探讨在劳动力转移和产业转移的"双转移"影响下，劳动力的效用变化、产业集聚的内生动力以及社会福利水平的变化等问题。

（一）从劳动力转移的角度拓展中心—外围模型

从上文的分析中不难知道，实际工资的比重与偏离系数相关同时受到运输成本的影响，为集中讨论劳动力转移对产业集聚的影响，选择剔除运输成本的影响，即令 $\tau_M^\mu = \tau_A^{1-\mu}$，使得名义工资率之比等于实际工资率之比，突出讨论的重点。工业产业最终生产商仍处于完全竞争的市场状态，假设部分农民放弃农产品生产活动转移到从事工业生产，其所获得的名义工资在工业部门拥有更高水平，而进行这部分农业劳动力转移的份额 s 应满足 $\mu \geq \lambda + (1-\lambda)s$，从而 $s \in (0, \frac{\mu-\lambda}{1-\lambda}]$。农民转移到城市的成本仍按照"冰山"形式，为保证城市有效劳动力为 1 个单位，将转移的有效农民劳动力记为 τ_s，$(\tau_s - 1)$ 的部分在劳动力转移过程中损耗。但在转移过程中需要考虑到转移份额在偏离系数中的关系，避免导致 k 出现极小值的情况，使工人实际工资率低于农民实际工资率。

同理，在完全竞争市场条件下，两个地区的收益与成本支出相等：

$$\mu W_1 \left[\lambda + \frac{(1-\lambda)s}{\tau_s} \right] L + \mu W_2 (1-\lambda)(1-s) L = \left[\lambda + \frac{(1-\lambda)s}{\tau_s} \right] L W_1 \tag{4.29}$$

$$(1-\mu) W_1 \left[\lambda + \frac{(1-\lambda)s}{\tau_s} \right] L + (1-\mu) W_2 (1-\lambda)(1-s) L$$
$$= (1-\lambda)(1-s) L W_2 \tag{4.30}$$

求解得到：

$$W_1 = \frac{W_2 \mu / (1-\mu)}{\left[\lambda + \frac{(1-\lambda)s}{\tau_s} \right] / \left[(1-\lambda)(1-s) \right]}$$
$$= \frac{\beta \mu / (1-\mu)}{\left[\lambda + \frac{(1-\lambda)s}{\tau_s} \right] / \left[(1-\lambda)(1-s) \right]} \tag{4.31}$$

令 $k_2 = \dfrac{\mu / (1-\mu)}{\left[\lambda + \frac{(1-\lambda)s}{\tau_s} \right] / \left[(1-\lambda)(1-s) \right]}$，易证明得到 k_2 的值大

于 1，则根据 $W_1 = \beta k_2 = k_2 W_2$，$W_1 > W_2$，城市工资水平比农村工资水平更高，作为诱因之一使农民从农村转移到城市。故将这一结论运用到

"双转移"中的劳动力转移的分析过程中,即劳动力的转移受到地区之间工资差异的影响而发生改变。

计算两地的实际工资:

$$\omega_1^2 = k_2 \tau_A^{\mu-1} \beta \left[\frac{\mu\beta c(1-\lambda)(1-s)}{(1-\mu)(\sigma-1) L^{1/(\sigma-1)} \left(\dfrac{\lambda + \dfrac{(1-\lambda)s}{\tau_s}^{\sigma/(\sigma-1)}}{\sigma f}\right)} \right]^{-\mu}$$

(4.32)

$$\omega_2^2 = \tau_M^{-\mu} \beta \left[\frac{\mu\beta c(1-\lambda)(1-s)}{(1-\mu)(\sigma-1) L^{1/(\sigma-1)} \left(\dfrac{\lambda + \dfrac{(1-\lambda)s}{\tau_s}^{\sigma/(\sigma-1)}}{\sigma f}\right)} \right]^{-\mu}$$

(4.33)

1. 当农业劳动力发生转移之后,工人的实际工资发生变化:

$$\frac{\omega_1^2}{\omega_1'} = k_2/k_1 (1-s)^{-\mu} \left[(\tau_s\lambda + (1-\lambda)s)/(\tau_s\lambda) \right]^{\sigma\mu/(\sigma-1)} \quad (4.34)$$

(1)当 k_1 为1时,即初始偏离系数取值为1,此时工人现在的效用与初始效用的比值大于1,即随着劳动力的转移,工人的实际工资水平、效用水平都较之有所提高。

(2)当 k_1 大于1时,讨论劳动力转移成本 τ_s 对工人相对效用水平的影响:

令 $f(\tau_s) = \dfrac{\omega_1^2}{\omega_1'}$,

则 $f'(\tau_s) = f(\tau_s) \dfrac{(\lambda-1)s(\sigma\mu-\sigma+1)}{(\tau_s\lambda + (1-\lambda)s)\tau_s(\sigma-1)}$

当 $\sigma < 1/(1-\mu)$ 时,$f'(\tau_s) < 0$,则 σ 较小,规模经济较强时,劳动力转移成本 τ_s 越高,地区1工人实际工资的比值即相对效用水平不断下降;

当 $\sigma > 1/(1-\mu)$ 时,$f'(\tau_s) < 0$,则 σ 较大,规模经济较弱时,劳动力转移成本 τ_s 越高,地区1工人实际工资的比值即相对效用水平不断提高。

（3）当 k_1 大于1时，讨论劳动力转移份额 s 对工人相对效用水平的影响：

令 $g(s) = \dfrac{\omega_1^2}{\omega_1'}$，

则 $g'(s) = g(s)\dfrac{\mu(\sigma-1)[\tau_s\lambda+(1-\lambda)s]+\sigma\mu(1-\lambda)}{(1-s)(\sigma-1)[\tau_s\lambda+(1-\lambda)s]}$

当 $\sigma < [\tau_s\lambda+(1-\lambda)s]/[\tau_s\lambda+(1-\lambda)s+1-\lambda]$ 时，$g'(s)>0$，当中间投入品生产规模经济较强时，最终产品生产效率较高，农村转移到城市的劳动力越多，工人福利水平有所提高，反之亦然。随着劳动力的转移，工业生产的效率呈下降趋势时，对城市消费者来说工业产品带来效用水平的增加不及农产品的减少，城市消费者的效用水平相对下降。

2. 发生劳动力转移对农民实际工资的影响：

$$\frac{\omega_1^2}{\omega_1'} = (1-s)^{-\mu}\left[\frac{\lambda\tau_s+(1-\lambda)}{\lambda\tau_s}\right]^{\sigma\mu/(\sigma-1)} \tag{4.35}$$

可见其比值大于1，说明转移后农民的工资和效用水平有所提高，劳动力转移份额越多，剩余农民的效用水平越高。

（二）从产业转移的角度拓展中心—外围模型

在讨论劳动力转移所受内在驱动与对地区效用水平的影响之后，本书从"双转移"的又一角度即产业转移的视角拓展中心—外围模型。本书的出发点之一源于东中西部地区在发展过程中，区域经济发展的不均衡以及地区之间产业结构的差异，在多方面的因素影响下，逐步呈现中西部作为产业转移承载地的现象，部分运输成本低且使用技术含量偏低劳动力的制造业向中西部地区转移聚集。为深入讨论在此过程中产业转移对区域经济、效用的影响，本书将拓展中心—外围模型的假设条件，同时考虑到城市新区的发展以第二产业以及第三产业为主，农业占比较低。为更好地探讨城市新区在产业转移中所受影响，将中心外围模型中两个地区拓展为两地均为城市，即均为工业企业聚集地。

本书增加假设，地区1存在工业品生产商为 M_1 与 M_2，在地区1的集聚产生集聚效应 γ（$0 < \gamma < 1$），由于集聚效应，一方面会使企业在生产销售中节约成本 Cs，又由于产生拥挤，面临拥塞成本 Cc；运输交易仍遵

循冰山交易成本，生产仍为不变替代弹性效用函数，运输时假设地区 1 交通更为便利；地区 1 在技术、开放度以及初始要素禀赋方面优于地区 2；所需投入要素依旧为劳动力，此处将劳动力分为普通劳动力 L_p 和技术劳动力 L_J，普通劳动力不能在区域间自由流动，而技术劳动力可以自由流动；假设 M_1 为劳动密集型产业，主要雇佣普通劳动力，M_2 为技术密集型产业，雇佣技术劳动力。

1. 消费者行为分析

消费者支出最小化：

$$\text{Min} \sum_i P_i m_i$$

$$\text{s. t. } M_1 + M_2 = \left[\sum_i m_i^\rho \right]^{1/\rho} \tag{4.36}$$

同理运用拉格朗日函数，$L\left(m_i, P_i\right) = \sum_i P_i m_i + \beta \left[M_1 + M_2 - \left[\sum_i m_i^\rho \right]^{1/\rho} \right]$

对 m_i 求导：

$$P_i = \beta_1 / \rho \left[\sum m_i^\rho \right]^{\frac{1}{\rho}-1} \rho m_i^{\rho-1} \tag{4.37}$$

$$1 / \rho \left[\sum m_i^\rho \right]^{\frac{1}{\rho}-1} = 1 / \rho \left(M_1 + M_2\right)^{1-\rho} \tag{4.38}$$

令

$$\frac{\beta_1}{\rho \left(M_1 + M_2\right)^{1-\rho}} = \lambda$$

$P_i = \lambda \rho m_i^{\rho-1}$，其中 P_i 是第 i 种工业品在目的地的价格，同时也是消费者对第 i 种工业品的消费决策。

同理 $P_j = \lambda \rho m_j^{\rho-1}$，

则 $\dfrac{P_i}{P_j} = \dfrac{m_i^{\rho-1}}{m_j^{\rho-1}}$ \hfill (4.39)

将其带入支出约束条件中，得到

$$m_j = \left(M_1 + M_2\right) \frac{P_j^{1/(\rho-1)}}{\left[\sum P_i^{\rho/(\rho-1)} \right]^{1/\rho}} \tag{4.40}$$

工业品的价格指数为：

$$G = \left[\sum P_i^{\frac{\rho}{\rho-1}} \right]^{(\rho-1)/\rho} = \left[\sum P_i^{1-\sigma} \right]^{1/(1-\sigma)} \tag{4.41}$$

令 $1/(\rho-1) = -\sigma$

则 $m_j = (M_1 + M_2)\left(\dfrac{P_j}{G}\right)^{\frac{1}{\rho-1}} = (M_1 + M_2)\left(\dfrac{P_j}{G}\right)^{-\sigma}$ （4.42）

则消费者效用最大化：

$$\text{Max } U = M_1^{\mu} M_2^{1-\mu}$$

$$\text{s. t. } G(M_1 + M_2) = Y \tag{4.43}$$

则 $M_1 = \dfrac{\mu Y}{G}$，$M_2 = \dfrac{(1-\mu)Y}{G}$，$m_j = \dfrac{P_j^{-\sigma} Y}{G^{1-\sigma}}$ （4.44）

2. 生产者行为分析

根据 $m_j = \dfrac{P_j^{-\sigma} Y}{G^{1-\sigma}}$，则目的地对地区 1 的第 j 种工业品 $m_j' = \dfrac{(P_1 \tau)^{-\sigma} Y}{G^{1-\sigma}}$，其中 P_1 为地区 1 的价格，$\tau_1(\tau_1 > 1)$ 为运输成本。

则工业品生产商在地区 1 在销售量作为约束条件时的利润最大化问题为：

$$\text{Max } \pi_1 = P_1 q_1 - (\omega_{P1} f + \omega_{J1} c\, q_1) + \gamma P_1 q_1 - (C_C - C_S)$$

$$\text{s. t. } q_1 = (P_1 \tau_1)^{-\sigma} Y\, G^{\sigma-1}\, \tau_1 \tag{4.45}$$

求导得到 $P_1 = \dfrac{\omega_{J1} c}{\left(1 - \dfrac{1}{\sigma}\right)(1 + \gamma)}$，则

$$\omega_{J1} c = P_1\left(1 - \dfrac{1}{\sigma}\right)(1 + \gamma) \tag{4.46}$$

可知在地区 1 价格 P_1 的构成中，技术劳动力的构成为 $1 - \dfrac{1}{\sigma}$，而普通劳动力为 $1 - \sigma$，同时 P_1 与地区 1 的集聚效应 γ 成反比。

通过上述计算获得工业品生产商利润水平为：

$$\pi_1 = \dfrac{(\omega_{J1} c)^{1-\sigma}(1 + \gamma)^{\sigma}}{(\sigma - 1)^{1-\sigma} \sigma^{\sigma}} \tau_1^{1-\sigma} Y\, G^{\sigma-1} - \omega_{P1} f - (C_C - C_S) \tag{4.47}$$

由于 τ_1、σ 均大于 1，则 π_1 与技术劳动力工资率、普通劳动力工资率成反比，与集聚效应成正比，与运输成本成反比。

以上推导基于工业厂商均在地区 1 生产，现厂商向地区 2 转移，此时的运输成本为 τ_2，则需求量变为 $m_j'' = \dfrac{(P_2 \tau_2)^{-\sigma} Y}{G^{1-\sigma}}$，同时由于地区 2 没有

工业品生产商存在，不产生集聚效应和拥挤成本，则地区 2 厂商利润最大化问题为：

$$Max \ \pi_2 = P_2 q_2 - (\omega_{P2}f + \omega_{J2}c \ q_2)$$

$$s.t. \ q_2 = (P_2 \tau_2)^{-\sigma} Y \ G^{\sigma-1} \tau_2 \qquad (4.48)$$

建立拉格朗日函数对 P_2 和 q_2 分别求导，得到：

$$P_2 = \frac{\omega_{J2}c}{1 - \frac{1}{\sigma}}, \ 则 \ \omega_{J2}c = P_2(1 - \frac{1}{\sigma}) \qquad (4.49)$$

则工业品生产商在地区 2 生产的利润水平为：

$$\pi_2 = \frac{(\omega_{J2}c)^{1-\sigma}}{(\sigma-1)^{1-\sigma} \sigma^{\sigma}} \tau_2^{1-\sigma} Y \ G^{\sigma-1} - \omega_{P2}f \qquad (4.50)$$

又有 $\frac{P_2}{P_1} = \frac{\tau_1}{\tau_2}$，$\frac{q_2}{q_1} = \frac{\tau_2}{\tau_1}$，

则 $P_2 q_2 = P_1 q_1$

所以

$$\pi_2 = P_1 q_1 - \omega_{P2}f - (1 - \frac{1}{\sigma}) P_1 q_1$$

$$= \frac{(\omega_{J1}c)^{1-\sigma} (1+\gamma)^{\sigma-1}}{(\sigma-1)^{1-\sigma} \sigma^{\sigma}} \tau_1^{1-\sigma} Y \ G^{\sigma-1} - \omega_{P2}f \qquad (4.51)$$

3. 产地间转移分析

$$\Delta\pi = \pi_1 - \pi_2 = \frac{\gamma(\omega_{J1}c)^{1-\sigma} (1+\gamma)^{\sigma-1}}{(\sigma-1)^{1-\sigma} \sigma^{\sigma}} \tau_1^{1-\sigma} Y \ G^{\sigma-1}$$

$$- (\omega_{P1} - \omega_{P2})f - (C_C - C_S) \qquad (4.52)$$

式中，生产函数中弹性 σ 较为稳定，技术劳动力因可以自由流动，其工资水平波动较小，G、Y 稳定，假设集聚到一定程度时，各参数固定，则：

（1）运输成本 τ_1 一定：

$$\frac{(\omega_{P1} - \omega_{P2})f + (C_C - C_S)}{\gamma (1+\gamma)^{\sigma-1}} < \frac{(\omega_{J1}c)^{1-\sigma}}{(\sigma-1)^{1-\sigma} \sigma^{\sigma}} \tau_1^{1-\sigma} Y \ G^{\sigma-1} \ 时，\Delta\pi > 0，生产$$

在地区 1 进行；

$$\frac{(\omega_{P1} - \omega_{P2})f + (C_C - C_S)}{\gamma (1+\gamma)^{\sigma-1}} > \frac{(\omega_{J1}c)^{1-\sigma}}{(\sigma-1)^{1-\sigma} \sigma^{\sigma}} \tau_1^{1-\sigma} Y \ G^{\sigma-1} \ 时，\Delta\pi < 0，$$

生产向地区 2 转移，随着转移的进行，（$\omega_{P1} - \omega_{P2}$）的差值变小，地区 1 因集聚产生的集聚效应节约的成本上升，拥挤成本下降，其集聚效应水平提高，当 $\Delta\pi = 0$ 时，两地区的生产无差距，则地区间转移停止。

（2）集聚程度 γ 一定：

$$\pi_1 = 0 \text{ 时，存在 } \tau' = \left(\frac{\omega_{P1}f + (C_C - C_S)}{Y}\right)^{1/(1-\sigma)} G\frac{\sigma - 1}{\omega_{J1}c}\left(\frac{\sigma}{1 + \gamma}\right)^{\sigma/(1-\sigma)} ;$$

$$\pi_2 = 0 \text{ 时，存在 } \tau'' = \left(\frac{\omega_{P2}f}{Y}\right)^{\frac{1}{1-\sigma}} G(1 + \gamma)\frac{\sigma - 1}{\omega_{J1}c}\sigma^{\sigma/(1-\sigma)} ;$$

$$\Delta\pi = 0 \text{ 时，存在 } \tau'' = \left(\frac{(\omega_{P1} - \omega_{P2})f + (C_C - C_S)}{\gamma Y}\right)^{1/(1-\sigma)} G(1 + \gamma)$$

$\frac{\sigma - 1}{\omega_{J1}c}\sigma^{\sigma/(1-\sigma)}$。

适度集聚时，集聚产生的拥挤成本趋近于 0，成本节约 C_S 较高，普通劳动力在地区间的差距较小，此时地区 1 的运输成本比地区 2 的运输成本更高。

当 $\tau'' < \tau < \tau'$ 时，厂商选择在地区 1 进行生产；

当 $\tau < \tau''$ 时，地区 1 的集聚生产出现扩散现象，部分企业向地区 2 转移。

过度集聚时，集聚产生的成本节约 C_S 趋近于 0，拥挤成本 C_C 较高，普通劳动力所在地区的差距扩大，集聚效应对销售收入的影响逐渐消失，当 γ 趋近于 0 时，此时 $\tau'' < \tau' < \tau''$，当 $\tau < \tau''$ 时，工业品生产企业的集聚就会出现扩散；由于运输成本与利润成反比，所以当 $\tau' < \tau < \tau''$ 时，生产将向地区 2 转移。

三　总结启示

新经济地理学研究产业集聚问题主要聚焦于运输成本与规模经济的相互作用，认为运输成本越低，区域产业活动越趋于集聚。集聚主要受到本地市场效应和价格指数效应的影响，由于这两种前后联系效应的存在，一旦产业空间集聚形成便会持续存在下去，在发达地区之间将形成专业化分工现象，而在落后地区将形成中心—外围结构。

本部分在传统的中心—外围模型的基础上进行拓展，从"双转移"的角度切入，探讨地区发生劳动力转移、产业转移的内在动力以及出现该现象的福利水平变化。通过上述分析，结合研究背景及实践基础，得到以下几点启示：

第一，劳动力转移在产业集聚中具有重要作用。随着经济生产活动的丰富，要素的自由流动性不断提高，追求更高的收入水平是劳动力转移的重要动力。在工业化与产业集聚相互推进的过程中，伴随着劳动力的大量转移以及地区福利水平的提高，在以人为本的发展理念下，生活水平的提高已成为不可忽视的部分。一方面需要完善落后地区体制机制，减少人才等生产要素的流失，提高优化配置水平；另一方面如何做好劳动力转移承接，提高城市建设水平，完善基础配套设施，创造良好的生产生活环境是当前形势下值得思考的问题。

第二，运输成本、集聚效应、资源禀赋差异等会影响地区间产业转移的程度与水平。基于新经济地理学理论，贸易成本降低能够加快区域一体化进程，有利于促进产业集聚，在第二个拓展模型中深入探讨了运输成本的作用机制。为控制成本，厂商选择在交通便利、运输成本较低的地区进行生产，同时集聚效应会影响产业转移产生的过程，当集聚所产生的销售收入的提高与成本的节约不足以抵消拥挤成本时，厂商会选择向市场空间更大、运输成本较低、劳动力成本较低的地区转移。

第三，将产业转移角度进行拓展的模型类比为我国东中西部地区制造业转移现象，不难发现，西部作为部分劳动密集型产业重要承接地，一方面因其未达到集聚所产生拥挤效应的临界值，另一方面因更低的生产成本，在承接产业转移以及产业集聚、劳动力集聚方面发展潜力巨大，但同时亟须在提高产业基础水平、提升科学技术创新能力、强化协作配套能力、更大程度提高地区交通与通讯便利程度、协调"产""城"建设水平等方面予以重视。

第 五 章

"双转移"趋势下产业集聚与新型城镇化
互动发展现状与主要障碍

本部分重点对中西部地区产业转移与劳动力转移现状进行系统分析,描述和总结城市新区产业集聚与新型城镇化互动发展现状;基于空间布局、产业布局、功能布局、要素资源、经济效益五维视角深入剖析中西部城市新区产业集聚与新型城镇化互动发展面临的瓶颈和存在的问题;从治理理念与发展导向偏差、机制体制模式、资源环境承载能力、创新能力、土地空间等方面进一步探究中西部城市新区产业集聚与新型城镇化互动发展的制约因素。

第一节 中西部地区产业转移与劳动力转移现状分析

一 中西部地区产业转移现状分析

当前,我国因地制宜有序推进产业转移,推动经济发展质量提升、效率以及动力的变革,进而促进产业结构优化。我国产业转移初期主要以传统劳动密集型产业为主,由沿海向周边中西部成本较低区域转移辐射。近年来,随着中西部地区政府有力推进、内需市场扩大以及经济发展水平不断提升,产业转移开始由分层梯度转移向多领域并行转移推进,呈现梯度转移和跨梯度转移并存的局面。

(一)中西部地区产业转移的整体情况

整体上看,东部地区仍是我国经济最活跃的区域。近年来,随着生产要素成本升高、生态环境监管趋严,东部沿海地区产业转型的步伐不断加快,积极推进"腾笼换鸟"、新旧动能转换,与中西部地区之间的产业合作和产业转移十分活跃;与此同时,中西部地区各省市积极参与东部沿海地区的协调联动,有序承接产业转移,根据自身经济基础因地制宜,初步建立起具有区域特色、错位发展的产业承接格局,实现了产业结构升级、改善民生和促进新型城镇化建设的多重目标。

如表 5-1、图 5-1 所示,从区域生产总值和第二产业增加值看:2020 年东部地区的生产总值占全国比重达 56.78%,整体上略有下降;第二产业增加值占 56.14%,总体略有下降。中部、西部地区的生产总值、工业增加值占全国比重整体保持稳定,到 2020 年,中部地区生产总值达到 21.87%,西部地区 20.99%;中部地区第二产业增加值占 23.49%,西部地区占 20.44%。基于以上可知,近五年来,东中西部经济占比保持稳定,主要原因在于东部地区经济由高速增长向高质量增长转变,处于产业升级和新旧动能转换的历史节点,增速有所回落并趋于稳定;而中西部地区加大投资和产业布局,经济增长迅速,与东部的差距正逐步缩小,保持着良好的发展态势。

表 5-1　2013—2020 年我国东中西部地区生产总值占全国比重变化　单位:%

地区	2013 年	2014 年	2015 年	2016 年	2017 年	2018 年	2019 年	2020 年
东部地区	59.82	59.56	59.6	59.3	57.94	57	56.76	56.78
中部地区	20.16	20.26	20.33	20.59	21.66	21.86	22.05	21.87
西部地区	20.01	20.18	20.06	20.1	20.4	20.58	20.77	20.99

从固定资产投资规模来看,目前我国中东部地区固定资产投资均有所增加,但增速上有所放缓,如表 5-2 所示,2020 年东部、中部、西部固定资产投资增速分别为 3.8%、0.7% 和 4.4%,较五年前下降明显。整体上,东部地区固定资产投资的比例呈下滑趋势,中西部地区呈上升趋势,由此可知近年来中西部收到资本的青睐,逐渐成为产业投资的重要区域。

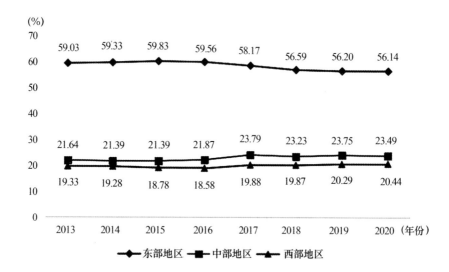

图 5-1 2013—2020 年我国东中西部地区工业增加值占全国比重变化

表 5-2　　　　2016—2020 年我国东中西部地区固定资产投资增速情况　　单位：%

地区	2016 年	2017 年	2018 年	2019 年	2020 年
东部地区	9.1	8.3	5.7	4.1	3.8
中部地区	12.0	6.9	10.0	9.5	0.7
西部地区	12.2	8.5	4.7	5.6	4.4

（二）中西部地区分行业的产业转移情况

近年来，中西部地区不断改善和优化发展环境，有序承接东部沿海地区产业转移，逐渐从生产要素约束型转移向产业布局优化调整的过渡和升级，实现链条式、整体式和集群式的转移，呈现出规模明显扩大、结构显著优化、模式不断创新的良好态势。如表 5-3 所示，从分行业的产业转移来看，对比分行业主营业务收入全国占比的变化情况可知，食品制造业、纺织业、计算机通信与电子设备制造业、废弃资源综合利用业、汽车制造业是中西部承接的重点行业。

计算机通信与电子设备制造业是目前中西部地区承接产业转移规模较大的行业。2019 年，中部地区计算机通信与电子设备制造业主营业务收入占全国比例达 14.17%，与 2012 年相比增长 6.06%；西部地区占比达 12.81%，增长 5.55%。相对于东部地区，中西部地区发展水平相对较低，仍在工业化中期，一直以来传统工业在工业经济中占比较高。随着中西部地区产业环境和配套优化，在外来资金、技术外溢和政府引导的多重作用下，近年来高新技术产业开始迅速增长。受东部地区生产要素成本不断上升的影响，重庆、成都、武汉、郑州、西安等中西部地区城市抓住电子信息产业调整和转移的机遇，借助于人才、科技等优势大力招商引资，吸引电子信息制造加工等相关产业，并延伸产业链条，积极布局电子商务、大数据、云计算和物联网等产业，以新技术和新领域为承接方向促进传统产业转型升级。随着电子信息产业制造加工环节向中西部转移，东部地区加快引进先进产业和先进技术，继续保留并进一步推进研发设计、销售服务等高端环节集聚发展，与中西部地区形成分工合作、优势互补的格局。

纺织行业近年来有向中西部转移的趋势，纺织行业是国民经济系统中重要的民生部门，承担着创造就业、扶贫减贫的社会责任。长期以来，主要集中在东南沿海一带，形成了规模效益明显、对地方经济贡献突出的产业集群。近年来，受国家产业政策影响，中西部地区依托国家财政倾斜和优惠政策，积极优化产业配套环境，引导产业集聚，有序承接纺织产业转移，其中中部地区以安徽、江西、河南为代表，西部地区以重庆、新疆为代表，投资增长较快，集聚发展较好。2019 年，中部地区纺织行业主营业务收入占全国比例达 22.13%，与 2012 年相比增长 5.18%；西部地区占比达 7%，增长 0.9%。纺织产业转移近年来虽取得良好成效，但区域不平衡的格局仍未根本改变，原因在于产业转移的驱动力主要来自于政府引导，由于纺织行业是消费型制造业，市场需求沿产业链良性传导，是推动产业转移的重要因素之一。而中西部地区经济水平发展偏低、消费能力不足，加之运输成本较高，导致产业转移的持续驱动力不足。

2019 年，中部地区汽车制造业主营业务收入占全国比例达 19.22%，与 2012 年相比增长 2.72%；西部地区占比达 12.44%，增长 0.14%。中西部地区主要城市有着较为完善的工业体系，积极承接汽车产业的转移，在重庆、成都、郑州、长沙等建成了规模较大的整车和零部件生产基地，以完善产业链为核心，打造创新、融资、人才、信息平台，形成完整的产业体系，整合提升汽车产业集群。废弃资源综合利用业产业转移规模较大，主要受到节能减排和环境保护的影响，2019年，中部地区废弃资源综合利用业主营业务收入占全国比例达36.11%，与2012年相比增长11.94%；西部地区占比达16.54%，增长10.45%。此外，食品制造业、文教、工美、体育和娱乐用品制造业呈现向中西部转移的趋势，2019年中部地区食品制造业主营业务收入占全国比例达26.35%，与2012年相比增长2.53%，西部地区占21.68%，增长6.88%；中部地区文教、工美、体育和娱乐用品制造业主营业务收入占全国比例达18.46%，增长6.89%，西部地区占4.24%，增长1.71%。

表5-3　　　　2019年我国东中西部地区分行业主营业收入情况　　　　单位：%

行业	东部		中部		西部	
	2019年占比	与2012年相比	2019年占比	与2012年相比	2019年占比	与2012年相比
食品制造业	51.97	-9.41	26.35	2.53	21.68	6.88
纺织业	70.87	-6.07	22.13	5.18	7.00	0.90
文教、工美、体育和娱乐用品制造业	77.29	-8.59	18.46	6.89	4.24	1.71
汽车制造业	68.34	-2.58	19.22	2.72	12.44	0.14
计算机、通信和其他电子设备制造业	73.01	-11.61	14.17	6.06	12.81	5.55
废弃资源综合利用业	47.35	-22.39	36.11	11.94	16.54	10.45

二　中西部地区劳动力转移现状分析

近年来伴随着东部地区产业向中西部地区转移，呈现出劳动力同时转移的"双转移"趋势。长期以来，中西部地区是主要的劳动力输出地，大量劳动力流向长三角、珠三角等沿海地区，支持了东部地区的产业尤其是劳动密集型产业发展。随着东部地区人工、土地等要素成本不断上升，相关产业的竞争优势有所下降，部分产业选择向中西部地区梯度转移,导致东部地区劳动力的净流入开始放缓。从近几年数据看,中西部各省份外出从业人员的增幅出现回落态势,并且呈现向省内回流趋势。回流的劳动力具备较高的技术技能水平,同时在文化知识、工作理念、创新能力方面也有一定的优势,为中西部产业发展提供了重要支撑。

(一)我国就业人口的整体规模与分布情况

如图 5-2 所示,2020 年年末全国就业人员 7.51 亿人,较上一年度下降 3.1%,整体上近五年来呈下降趋势,主要受到经济下行压力的影响。如表 5-4 所示,2019 年,我国城镇就业人口 44247 万人,从分布结构上看,东部地区占比最大,占全国城镇就业人口比例达 56.39%,较上一年度略有下降;中部地区占 21.51%,较上一年度略有上升;西部地区占 22.09%,略高于中部地区,较上一年度略有上升,从整体上看,近五年来中西部城镇就业人口的分布基本保持稳定。

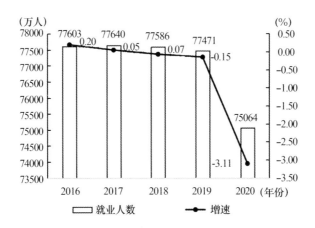

图 5-2 2016—2020 年我国就业人员总量及增速

表 5-4　　　2015—2019 年我国东中西部地区城镇就业人员总量占比　　单位:%

地区	2015 年	2016 年	2017 年	2018 年	2019 年
东部地区	57.10	56.76	56.44	57.12	56.39
中部地区	21.33	21.53	21.53	20.98	21.51
西部地区	21.58	21.71	22.03	21.90	22.09

（二）我国农民工的整体规模、分布与流向情况

农民工是我国"劳动力大军"的主力，具有流动性高的特点，一方面表现为由第一产向非农产业的"劳动力转移"，另一方面表现为跨区域的"劳动力转移"。如图 5-3 所示，2020 年全国农民工总量 28560 万人，比上年减少 517 万人，下降 1.8%，规模为上年的 98.2%。其中，外出农民工 16959 万人，比上年减少 466 万人，下降 2.7%；本地农民工 11601 万人，比上年减少 51 万人，下降 0.4%。在外出农民工中，年末在城镇居住的进城农民工 13101 万人，比上年减少 399 万人，下降 3.0%。从增速上看，呈现逐步下降的趋势，主要得益于经济的发展和新型城镇化的持续推进，以务农为主的农民逐渐减少，大多农村劳动力离开农村通过打工的方式融入城镇或城市，在户籍制度的改革下逐渐实现市民化。

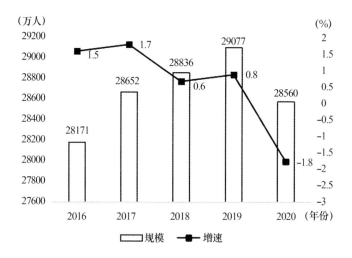

图 5-3   2016—2020 年我国农民总量及增速

从农民工的分布看，如表 5-5 所示，在东部地区务工农民工人数最多，2020 年达到 1.6 亿人，较上一年度下降 3.7%；在中部地区务工农民工人数 6227 万人，较上一年度增加 0.1%；在西部地区务工农民工人数 6279 万人，较上一年度增加 1.7%；整体而言，主要得益于良好的经济发展环境、不断优化的营商环境以及不断提升的平均收入，在中西部地区务工农民工数增长明显，中西部对农民工的吸引力逐渐增强。

表5-5　　　　2019年、2020年我国东中西部地区农民工分布情况

地区		2019年 (万人)	2020年 (万人)	2020年增量 (%)	2020年增速 (%)
按输出地分	东部地区	11407	11079	-328	-2.9
	中部地区	9619	9447	-172	-1.8
	西部地区	8051	8034	-17	-0.2
按输入地分	东部地区	16595	15985	-610	-3.7
	中部地区	6223	6227	4	0.1
	西部地区	6173	6279	106	1.7

　　从农民工的流向看，如表5-6所示，2020年外出农民工中，跨省流动人数达7052万人，占比达41.58%，省内流动人数达9907万人，占比达58.41%。分地区来看，东部地区跨省流动农民工人数902万人，占外出农民工比例达15.5%；中部地区跨省流动农民工人数3593万人，占外出农民工比例达57.9%，较2019年减少1.3个百分点；西部地区跨省流动农民工人数2557万人，占外出农民工比例达46.6%，较2019年减少1.8个百分点。从跨省流动农民工占所有外出农民工的比例可以看出，中西部地区跨省外出务工的趋势正在减弱，更多农民工愿意在当地或省内就业，中西部地区农民工吸纳能力正在不断提升。

表5-6　　　　2019年、2020年外出农民工地区分布及构成

按输出地分	外出农民工人数 (万人)		外出农民工中跨省 流动人数(万人)		跨省流动农民工占比 (%)	
	2020年	2019年	2020年	2019年	2020年	2019年
合计	16959	17425	7052	7508	41.6	43.1
东部地区	5259	5443	902	1015	17.15	18.65
中部地区	6210	6427	3593	3802	57.9	59.2
西部地区	5490	5555	2557	2691	46.6	48.4

第二节　中西部城市新区发展现状分析

一　城市新区发展概述及分区域特征描述

根据前文对城市新区分类以及相关概念梳理可知，根据管辖权限和战略导向的不同，可分为国家级新区、国家级经济技术开发区及国家级高新区等①。自 20 世纪 80 年代开始，我国逐步认识到城市新区的示范功能作用，在多年的探索中，根据不同阶段发展状态合理调整城市新区发展规划，使城市新区在体制机制创新、经济高质量发展、产业健康发展、城市功能健全等多个方面成为区域发展的典范。截至 2020 年年底，我国分别拥有国家级高新区 169 个、国家级经开区 219 个、国家级新区 19 个。东部地区作为国家城市新区建设规划的先行区，其优势显著。随着区域间协调发展程度的提高以及中部崛起、西部大开发等战略的提出，近年来中西部地区城市新区发展势头迅猛，各类城市新区总数达到 190 个，约占全国城市新区总数的 46.7%，其中东部、中部、西部地区拥有城市新区数量如表 5-7 所示。

表 5-7　　　　东部、中部、西部国家城市新区数量统计　　　　单位：个

区域	国家级高新区	国家级经开区	国家级新区	总计
东部	86	120	11	217
中部	44	50	3	97
西部	39	49	5	93
全国	169	219	19	407

（一）国家级高新区发展现状

国家级高新技术产业开发区（以下简称"国家级高新区"）是我国在推进改革开放和社会主义现代化建设进程中做出的重大战略部署，主要

---

① 各类各级层面的城市新区较多，由于研究资料限制，本部分主要探讨国家级新区、国家级经济技术开发区及国家级高新区发展现状。

依靠知识密集、技术密集、区域经济实力、地理位置以及对外开放等优势，集中发展国家鼓励的高新技术产业，通过各项改革措施的实施和高新技术产业优惠政策的支持，优化软硬环境，将科技成果在最大限度上转化为现实生产力而建立起来的集中区域。1988年国务院率先设立了中关村高新区之后，于1991年和1992年分两次集中批复了全国共51个国家级高新区，这成为了早期国家级高新区群体建设规模的雏形。到2008年，全国国家级高新技术产业开发区仅有54个，自2012年开始，国务院批复国家级高新区建设的速度进一步加快，2012年批复17个，2014年批复9个，2015年批复16个，这使得我国国家级高新区的规模和队伍不断扩张。截至2020年12月，已经有169个经国务院批复建设的国家级高新区，10年间增长超两倍，变化如图5-4所示。

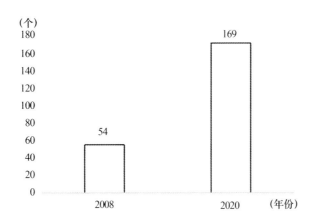

图5-4 2008年和2020年国家级高新区个数变化

我国国家级高新区历经30余年发展，成功探究出了科技与经济结合的有效途径，走出了一条具有中国特色的发展道路。2009—2019年国家级高新区营业收入情况和高新技术企业营业收入情况如图5-5和图5-6所示。2019年，全国169个高新区共实现生产总值12.2万亿元，占国内生产总值的12.3%；上缴税费1.9万亿元，占税收收入的11.8%；出口总额4.1万亿元，占外贸出口总额的21.6%。2019年，全国高新区新增注册企业61.9万个，同比增长32%；企业从业人员2213.5万人，同比增长 5.8%；实现营业总收入 38.6 万亿元，同比增长 11.4%；工业总产值 24.0 万亿元，同比增长 8.0%。高新技术企业近年来营业收入持续增长，增速有所放缓。

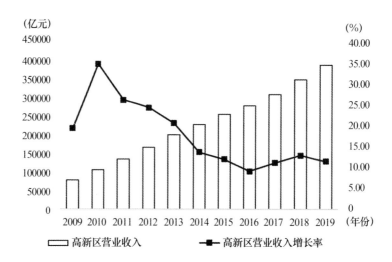

图 5-5　国家级高新区历年营业收入情况

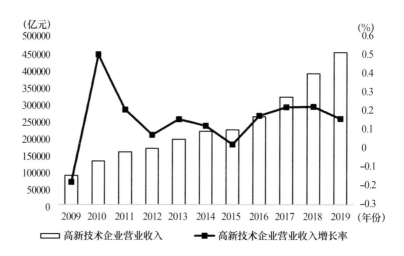

图 5-6　高新技术企业历年营业收入情况

我国高新区总体实力突出，地区间仍有较大差距，从国家级高新区地域分布来看，大部分国家级新区集中在我国东部地区，该区域集中了86个国家级高新区，约占全国国家级高新区的51%，如图5－7和图5－8所示，区域内的江苏、广东、山东分布以18、14、13个国家级高新区数量位列全国前三；中部6省以44个国家级高新区数量位居全国第二，其中湖北达到12个，位居中部第一，全国第四；西部地区总数达到39个，西部各地区所拥有国家级高新区数量以四川和陕西较为突出，分别拥有8个、7个，其他地区拥有数量较少，平均为3个，与中部、东部地区相比有较为明显差距，但近年来国家级高新区中、东、西部地域分布总数正逐渐趋于均衡。

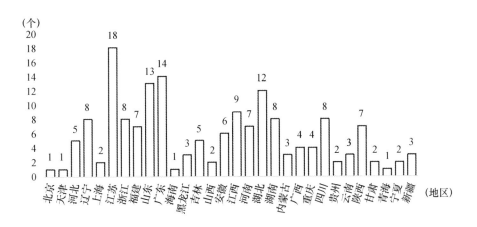

图5－7 2019年国家级高新区区域分布及数量

中西部与东部地区相比，国家级高新区数量及整体综合实力的发展有一定差距。整体来看，中西部地区仍具有较大发展潜力，如何利用中西部资源禀赋和后发优势，缩小与东部地区差距还有很长一段路要走。2019年，东部地区整体经济实力仍强劲，其营业收入与工业总产值是中西部地区总和的两倍左右；同时东部地区科技创新水平较高，在园区的建设中更加注重全产业链的建设，且新区内企业转化能力强、集聚效应显著，通过科技创新不断推动新区经济的快速发展。东部地区高新区高新技术企业数量远远高于中西部地区，2019年中西部地区高新区高新技

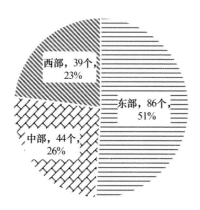

图 5 - 8 2019 年国家级高新区东中西部地区分布情况

术企业总数达到 22236 家，约为东部地区总数的 39%；同时东部地区因园区企业更具综合竞争力，中西部地区高新区营业总收入与工业总产值约为东部地区高新技术区总值的 2/3，东中西部 2019 年各项指标具体比较如图 5 - 9 所示。

（二）国家级经济技术开发区发展现状

经济技术开发区是中国大陆为深化改革开放战略而设立的，以现代化定位的产业园区，重点解决机构臃肿重叠、审批手续纷繁复杂等制约经济社会发展的顽疾。党的十八大以来，中国社会经济迎来了一个新的发展阶段，在发展机遇与挑战并存的时代背景下，国家级经开区开始进入快速发展阶段。据统计，国家级经开区从 2006 年的 49 个增长至 2020 年的 217 个，如图 5 - 10 所示。

从国家级经济开发区地域分布来看，如图 5 - 11、图 5 - 12 所示，主要集中在我国东部地区，该区域集中了 120 个国家级经开区，约占全国国家级经开区的 55%，区域内的江苏、浙江、山东分别以 26、21、15 个国家级经开区位列全国前三；中部 6 省共设立了 50 个国家级经开区，约占全国国家级经开区的 23%，其中安徽达到 12 个，位居中部第一，全国第四；西部地区拥有国家级经开区 47 个，约占全国的 22%。

国家级经开区已成为所在区域保增长、扩内需、调结构、促就业的

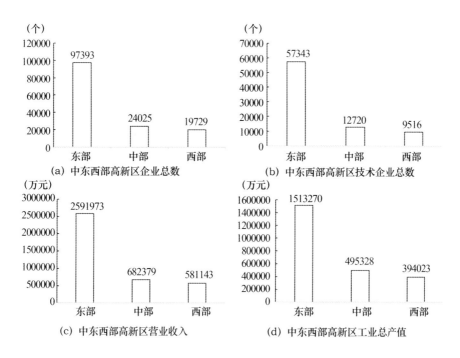

图 5–9 东中西部高新技术区 2019 年部分指标

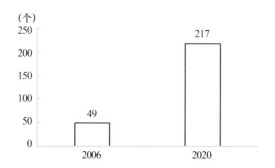

图 5–10 国家级经开区数量变化

重要支撑点。东中西部国家级经开区近年来经济整体保持增长,产业结构进一步优化,创新能力明显提升。东部地区国家级经开区各项经济指标增幅普遍低于中西部地区。除去西部地区进出口总额,中西部地区国

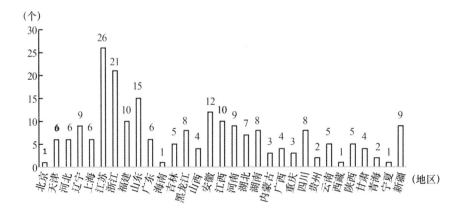

图 5 - 11   2020 年国家级经开区区域分布及数量

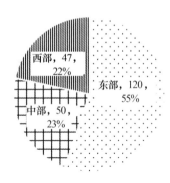

图 5 - 12   2020 年国家级经开区东中西部地区分布情况

家级经开区的主要指标，如地区生产总值、工业增加值、第三产业增加值、财政收入和税收收入等均保持两位数增长，中西部国家级经开区使用外资增幅分别比东部地区国家级经开区高 8.3 个、5.9 个百分点。但中西部地区整体实力与东部地区相比仍有较大差距，如图 5 - 13 所示。

（三）国家级新区发展现状

国家级新区是由国务院批复设立，承担国家重大发展和改革开放战略任务的综合性功能区。国家级新区的成立与开发建设已上升到国家战

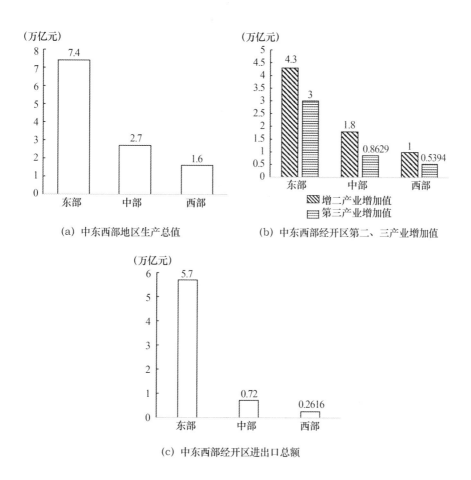

(a) 中东西部地区生产总值　　　　　　(b) 中东西部经开区第二、三产业增加值

(c) 中东西部经开区进出口总额

图 5 - 13　2020 年东中西部国家级经开区部分经济指标对比

略的高度。国务院对新区的总体发展战略和定位进行统一规划和审批，相关权限和特殊优惠政策也直接交由国务院直接批复，在辖区内实施开放和优惠相结合的特殊政策，鼓励新区开展制度改革与创新探索的工作。如图 5 - 14 所示，截至 2020 年 12 月，国务院批复的国家级新区总数共有 19 个，其中，东部地区 11 个，中部地区 3 个，西部地区 5 个。

国家级新区成立之初是为了打造区域经济增长极，推动区域经济协调发展。如图 5 - 15 所示，最早成立的浦东新区和滨海新区两大新区综合实力较强。青岛西海岸新区近年来发展迅速，不仅经济体量大，增长速

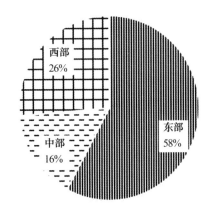

图 5−14 2020 年国家级新区东中西部地区占比情况

度也在滨海和浦东新区之上。这与其成立之初即确立了"主城区—城市组群—特色小镇"的发展路径密不可分，依托其丰富的海洋资源，西海岸新区第三产业占比已经从 39% 跃升至 52%，产业结构明显优化。

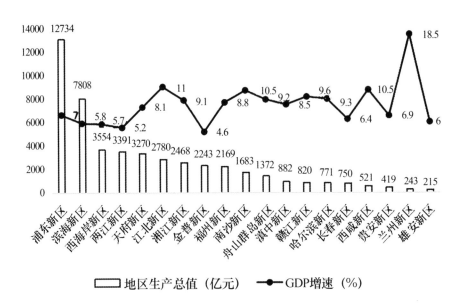

图 5−15 2019 年国家级新区地区生产总值及 GDP 增速

如图 5−16 所示，社会消费品零售总额在一定程度上是国家级新区经济活力和配套功能完善的重要标志，上海浦东和天津滨海总体规模较大，位于西部地区的重庆两江新区近年来社会消费品零售总额增长迅速，总体规模紧随天津滨海新区之后。围绕抢抓消费升级的机遇，两江新区提出实施消费升级行动计划，积极创建国际消费中心城市，两江新区经济蓬勃的内需潜力正不断激发。

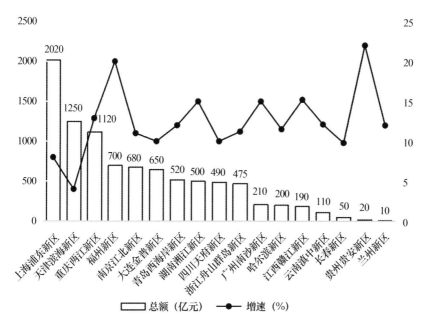

图 5 - 16　2018 年国家级新区社会消费品零售总额及增速

二 中西部城市新区产业集聚与新型城镇化互动发展现状概述

（一）辐射带动区域经济迅速发展

近年来，中西部地区城市新区经济增长迅速，但整体经济实力与东部地区仍有较大差距。城市新区通常位于各地中心区域，集聚着区域丰富的发展资源与机会，有着良好的投资环境、健全的基础设施，起到辐射区域经济增长的积极作用。如 2020 年兰州 GDP 达到 2286.74 亿元，增速为 2.4%，而 2020 年兰州新区地区生产总值为 235.89 亿元，增长 16.7%，GDP 等主要经济指标增速连续多年领跑国家级新区，增速已跻身全国 19 个国家级新区中第一，其生产总值占省会兰州的 10.31%；

2018 年成都实现地区生产总值 1.53 万亿元，名义增速为 10.46%，而天府新区同年完成地区生产总值 2714.1 亿元，占成都地区生产总值的 17.7%；2019 年两江新区占重庆市 GDP 比重达到 14.37%，南京江北新区 GDP 占南京市比例为 17.78%，可见城市新区对区域经济带动力强。

（二）体制机制改革创新先行先试

近年来，中西部城市新区承担了大量国家体制机制改革试点示范任务，改革成效明显，改革红利逐步释放。中西部城市新区在融建模式、管理模式、财政管理体制机制、国有企业资源配置方式等方面进行了改革探索，营商环境优化，放管服改革成效显著，为中西部城市新区经济社会发展提供了更好的制度保障。例如西咸新区制定印发《西咸新区优化提升营商环境实施方案》，从营造高效便捷的企业开办环境、便民利企的政务服务环境等七方面部署了 30 条具体举措，又细化为 266 项目标任务，建立台账，责任到人，并打造了"3450"综合行政审批效能体系。

（三）产业转型升级稳步推进

产业是城市新区的基础和立区之本，城市新区在区域产业结构调整及产业转型的过程中发挥着核心引领作用。中西部城市新区将更优质的人力、财力、物力、技术等汇集在一起，协同推动城市新区发展战略性新兴产业、高端制造业、现代服务业等，着力构建现代产业体系。例如贵安新区将侧重点转移到以大数据为引领的电子通讯、大健康医药、现代服务业、高端装备制造等战略性新兴产业上，高通、微软、富士康、IBM、国内三大通信运营商、浪潮、华为等 140 余个重点规划项目落地或建成投运；天府新区积极谋划新能源、新材料、电子信息、汽车制造、金融、生物制药六大产业协同驱动新区发展，通过围绕现代制造业、发挥高端服务业集聚效应，彰显现代城市的特征，形成新的增长极。

（四）公共服务建设与宜居水平持续提升

产城融合需要统筹考虑产业发展、城市建设布局与人口集聚三者协调，促进产业与城市融合发展、人口与产业协同集聚。近年来，中西部城市新区提出相关举措，提升社会保障水平，如就业上学、医疗卫生、住房保障等，助推区域间基本公共服务均等化的实现，不断提高和改善公共服务设施建设水平与区域环境质量，为企业发展、百姓安居乐业营造良好的环境。如天府新区实施了新型农村合作医疗、社区公共卫生服务网络、公立医院产权优化改革等一系列举措，通过加大公共医疗卫生体系的建设力度，促进公共服务水平均等化。

第三节　中西部城市新区产业集聚与新型城镇化互动发展的问题分析

一　空间布局角度：空间规划欠合理，产城协调性不足

1. 中西部城市新区产业集聚与新型城镇化的空间规划欠缺合理性。首先，地方政府受扭曲的"利益观"和"政绩观"诱导，构建不着边际的城镇规划框架和发展目标，盲目攀比跟风，追求最大化的短期效益，对普通城市、经济强市和中心城市的规划把握不准确，大部分城市新区定位功能趋同，千篇一律，缺乏特色。其次，企业战略规划时仅仅对涉及企业相关的土地成本、物流成本等因素进行考量，却忽视了该地区新型城镇化的现实基础及可能性。最后，城市新区规划设计大多将城市新区的工作、居住、娱乐等进行了区块分离，导致工作区、生活区、娱乐区等功能单元不能有机融合，各功能区之间相对封闭、缺乏交流互动、融合协调，不利于城市新区产业集聚与新型城镇化互动发展。

2. 中西部城市新区产业集聚与新型城镇化的协调性不足。虽然随着城市新区的快速发展，根据生产、生活和服务区的不同性质，从空间规划上适度考虑了相匹配的问题。部分城市新区居住空间整体呈单中心格局，以密度核为中心呈环状向外逐步递减，就业总体空间呈多组团格局，以多个密度核为中心同时依附交通轴线呈组团状分布，居住和就业空间有较大的隔离性。但是，空间布局一旦定型，就会限制产业链的延伸，前期规划与后期产业链的延伸容易出现空间上的错配，同时早期城镇建设规划中并未考虑产业发展到后期时的生产性服务业，尚未预留发展空间，现代服务业由于空间所限弊端尤为凸显。产业升级换代速度和城镇

化推进速度的加快难以实现产城在空间上的匹配，产城互动发展到一定程度后不得不寻求新的发展空间，或产业发展后另腾空间扩大产业，或城镇扩张后另置空间发展城镇，造成新发展和旧规划在空间布局上的无序和错乱。此外，产业规划与城镇规划的配套衔接还不够完善，产业集聚与城镇化互补功能不强，造成中西部城市新区城镇化建设特色不明显等问题。

二 产业布局角度：产业链不完善，发展路径缺乏持续性

1. 产业链不完善。随着近年来中西部地区经济快速发展，房地产迅速火热，同时在承接产业转移与自身资源优势等多重因素影响下，中西部地区加工制造业等劳动密集型产业集聚效应显著。受房地产业高利益、高回报和产业自身规模集群化效应的驱动，不少城市新区内的产业园区意图依附房地产的发展建设一个新兴的产业化或工业化城镇，但又因产业链的不完善、不成熟，导致生产性服务业发展滞后。城镇除生活上有必要联系产业园区以外，两者在生产上极少有交集，致使产业与城镇间的资本、人才、技术、市场等要素的相互交融甚少。产业园区"孤岛式"的发展模式使得城镇无法融入产业园区的产业链和价值链阻断了产业园区通过生产性服务来催生城镇新产业的道路。伴随产业发展起来的城镇缺乏发展动力，也无法凭借产业园区的优势资源持续扩大自身规模。

2. 产业发展路径缺乏持续性。与东部地区相比，中西部地区城市新区劳动密集型产业占比多，且发展之初产业规划管理相对缺乏，在 GDP 政绩观的引导下，一些地方只重视扩张物质财富，把生产主义逻辑奉为发展观，刻意注重城镇化的扩张规模，不注重提升产业发展质量及其可持续性。一是与绿色、环保、低碳和可持续原则相背离，不考虑环境和资源的有限承载力，发展的多是一些短期效益高、见效快但资源消耗量大、严重破坏环境的高耗能、高污染产业，由此带来的环境问题和生态失衡成为新型城镇化发展的制约因素。二是不注重产业结构的换代升级，没有遵循产业发展规律制定针对性的产业发展路径，使部分地区陷入产业衰退和断层困局。产业发展不仅没有对城镇化的发展起助推作用，扭曲的产业结构反而成为城镇持续健康发展的阻碍力量。以产业基础为例，根据 2018 年商务部针对国家经济技术开发区的综合水平考核结果，在产业基础的单项排名的前 10 名中，仅武汉经济技术开发区位列其中，可见在"产业发展"的基础方面，如产业规划、产业配套，中西部城市新区与东部相比仍有较大差距。

三 功能布局角度：公共服务设施配套不完善，职住分离现象突出

在现行市场经济转轨背景下，中西部城市新区大多注重产业功能完善，城市功能仍不具发育迹象，高度依赖母城的服务配套，造成了普遍的"产城分割、职住分离"现象，表现在空间上，新城与主城及周边地区缺乏互通有无，交通等公共基础设施联系不紧密，建筑与基础设施各自为政，与其相邻的城镇、农村缺乏交流互动。

1. 公共服务配套设施不完善。衡量城市新区是否宜居的重要标志是公共服务设施的完善程度，落后的配套设施难以实现城市功能的有效集聚。公共服务设施的完善配套能够为产业集聚和新型城镇化的互动发展提供强有力的保障。中西部城市新区在建设初期，大多为招商引资，通常将资金投放到道路建设、管线布控等基础设施上，因而对居民生活需要的公共服务设施投入力度不够，无法吸引大量人口集聚，出现"鬼城"现象；此外，差异化的城市新区公共服务的供给仍显不足，城市新区的医疗卫生、社会保障、文化教育等公共服务化水平需要统筹发展，一定程度上抑制了产业集聚区的生机与活力。

2. "职住分离"现象突出。判定产城融合的两个重要指标是商品房空置率和职住比。根据国际通行惯例，商品房空置率的合理区在 5%—10% 之间，预警区在 10%—20% 之间，严重积压区在 20% 以上。据此标准，我国部分城市新区商品房空置率严重偏高。职住比是指存在于新城上班人员与新城居住人员之间的关系比；住从比（居住和就业人员比例关系）也可表示，这一指标主要是反映新城产城融合或新城有机增长。50%—60% 是国际上认为产业城市较合理的职住比，但中西部城市新区发展的早期阶段，出于让新城成型、成规模的目的，通常以开发房地产为先导，建设产业和职能部门的速度往往赶不上房地产开发速度。另一

方面，伴随着转型期城市经济快速发展，不同社会阶层对住房需求各异，大多中高收入者把居住环境作为重要考量因素；消费者根据实际偿付能力和自身偏好选择居住区的条件。核心区块的高房价迫使在城市新区从业而在老城居住的员工往返于新老城区之间，城市新区的城市功能没有对老城区起到疏散作用，大批人口处于钟摆式流动状态，城市拥堵进一步加剧。

四　要素资源角度：人力资本集聚水平亟待提升，市场化融资手段较少

1. 人力资本集聚水平亟待提升。产业人才集聚水平不高是许多规模较大的城市新区在产城互动发展过程中遇到的主要问题。人才集聚所需社会保障水平仍有所欠缺，户籍问题是影响人力资本流动的重要因素，而人才的引进亦是关键。因未考虑当地人力资源的实际情况，部分城市新区的科研人员结构、素质、能力及管理水平存在较大的差异，专业化的技术人才较少，很难满足产业集聚的发展要求。目前而言，城市新区多是采取福利性和发展性人才政策吸引国内外高层次人才，创新效益十分显著。随着各类城市新区数量增长和对创新能力的需要，城市新区之间的人才政策势必日趋激烈，这就意味着未来城市新区吸纳人才的成本会不断提升。中西部城市新区在人才引入后，社会保障水平以及生活质量方面的提升与跟进速度较慢，仅仅将目标锁定在政策上的支持、资金上的扶持，机械单调的工业生产与乏味无聊的生活居住环境使得文化交流方面的缺失成为中西部城市新区产城互动发展进程中的障碍。

2. 市场化融资手段较少。中西部产业集聚与新型城镇化互动发展过程中，对城市基础设施融资需求的缺口较大。伴随新型城镇化的加快，城市基础设施建设的任务繁重，但投放于城镇建设的资金明显不足。从城镇基础设施单一的融资渠道来看，资金主要来源于政府投资，但很多城市新区政府财政相对薄弱，融资渠道狭窄，融资能力较弱，对城镇建设的财力支持作用也是微乎其微。部分城市新区投融资平台不够健全，融资能力极易受国家宏观调控政策的影响，风险性较大。此外，民间资本进入城镇基础设施领域的门槛仍然较高。当前紧密结合国家政策精神，我国各地在大力推广 PPP 模式，实践中由于公共产品和服务的特殊性，使得合作各方在利益分配和风险分担等方面仍然存在许多问题和矛盾，推进进程较慢。利益各方在运用 PPP 模式推进产城互动发展时，基本理念、专业化能力、市场化意识及服务水平、严格的契约精神、运作机制等方面存在较大分歧，使得地方政府心有余而力不足。

五 经济效益角度：区位组合效益不高，集聚效应不明显

1. 区位组合效益不高。中西部部分城市新区在推动新型城镇化建设过程中不注重发展产业，片面追求面积急速扩张型的土地城镇化所内蕴的土地财政，热衷于建设开发新城、新区，导致出现"伪城市化"现象。调查发现，中西部许多城市新区规划布局混乱，新区与周边区域在产业发展、公共服务等方面同构现象尤为明显。中西部部分城市新区的整体发展缺乏长远考虑，与周边板块协调效应不明显，区位组合效益较差。城市新区的政府部门立足于做大做强经济总量，在招商引资过程中对部分项目的选址缺乏系统考究，对职工居住问题和各项服务设施配套考虑不周全，按照投资者的意愿进行产业布局，一定程度上导致生产布局分散，制约了区位组合效益的持续提升。

2. 集聚效应不明显。长期以来，由于中西部城市新区各项优惠政策的吸引和重规模轻效益粗放式经营的陋习，很多企业热衷于拿地，这种缺乏牢固产业基础的城镇化成为劳动力向外流失的内在助推力，并且使城市新区用地规模迅猛增长，出现了土地消费增长率超出城市人口增长率的情况。在各项优惠政策的鼓励支持下，城市新区建设虽然成效显著，但是也存在人为放大城市发展速度的情况，政策优惠组合对产业发展的支撑效应未能充分显现，致使中西部城市新区集聚程度偏低。产业发展水平低导致生产要素有限集中、产业集聚规模不大、产业链条不完整，从而致使产业规模效应不显著。规模效应不明显则会抑制相关企业的进一步集聚，阻碍产业结构优化升级，导致城镇产业长期处于低水平发展状态。此外，大部分城市新区的房价相对较高，生活成本偏高，在人气集聚方面略显不足。

第四节　中西部城市新区产业集聚与
新型城镇化互动发展制约因素分析

一　治理理念与发展导向偏差

1. 条块分割治理体制的影响。当前中西部城市新区治理体制大多采用部门条块分割治理模式，是阻碍产业集聚与新型城镇化互动发展的重要原因之一。条块分割治理模式带来部门职责重叠交叉、权责不清和效率低下，政府内部机构设置不科学，管理体制不健全。例如在进行规划管理时，城市新区政府各部门从自身职责和工作任务出发，开展的规划亦与自身业务有关，因此分别编制了产业发展规划、土地利用规划、公租房建设规划、商业网点规划、社区医疗卫生设施规划等，各部门按照规划方案各行其是，未能从全局的高度将城市新区作为一个多功能的整体进行统筹谋划，导致不能进行有效的规划管理。

2. 发展导向出现偏差。随着居民生活质量的提高，城市新区的建设目标由单一的生产型园区朝着城市综合功能区的方向转变，这就需要统筹考虑产业布局和城市规划，但现实情况恰恰相反，实际运行过程中，中西部城市新区往往受注重经济发展胜于城市建设、注重产业设施胜于公共服务配套的利益导向支配。由于着重强调城市新区经济和产业发展布局，侧重强调产业发展给城市新区带来的巨大经济效益，使得城市新区"重"生产功能"轻"城市功能，居住、公共服务等基础设施配套规划建设滞后。单一生产型经济为导向的工业园区是城市新区的常态，只注重生产需求而忽视生活需求，部分地区甚至出现招商引资经济效益捆绑城市新区整体规划的现象，制约城市新区持续发展。

二　机制体制模式的制约

当前中西部城市新区产业集聚与新型城镇化互动发展在不同程度上存在预见性和规划性不足等问题，运行和管理体制亟待完善。

1. 制约型管理模式。以国家级经济技术开发区为例，当前主要有两种管理模式，一是由所属政府垂直管辖，二是授权或委托某一机构管辖。

绝大多数国家级经济技术开发区主要采用当地政府委托开发区管委会代管机构这一管理方式进行管辖。中西部部分国家级经济技术开发区，开发区管委会是管辖的主体，但其却不对实际运作过程中的各项行政审批负责，且在统筹和调配资源方面处于弱势地位；这种经济功能与行政功能两者互不对等的管理模式很难为国家级经济技术开发区的产业转型提供制度支持，也无法为产业升级提供可靠的资源保障，阻碍了中西部国家级经济技术开发区产业的转型升级。

2. 机制体制与经济社会发展需求不协同。长期以来我国实行城乡分割的政策和管理体制，当前存在的户籍管理制度、滞后的法律法规以及居住证制度推行还需政策支撑使流动人口暂不能充分享有与居住证制度配套的均等化服务。同时中西部城市新区建设普遍围绕主城区边缘地带的城乡接合部，建立各种类型的用于工业项目开发的产业园区，以及在城市外围建立与产业园区相配套的用于居住的新城，使得工业化发展与新型城镇化容易出现"脱节"现象。机制体制与经济社会发展需求的不协同性以及发展模式的非灵活性，制约了中西部城市新区产业发展与城镇化建设的协调互动。政府在推进产城互动发展过程中缺乏合理的引导机制，"九龙治水"的现象使部门之间信息不对称、沟通不及时、各行其是，导致工作职责交叉重叠或遗漏。

3. 城市新区管理体制与涉及行政区域管理体制的不协调。部分中西部城市新区与其依托的城市两者有不同的规划编制、管理主体与开发机制，城市新区与外围地区统筹整合力度不够，导致城市新区与周边城镇出现规划分离、联系分割、管理主体分设等不同程度的区域发展不协调问题。在有良好的产业基础和较大政策扶持力度的区域，城市新区的建设速度往往快于周边城镇，出现了部分建设条件良好、公共服务设施建设标准较高、商业商务等具备完善功能配套、较高品质空间的城市新区。部分城市新区由于管理体制机制不合理，尤其与现有行政区域管理的冲突和矛盾，使得城市新区辐射带动能力较弱，无法给以高标准建设定位的新城凝聚和吸引人口，城市建设也步履维艰。

三 创新能力的制约

产业发展到中后期，相关产业的技术水平成为产业发展竞争力的决定性因素，直接影响产业转型升级的成功与否。以高新区为例，美国斯坦福大学科技园是高新区设想灵感的出处，即在学校周边新辟一块土地用于转化科技成果。而我国高新区建立以后，由于当时科技水平有限和对经济总量增长的企盼，走上了工业园区的发展道路。如今我国经济发展从"总量崇拜"到"质量追求"，出现了质的转变，科技创新能力大幅提升，科研与生产两者有机结合是高新区实现可持续发展的必由之路。中西部城市新区的产业发展过程中，本土化企业所具备的综合竞争力偏弱，新区内较多为外引企业，尽管一些企业掌握着较高的技术水平，但其母公司还是掌握核心研发技术，其研发部门并不在新区内，大部分企业转移到中西部城市新区后主要承担的是纯粹的生产制造任务。城市新区内的子公司对于研发创新的投入力度不足，整个新区的产业链条向高端化的转型受阻。同时，由于本地企业大多是由集群效应而产生的，只能承担一些低技术含量的生产制造，且中西部地区城市新区、高新区与经开区较多的以加工制造业为主，如绵阳经开区以电子信息、化工环保产业为主导产业，重庆经开区以电子信息、装备制造为主导产业，贵阳经开区与昆明经开区的主导产业包括装备制造，长沙经开区以工程机械、汽车及零部件、电子信息为主导产业；贵阳高新区、绵阳高新区、重庆高新区等以装备制造、电子信息、汽车及零部件等为主导产业，新兴产业力量薄弱，创新技术水平较低。

根据 2018 年商务部针对国家经济技术开发区的综合水平考核结果，在"科技创新"单项考核中，陕西航天经济技术开发区、芜湖经济技术开发区跻身前 10 名，但中西部总体所占比重极小，创新综合实力偏弱阻碍了中西部城市新区的进一步发展。如表 5-8 所示，根据科技部火炬中心公布的 2020 年度国家级高新区评价结果，前 10 名中中西部总共占有 4 个名额但大多排名靠后，仅武汉东湖居第 5 位，可见中西部地区创新能力与东部地区相比仍有差距。中西部城市新区创新能力的辐射作用有限，制约了产业集聚升级转型发展。同时，管理机制、发展模式的创新水平亦是制约城镇化建设以及"产""城"互动的重要因素。

表 5-8   2020 年国家级高新区综合评价结果排名

排名	国家级高新区	省份	排名	国家级高新区	省份
1	北京中关村科技园	北京	6	广州高新区	广东
2	上海张江高新区	上海	7	成都高新区	四川
3	深圳高新区	广东	8	西安高新区	陕西
4	苏州工业园	江苏	9	杭州高新区	浙江
5	武汉东湖高新区	湖北	10	合肥高新区	安徽

四 资源环境约束强

海外或沿海地区"腾笼换鸟"式的产业转移,给产业承接地带来了生态破坏、环境污染等问题,中西部城市新区作为承接海外及沿海产业转移的重要场地,面临资源消耗增加、污染排放严重等问题,严重制约了产城互动发展进程。

1. 资源约束强。一是资源短缺与城市新区资源需求大的矛盾。部分中西部城市新区发展过程中产业转型步伐比较慢,传统能源消耗型产业占比高、能源需求量大,资源环境的承载力难以满足经济持续增长的需要。二是城市用水、用电的需求强烈但供给能力不足的矛盾。由于城市居民在日常生活中更加注重对物质生活的追求,导致对水、电、油、气等资源需求只增不减。

2. 环境承载压力大。一是中西部部分城市新区新型城镇化过程中,人口大量集聚对生态环境造成威胁,环境污染历史欠账太多,使得现行经济社会发展面临较强的环境约束。二是城市新区垃圾收运设施的建设无法跟上城市迅速发展需要,监督管理环节薄弱,乱扔乱倒垃圾现象屡见不鲜,大量城市垃圾往往不经处理和分类直接在郊区或者农村进行堆置或简单填埋,城市垃圾产生量远远高于处理量,"垃圾围城"形成的趋势明显。三是空气、水、噪音污染等问题严重。城市新区作为人口密集区,资源的利用效率低下造成了空气污染、水污染、噪音污染等。部分城市新区由于地形条件受限，排污设施较为缺乏导致排污基础设施差等问题。污水处理设施因容量受限，导致排污总量受限，污水处理厂选址涉及基本农田调规及污水处理厂征拆进度缓慢而搁置。

五　土地空间的制约

1. 土地面积有限无法满足新区企业和人口日益增长的生产生活需要。土地在新区开发建设以及招商引资中都是很重要的要素条件。如图5 – 17所示，以国家级新区为例，南京的江北新区位列国家级新区面积之最，总规划面积2451平方千米，而江西的赣江新区则是面积最小的，仅465平方千米。浙江舟山群岛新区和山东青海的西海岸新区作为发展海洋经济的先行者，均规划了海域面积。就中西部城市新区而言，大多城市新区的土地利用空间极其有限，土地对经济社会发展的制约较为明显。

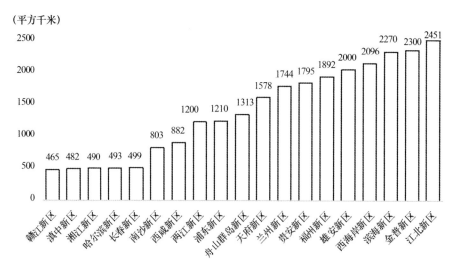

图5 – 17　国家级新区土地面积排名

2. 中西部城市新区土地利用效率低下。中西部大多城市新区建设初期，政府在公共基础设施不完善的情况下大力招商引资，引进企业进行资本的原始积累，以低门槛和低地价的"双低"作为吸引企业入驻的条件，偏于注重经济效益而对城市新区功能分区和土地使用的整体规划预见性不够。低廉的地价和入驻成本导致很多企业仅抱着"圈地"的心态，在没有清晰的企业发展战略和投资规划的情况下，盲目购置城市新区的土地，后续过程中企业迟迟不投入生产也不动工建设，致使土地利用效率低下。

3. 土地开发水平亟待提升。集聚经济往往伴随企业和人口集聚，无论是出于保障人口还是产业发展需要，区域面积拓展势在必行。近年来，中西部城市新区产业以迅猛之势发展，国内外大中小型企业强势入驻，用于研发和孵化的服务设施需求缺口增大，导致产业用地紧张；大多城市新区的土地如部分城市地下空间等还有待开发和整合。"一区多园"的运作模式已被很多城市新区采纳，但目前土地开发竞争激烈，难以提供拓展空间。如长沙经开区，整体上住宅用地、工业用地、公共服务设施用地等用地类型呈现出"插花型"布局，其中工业用地占50%，绿地、公共设施用地以及基础设施用地较少，住宅区级配套分布较乱。

第 六 章

"双转移"趋势下产业集聚与新型城镇化
互动发展水平测度

本部分选取北部新区、绵阳经开区、长沙经开区作为分析样本,首先,对三个城市新区产业集聚、新型城镇化以及产城互动发展现状进行概要描述;其次,构建新型城镇化水平与产业集聚水平测度指标体系,利用统一的指标体系分别对三个城市新区2002—2017年新型城镇化水平与产业集聚水平进行测度与评价;最后,在测度结果的基础上,对三个城市新区产业集聚与新型城镇化互动发展进行统计观察与分析评价。

第一节 样本选取说明

随着中部崛起和西部大开发战略的深入推进,中国东部产业向中西部的转移如火如荼地进行。近年来,在《国务院关于中西部地区承接产业转移的指导意见》(2010)的指导下,中西部地区充分发挥自身资源、劳动力等优势,积极承接产业转移,促进了产业和人口集聚。在承接产业转移的过程中,中西部地区紧紧抓住发展机会,在经济总量发展、产业结构调整、城镇化配套建设等多方面均取得了较为显著的成效。顺应产业转移趋势,开展中西部地区产业转移、产业集聚、城镇化建设等研究,并提出相应对策,在当前显得尤为重要。研究选取重庆、四川、湖南作为"双转移"趋势下研究中西部城市新区的突破口,主要基于如下考虑:

1. 具有典型性。首先是三地的经济发展态势良好，是中西部地区经济增长、产业集聚升级、城乡一体化发展的重要典型；同时作为往日农民工流向沿海地区的人口大省，其近年农民工返乡热潮凸显，未来中西部地区劳动力回流与产业集聚发展趋势明显。选择三地作为研究对象既契合"双转移"研讨背景，又具有研究的典型性与借鉴意义。重庆、四川、湖南在近十年的中西部城市 GDP 排名中发展突出，各年基本维持靠前位置；重庆近年来主动融入建设国家"一带一路"和"长江经济带"建设，积极扩展与欧美发达国家及国内发达省市的交流与合作，对接国内外产业转移，引进大批工业项目，有力助推了全市产业集群化发展和产业结构优化升级。承接产业转移的有效开展使重庆市部分传统支柱产业和战略性新兴产业更好地实现了集群发展，综合实力不断提高。四川省近年来发展迅猛，总体经济实力强劲，2017 年四川经济总量位居全国第六、中西部第二、西部第一，其发展在中西部地区地位越发提升，同时四川位于"长江经济带"和"一带一路"叠合区域，处在国家新一轮西部大开发"长江—川藏通道西段"和"包昆通道"一横一纵聚合处，对承南接北、通东达西、服务整个西部发挥着不可替代的重要作用。2016 年，国家发展改革委正式印发了《关于促进中部地区崛起的"十三五"规划》，中部定位从过去倚重传统粮食生产基地、能源原材料基地等的"三基地、一枢纽"向成为先进制造业中心、新型城镇化重点区等的"一中心、四区"转变，在全国经济版图中举足轻重，其中湖南省经济总量排名全国前十，工业门类齐全，拥有 14 个国家级开发区，形成了工程机械、电子信息及新材料等 10 个优势产业集群。与此同时，三地均是近年劳动力回流的大省。三个省市在中西部改革开放浪潮下，其城镇化建设与产业发展走在全国前沿，富有极强的时代特征，基于此，将中西部城市新区的选择圈定在重庆市、四川省和湖南省。

2. 具有连续性。城市新区是区域产业、技术的核心聚焦地，是城市发展的动力和引擎，是地区新型城镇化建设与产业集聚发展的动态反映，有着良好的经济辐射效应，在推动区域发展、发挥引导示范作用等方面有着重要的作用。新型城镇化的发展过程具有阶段性，其研究需建立在一定的时间跨度之上，在实践调查中西部各城市新区的过程中，为保证数据获取的连续性，本书选取重庆市北部新区①、四川省绵阳经济开发区和湖南省长沙经济开发区 3 个城市新区进行"双转移"趋势下中西部城市新区产业集聚与新型城镇化互动发展的实证考察。其中，重庆市北部新区和四川省绵阳经济开发区属于西部城市新区，湖南省长沙经济开发区属于中部城市新区。

3. 具有示范性。北部新区是重庆发展开放型经济、实施西部大开发、推进新型城镇化、提升经济发展质量、全面建设小康示范区的重大战略试验区，2009 年北部新区已成为中国中西部面积最大、工业产值和财政收入最多的开发新区。以我国内陆开放型经济示范区为发展定位，集聚了高新技术产业研发、制造及现代服务业，对重庆市经济发展起到了重要的推动作用。长沙经济开发区是湖南省首家国家级经济技术开发区，曾获评"中国最具投资潜力十强开发区"。绵阳经济开发区于 2012 年正式升级为国家级经济技术开发区，是四川省招商引资承接产业转移优秀园区，是高端制造业、软件产业和电子商务产业集聚区。商务部在 2017 年国家级经济技术开发区综合发展水平考核评价工作中，对全部 219 个国家级经开区的产业基础、科技创新、区域带动、生态环保、行政效能等情况进行量化评价，考核评价综合排名前 30 名国家级经开区东部地区有 21 个，中部地区 6 个，西部地区 3 个，其中绵阳经开区与长沙经开区均跻身该行列，且长沙经开区是湖南省唯一入围的经济开发区。作为"国家队"后起之秀，三个城市新区在承接产业转移上收效明显，同时，在"产""城"的协调上各具特色，选择这三个地区的城市新区作为研究对象具有示范性。

第二节　中西部城市新区产业集聚与新型城镇化互动发展现状

一　北部新区产城互动发展概况

重庆市北部新区坐落于渝北区，成立于 2000 年 12 月，2001 年 4 月

---

① 2016 年，重庆北部新区并入两江新区。

正式授牌，包括重庆市高新技术产业开发区和重庆出口加工区。2009年1月，国务院印发文件明确提出了重庆市北部新区的发展定位，要将其建设成我国内陆开发型经济示范区，成为高新技术产业研发、制造及现代服务业的聚集地。2015年全区实现地区生产总值660.22亿元，同比增长11.8%，区级财政收入位列全市首位。2016年2月24日，根据《关于调整优化两江新区管理体制的决定》，北部新区被撤，至此成立15年的北部新区退出历史。重庆市北部新区从设立到撤销经历了一个完整的生命周期，对于研究中西部城市新区新型城镇化与产业集聚相互关系具有代表性。

（一）产业集聚趋势明显，新区一体化发展态势良好

产业功能布局日益完善：北部新区形成了四个工业园（翠云鸳鸯汽车产业园、黄茅坪汽车产业园、平场汽车配套产业园、战略新兴产业园）、四个商务区（照母山科技商务区、礼嘉国际商务旅游区、金山国际商贸区、金州都市商业区）、三个科技园（创业孵化园、软件产业园、互联网产业园）的产业功能布局。

产业体系主导明确优势突出：以长安福特马自达这一龙头企业为中心，围绕汽车、生产、物流、销售，形成较为完整的汽车摩托车产业链，全区汽车产值占全市汽车产值的33.3%；以川仪、中智联、前卫仪表为代表的仪器仪表产业链，以大唐集团（信威通信）、普天通信、富士通等多家世界500强企业为首的电子信息产业链，以华邦、药友、庆余堂为龙头的新医药及生物医学工程产业链均初步成型；汽车产业、仪器仪表产业、电子信息产业等主导产业优势明显。

（二）新型城镇化建设水平不断提高

新型城镇化不断推进，北部新区整合优势资源，持续深入推进新型城镇化建设，努力改善生活环境，提升城市建设品质，打造相对集中、综合配套健全的环境宜居区、国际化社区和产业集聚园区，彰显北部新区城市新形象。

基础设施建设不断完善，社会生活保障水平提高：近年来，北部新区全社会固定资产投资持续增加；翠云社区公园扩建、滨江文化园等项目有序推进，全区绿化覆盖率达35.5%；全区各类医疗卫生机构155个，

区属公立医院全部实现"零差率"销售；全区全面建成"充分就业新区""劳动关系和谐街道"，登记失业率1%。

（三）产城融合快速发展

新区空间功能规划与衔接不断优化：以建成"山川秀美、交通便捷、生态宜居、产业现代、人才汇聚、社会和谐"美丽新区为目标，北部新区按照规划发展包括江北嘴金融城、悦来会展城、礼嘉商贸城、鱼复汽车城、龙兴旅游文化城、水土高新城在内的六大功能新城以推动新区产城融合，使现代服务业、高端制造装配业、高新技术产业等在空间上有机衔接，在业态功能上互补，在道路上互相联通。

园区生态生活环境、产业集聚配套设施不断完善：基本建成"一半山水，一半产业"的城市格局，通五、思源、龙兴北等重点工程的公租房建设相继完成，人力资源服务中心、技术培训教育平台不断增加，为产业集聚发展进一步奠定要素服务基础，共享发展、产城融合的现代化新城持续发展。

二 绵阳经开区产城互动发展概况

绵阳经济技术开发区（以下简称"绵阳经开区"）成立于2000年8月，辖塘汛镇、松垭镇和城南街道，位于成渝经济圈核心位置，是绵阳建设中国科技城和西部现代化强市的重要支撑。2012年2月，整合到绵阳科技城现代农业科技示范区（增挂绵阳科技城现代农业科技示范区牌子），同年10月，国务院发文批准其成为国家级经济技术开发区。

（一）产业布局合理，集聚水平较高

工业基础扎实，主导产业突出：已形成包含以华丰连接器、长虹智能终端、海立电器为代表的电子信息产业，以东材科技、美丰科技、利尔化学、旭虹光电、禾大西普为龙头的新材料及循环经济产业，以波鸿好圣、华晨瑞安为首的汽车零部件产业，以丰谷酒业、雪宝乳业、农大高科为主导的食品饮料四大牵头产业和新一代信息技术及高端装备制造两大新兴产业的"4＋2"创新型西部先进制造业示范区产业体系，加快了绵阳经开区先进制造业产业集聚水平。

科创氛围浓厚，基础条件良好：依托龙头骨干企业，长虹、利尔化学等军民融合典范企业，已认定的 48 个高新技术企业，以及中国工程物理研究院等在绵 18 个国家级科研院所，创新创造的浓厚氛围已然形成。建成各类科技创新平台 43 个，其中国家级 4 个（国家工程技术研究中心 2 个、国家企业技术中心 2 个），省级 16 个，市级 23 个。建成科技企业孵化器、加速器、众创空间 6 个，面积 18.15 万平方米。2020 年，辖区实现地区生产总值 418.01 亿元，同比增长 38.5%，工业总产值 1424.55 亿元，同比增长 40.32%，"四上"企业主营业务收入 1509.94 亿元，同比增长 44.54%。

（二）城镇化建设水平不断提高

公共资源丰富，基础设施完善：区内有 2 所高等院校、1 所国家级示范性普通高中、5 所中小学、9 家公民民办医院、3 座公园、8 家金融和保险机构；区内互通相融的有绵阳城市二环路、绕城高速、成渝环线高速（G93）、京昆高速（G5）成绵广段，共同形成新区道路交通网；给排水管网、燃气、电力、通讯、4G 网络等基础设施齐全。

生活质量提高，生态环境改善：生活服务业蓬勃发展，服务城市居民生活水平的能力不断提升；居民生活幸福指数大幅度提高，生态环境治理成效明显，城市绿化带面积显著增加，小区绿化覆盖率达 38.3%，人居环境不断改善。

（三）产城融合发展步伐加快

以城市生态环境优化为依托，园区正在加快建设与产业有机融合的新城区，着力推进"产城一体、园城一体"发展，通过对"一区两团三带多片"发展格局的构建，即主体为城南新区，双核由塘汛、松垭两个产城一体组成，发展先进制造业示范核心区、数字经济产业功能带、高端商业商住和商贸服务业功能带、沿山生态休闲观光农业功能带等多个功能带，宜业宜商宜居城市功能正不断相互融合。

三 长沙经开区产城互动发展概况

长沙经济技术开发区成立于 1992 年，于 2000 年升级为国家级经济技术开发区，是湖南省首个国家级经济技术开发区。园区确立"工业立区、产业兴区、招商活区、科技强区、建设扩区、和谐安区"的发展理念，对高速度、高科技、高效益的科学发展之路进行了初探，荣获"国家新型工业化产业示范基地""国家知识产权试点园区""中国最具投资潜力十强开发区""湖南省优化经济发展环境示范区"多种荣誉称号。

（一）产业集聚趋势明显，整体水平不断提高

产业总体实力突出，产业布局全面：截至 2020 年年底，园区共有规模以上工业企业 245 家，高新技术企业 357 家，年产值亿元以上企业 92 家，过 10 亿元企业 15 家，过 100 亿元企业 4 家，过 1000 亿元企业 1 家，世界 500 强投资企业 35 家。2020 年，园区完成规模工业总产值 2530.5 亿元，在商务部 2020 年国家级经开区综合发展水平考核中位列第 17 位。园区逐步形成工程机械、汽车制造及零部件、电子信息（含集成电路）、军民融合的"两主一特一融合"产业格局。

主导产业优势明显，高新技术产业发展迅猛：以三一集团、铁建重工、中联重科、山河智能为代表的工程机械产业，品牌知名度与市场覆盖率触及全球，并不断向世界级工程机械产业集群转型升级，其中三一成为"互联网＋先进制造业"深度融合典范；以上汽大众、广汽菲克、广汽三菱、长丰集团、众泰汽车、北汽福田、博世汽车、住友橡胶为代表的汽车制造及零部件产业发展迅猛，2017 年整车产能超过 100 万辆，产量达 69 万辆，产值突破 1000 亿元，成为园区首个千亿产业集群；以蓝思科技、国科微电子、纽曼数码为龙头的电子信息产业发展平稳，产业链条不断向下游制造、封装、测试等延伸。

（二）城镇化建设日趋成熟，社会福利水平不断提高

公共服务水平不断提高：外籍人士子女国际学校、三甲医院等一批教育、医疗方面优质现代服务业项目逐步落实，公园、农贸中心、商场、文体活动中心等基础配套水平不断提升。

生活环境日趋优化：建区以来，园区累计投入土地平整、道路、水、电等基础建设超 200 亿元，基础设施配套不断完善；"四个一刻钟交通网""三个十分钟公共服务圈"的构建、社会治理模式的创新等，使园区营造出"供水好、排水畅、电力稳、道路通、信息灵、收视佳、环境美、服务优"的良好发展环境，并荣获"中国人居环境范例奖""全国文明县

城"等称号。

（三）产城融合多元推进，宜业宜居水平不断提高

通过规划实施土地利用规划图、产城融合规划图、产业布局规划图和招商引资项目落户规划图"四张蓝图"，长沙经开区立足打造"现代城市工业经济综合体"，以产业优化升级增强园区核心竞争力，围绕转型、创新、融合发展力求有重大突破，通过强有力且高效的举措，在转方式、调结构、增动力上寻找突破口；在城市功能建设方面，坚持高起点规划、高标准建设、高品质配套，加快打造星沙商务中心区、泉塘、人民东路等商业中心，积极探索企业员工集中居住小区服务管理，加快建设"职工之家"，提升规划、建设和管理水平，实现产中有城、城中有产、产城一体、联动发展的目标，推动产业设施、基础设施、服务设施的统筹建设，使园区宜居宜业。

第三节 中西部城市新区产业集聚、新型城镇化发展水平测度

一 新型城镇化水平与产业集聚水平指标构建及变量解释

（一）指标体系构建原则

指标和指标体系是进行评价的前提，其科学性是评价质量的关键，为保证构建指标体系的全面、客观、合理、科学、实用，研究在进行指标选取时遵循以下原则：

1. 系统性原则：定量、定性指标相结合，软、硬环境指标相结合，平均、总量指标相结合，尽量保证指标的全面、完整，多维度、多层次地去评估系统整体状况。

2. 简洁性原则：考虑指标的互斥性和穷尽性，尽可能避免出现定义重复和繁杂的指标。

3. 科学性原则：选择定义准确、易于理解、可以量化计算和分析的具体可靠的指标，系统、全面、客观、科学地反映研究对象的本质和规律。

4. 可比性原则：结合实际，选取的指标要有差异性，便于整个指标

体系能够进行对比分析。

5. 可操作性：评价指标的数据须来源于可采集到的统计年鉴或文献资料，具有可强的操作性和可行性。有些指标即便是重要指标，但难以量化或相关数据很难获取而不能选取。

（二）产业集聚水平评估指标体系构建

关于产业集聚程度直接衡量指标，通常以产业从业人数、工业总产值、工业增加值、工业企业数量等相关数据为基础，常见方法有产业集中度、区位熵指数、HHI 指数、EG 指数、空间 GINI 系数等，但以上产业集聚水平衡量指标方法过于单一，无法全面衡量产业集聚群体的集聚程度。学者从产业集聚所产生的显著特征、效应或表现形式出发对区域产业集聚水平进行衡量。原毅军等（2004）以技术溢出效应、降低交易成本效应、外部规模经济效应、人力资源效应、嵌入性效应五种分类为基础，选取了 16 个特征指标建立指标体系，对大连临港产业集聚程度进行了评估。袁晓玲等（2008）从内部集聚经济、区位或布局集聚经济、城市集聚经济三部分出发衡量集聚经济效应水平，包括固定投资总额/部门企业数、区位熵衡量的产业水平、一定时期企业数量等具体指标。宋阳（2015）以长三角经济圈为例，建立综合指标体系，在经济实力因素方面考虑国民经济生产总值、一般财政性收入以及固定资产投资额、对外开放程度，非经济实力因素包括通信设施、交通运输设施、金融人才等，利用主成分分析方法分析长三角经济圈各主要城市的金融产业集聚程度差异性与分布情况。王标（2015）选取了经济发展、工业化、人力资本 3 个水平指标、政府对金融业的干预、对外开放 2 个程度指标和区域创新，共 6 个指标构建了影响我国金融产业集聚的指标体系，对我国金融产业集聚程度和指标进行整体和局部的空间相关性检验。杨刚强等（2016）在产城协同发展系统评价指标体系中，从产业实力、产业结构、科技创新和绿色发展四个方面对产业发展水平进行了描述，具体包括对外贸易出口总额、规模以上工业企业增加值、第三产业占比、服务业增加值占比、高新企业认证数、人均工业废气排放量等具体指标。杨婷（2016）从经济创造能力、区际竞争力、产业关联效应、可持续发展能力四个角度出发，选取产业增加值比率、市场占有率、工业中间投入、能源消耗产值率等13个指标构成产业集聚综合评价指标体系，运用主成分分析法测度了贵州制造业产业集聚程度。钱晓英和王莹（2016）以集聚规模、集聚能力、集聚效益作为一级指标，选取规模以上工业企业个数、R&D研发投入、工业产值占GDP比例等14个二级指标在内的产业集聚指标评价系统对京津冀三省市2004—2012年产业集聚程度进行测量。张利斌和赵莉（2016）构建了由产业平均集中率、区位熵、集聚指数组成的产业集聚测度指标体系，选取广西壮族自治区的27个制造业为样本进行了实证分析。尹肖妮等（2016）通过耦合性分析法对区域知识承载力与海洋新兴产业集聚进行了研究，建构了区域知识承载力与海洋新兴产业集聚耦合发展评价指标体系和评价模型，其中产业集聚发展水平包括规模指数（海洋新兴产业产值、产业份额、区位熵）和关联指数（海洋新兴产业产值增长率、海洋科研教育管理服务业增加值、海洋相关产业增加值）两部分，运用中国沿海11省市的统计数据进行了实证分析。王林雪和郭璐（2017）从经济发展、市场需求、规模经济、政府支持四个方面出发，构建了包含国内生产总值、第三产业生产总值、城镇登记失业人员数、规模以上工业企业数量、第二产业集聚度、第三产业集聚度、地方财政支出等在内的10个二级指标的人力资源服务业集聚测量指标体系，运用主成分分析与因子分析法析出相关产业环境与主要市场需求是陕西省人力资源服务业集聚度的影响因子，进一步提出了促进陕西省人力资源服务业集聚发展的对策建议。

在已有研究基础上，在建立产业集聚水平评估指标体系时综合考虑园区消费、投资、贸易水平等因素，以及3个产业园区数据统计口径、数据可得性等相关问题。确定包含城市新区消费市场占有率、出口集聚度、投资集聚度、人力资本集聚度、规模工业集聚度、金融机构支持度、服务业集聚度、经济发展规模程度、利润集聚度9项指标在内的综合指标体系，如表6-1所示。

表6-1   产业集聚水平评估指标体系

评价指标	指标解释
Y_1: 消费市场占有率	社会消费品零售额/全国消费品零售总额
Y_2: 出口集聚度	出口额/全国出口总额
Y_3: 投资集聚度	固定资产投资总额/全国固定资产投资总额
Y_4: 人力资本集聚度	城镇就业人数/全国城镇就业总人数
Y_5: 规模工业集聚度	规模以上工业企业总产值/全国规模以上工业企业总产值
Y_6: 金融机构支持度	银行贷款余额/全国银行贷款余额
Y_7: 服务业集聚度	第三产业增加值/全国第三产业增加值
Y_8: 经济发展规模程度	GDP/全国国内生产总值
Y_9: 利润集聚度	工业企业利润总额/全国规模以上工业企业利润总额

（三）新型城镇化水平评价指标体系构建

新型城镇化对传统城镇化的替代使城镇化水平的衡量内容更加全面深刻，在新型城镇化指标体系研究方面成果丰硕，代表性的有：叶裕民（2001）从城乡一体化（区域载体）和城市现代化（核心载体）两方面出发，构建了包含经济、基础设施和人口现代化三方面的城市现代化指标体系；《国家新型城镇化规划（2014—2020年)》中将新型城镇化从城镇化水平、基本公共服务、基础设施、资源环境四个维度进行描述，包含18个主要指标；吕丹等（2014）构建了包含人口城镇化、城乡统筹、生态环境支持、经济发展、基本公共服务均等化五方面的综合体系；戚晓旭等（2014）从社会进步、经济发展、生态环境支持、城市生活质量、制度建设五个维度出发构建了一套复合型新型城镇化指标体系；杨刚强和张建清（2016）从城镇规模、基础设施、居民生活、环境质量四个方面出发，构建了包含了24个次级指标的体系对武汉城市圈新型城镇化发展水平评价指标体系；蓝庆新等（2017）通过城镇发展质量指数（包含经济、社会、生态发展在内的一体化城镇质量）、城镇化效率指数（包含经济社会效率、生态环境效率）、城镇化协调指数（包含同步协调、城乡统筹两项三级指标）三个方面对新型城镇化进行描述。吴旻等（2018）基于2006—2015年面板数据，从人口城镇化、经济城镇化、土地城镇化、社会城镇化、生态城镇化五个层面出发构建了新型城镇化复合指标体系。

熊湘辉和徐璋勇（2018）从人口城镇化、经济城镇化、基础设施均等化、公共服务均等化、生活质量城镇化、资源环境六个方面出发构建包含 26 个指标的新型城镇化水平综合测度指标体系，并使用主成分分析计算了我国 2006—2015 年新型城镇化水平。

在综合相关研究成果与研究重点后，确定如下新型城镇化水平评价指标体系构建内容，并从人口城镇化水平、经济产业发展、基本公共服务、基础设施、生态环境五个维度对新型城镇化发展水平进行描述，详细指标内容及指标解释如表 6 - 2 所示。

表 6 - 2 　　　　　　　　　新型城镇化水平评价指标体系

一级指标	二级指标
人口城镇化水平	X_1：城镇户籍人口城镇化率（％）
经济产业发展	X_2：年末地区常住人口人均生产总值（万元/人）
	X_3：GDP 增长率（地区生产总值增长水平）
	X_4：工业增加值年增长率（增加值增加水平）
	X_5：第三产业 GDP 占比
	X_6：财政总收入（亿元）
	X_7：金融机构人民币存贷余额（亿元）
	X_8：进出口总额（万美元）
基本公共服务	X_9：中小学学校数量（所）
	X_{10}：千人口医院病床数（个/千人）
	X_{11}：城镇职工基本养老保险参保人数（万人）
	X_{12}：参加失业保险人数（万人）
基础设施	X_{13}：城镇人均道路（已通路）里程数（公里/万人）
	X_{14}：邮电通信业务主营收入（亿元）
生态环境	X_{15}：空气质量优良天数（天）

（四）模型方法与数据来源

1. 模型方法

"双转移"趋势下中西部城市新区产业集聚与新型城镇化互动发展实证考察部分研究思路：先通过指标体系构建测度北部新区、绵阳经开区、长沙经开区新型城镇化发展水平、产业集聚水平，在此基础上测算出新型城镇化与产业集聚协调发展水平，对 3 个城市新区新型城镇化与产业集聚互动情况进行初步统计特征观察；再以耦合协调模型对中西部城市新区产业集聚与新型城镇化两个系统的动态协同发展情况进行深入分析讨论。在新型城镇化水平与产业集聚水平评价指标测度部分主要运用如下模型方法：

在指标体系构建基础上，采用主成分分析对 3 个城市新区城镇化水平与产业集聚程度进行测量。主成分分析原理是通过降维精简变量，使原始变量的线性组合的变异程度最大化，只需利用几个重要的主成分便可以解释原始数据的大多数差异，不仅能突出主要矛盾，且能简化问题，进而发现系统内部的运行规律。综合评价贡献率来确定各因子的权重，使各因子权重的确定能排除主观因素的影响，此时确定的因子权重更具客观性、科学性。主成分和原始变量之间满足下列关系：（1）主成分是由原始变量的线性组合构成。（2）原始变量数目多于主成分数目。（3）主成分包含有原始数据绝大部分信息。（4）主成分之间彼此独立、互不相干。该部分使用 SPSS 18.0 软件进行主成分分析以评估城市新区新型城镇化发展水平与产业集聚水平。

2. 数据来源

研究收集了重庆北部新区、四川省绵阳经济技术开发区、湖南省长沙经济开发区 2002—2017 年的数据。考虑到数据的可得性，对收集数据做以下处理：（1）由于 2016 年北部新区归并为两江新区，对缺失数据部分结合两江新区数据进行弥补；（2）由于塘汛镇和城南街道属于绵阳市涪城区，松垭镇属于游仙区，用绵阳市涪城区和游仙区的数据代替，2012 年松垭镇加入绵阳经开区，因此 2012 年以前，即 2002—2011 年的数据只包括涪城区数据，2012—2017 年数据由涪城区和游仙区的数据构成；（3）因星沙、榔梨、黄花三个工业园属于长沙市长沙县，采用长沙县数据代替。数据来源于《重庆统计年鉴》《四川统计年鉴》《湖南统计年鉴》及长沙经济开发区、北部新区、绵阳经济技术开发区相关政府官网。

二 中西部城市新区新型城镇化水平测度

基于前文所述，以新型城镇化水平评价指标体系为基础，运用主成分分析法，按照特征根大于1且累计贡献率至少为80%以上的统计标准，得到3个中西部城市新区新型城镇化水平测算过程中各主成分方差和贡献率（如表6-3所示）。

表6-3　　三大城市新区新型城镇化指标体系主成分解释的总方差

地区	成分	初始特征值			提取平方和载入			旋转平方和载入		
		合计	方差（%）	累计（%）	合计	方差（%）	累计（%）	合计	方差（%）	累计（%）
北部新区	1	7.839	52.261	52.261	7.839	52.261	52.261	7.292	48.611	48.611
	2	3.107	20.711	72.971	3.107	20.711	72.971	3.182	21.216	69.827
	3	1.559	10.390	83.362	1.559	10.390	83.362	2.030	13.535	83.362
绵阳经开区	1	8.072	53.816	53.816	8.072	53.816	53.816	6.622	44.144	44.144
	2	2.668	17.784	71.599	2.668	17.784	71.599	3.186	21.240	65.385
	3	1.828	12.188	83.788	1.828	12.188	83.788	2.298	15.322	80.707
	4	1.398	9.320	93.108	1.398	9.320	93.108	1.860	12.401	93.108
长沙经开区	1	10.357	69.047	69.047	10.357	69.047	69.047	9.602	64.012	64.012
	2	2.255	15.032	84.079	2.255	15.032	84.079	2.766	18.442	82.454
	3	1.184	7.895	91.973	1.184	7.895	91.973	1.428	9.519	91.973

根据因子得分矩阵，得到因子得分函数，此处使用标准化的指标数据，构建北部新区新型城镇化水平评价指标。

$$F_1 = 0.081X'_1 - 0.019X'_2 - 0.058X'_3 - 0.002X'_4 + 0.168X'_5 + 0.125X'_6 + 0.139X'_7 + 0.119X'_8 + 0.058X'_9 - 0.045X'_{10} + 0.144X'_{11} + 0.154X'_{12} + 0.02X'_{13} + 0.107X'_{14} - 0.127X'_{15} \quad (6.1)$$

$$F_2 = 0.223X'_1 + 0.277X'_2 - 0.051X'_3 + 0.079X'_4 - 0.175X'_5 + 0.012X'_6 - 0.005X'_7 - 0.038X'_8 - 0.328X'_9 + 0.167X'_{10} - 0.038X'_{11} - 0.068X'_{12} + 0.228X'_{13} + 0.085X'_{14} + 0.039X'_{15} \quad (6.2)$$

$$F_3 = 0.068X'_1 + 0.096X'_2 + 0.054X'_3 - 0.352X'_4 - 0.057X'_5 +$$

$0.036X'_6 - 0.042X'_7 + 0.097X'_8 - 0.024X'_9 + 0.452X'_{10} - 0.027X'_{11} -$
$0.068X'_{12} + 0.117X'_{13} - 0.045X'_{14} + 0.417X'_{15}$ (6.3)

根据 $S_1 = \dfrac{\lambda_1}{\lambda_1 + \lambda_2 + \lambda_3}F_1 + \dfrac{\lambda_2}{\lambda_1 + \lambda_2 + \lambda_3}F_2 + \dfrac{\lambda_3}{\lambda_1 + \lambda_2 + \lambda_3}F_3$，以方差贡献率的占比为权重，可得北部新区综合主成分模型：

$S_{BB1} = 0.002X'_1 + 0.075X'_2 - 0.038X'_3 + 0.044X'_4 + 0.081X'_5 +$
$0.073X'_6 + 0.073X'_7 + 0.075X'_8 - 0.053X'_9 + 0.09X'_{10} + 0.07X'_{11} +$
$0.061X'_{12} + 0.089X'_{13} + 0.076X'_{14} + 0.003X'_{15}$ (6.4)

同理获得绵阳经开区、长沙经开区城镇化综合主成分模型：

$S_{MY1} = 0.002X'_1 + 0.075X'_2 - 0.038X'_3 - 0.038X'_4 + 0.044X'_5 +$
$0.081X'_6 + 0.073X'_7 + 0.075X'_8 - 0.053X'_9 + 0.09X'_{10} + 0.07X'_{11} +$
$0.061X'_{12} + 0.089X'_{13} + 0.076X'_{14} + 0.003X'_{15}$ (6.5)

$S_{CS1} = 0.074X'_1 + 0.079X'_2 - 0.047X'_3 - 0.036X'_4 + 0.045X'_5 +$
$0.075X'_6 + 0.081X'_7 + 0.079X'_8 - 0.052X'_9 + 0.068X'_{10} + 0.067X'_{11} +$
$0.086X'_{12} - 0.008X'_{13} + 0.08X'_{14} + 0.012X'_{15}$ (6.6)

最终得到北部新区、绵阳经开区和长沙经开区2002—2017年新型城镇化水平评估指数，如表6-4所示。

表6-4 　　三大城市新区2002—2017年新型城镇化水平评估指数

年份	S_{BB1}	S_{MY1}	S_{CS1}
2002	-0.84	-0.362	-0.754
2003	-0.805	-0.606	-0.83
2004	-0.608	-0.821	-0.72
2005	-0.592	-0.584	-0.666
2006	-0.491	-0.386	-0.531
2007	-0.409	-0.359	-0.557
2008	-0.167	-0.297	-0.419
2009	-0.231	-0.254	-0.264
2010	-0.046	-0.052	-0.2

续表

年份	S_{BBI}	S_{MYI}	S_{CSI}
2011	0.245	-0.15	-0.046
2012	0.169	1.127	0.329
2013	0.138	0.435	0.54
2014	0.338	0.448	0.697
2015	0.958	0.456	0.874
2016	1.057	0.677	1.14
2017	1.283	0.728	1.407

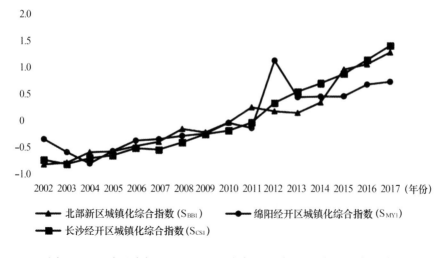

图 6-1 三大城市新区 2002—2017 年新型城镇化水平评估指数趋势

（一）北部新区新型城镇化水平变化趋势分析

如图 6-1 所示，2002—2017 年重庆市北部新区新型城镇化水平评价指标总体呈上升趋势，2011—2012 年新型城镇化水平小幅度下降，随后逐步上升。

2011 年北部新区新型城镇化水平下降，主要由于重庆市政府出台《关于北部新区、经济技术开发区、高新技术产业开发区实行"三区合一"管理体制的决定》，北部新区、经济技术开发区、高新技术产业开发区进行"三区整合",实行"合一"的管理体制;而自 2010 年 8 月 1 日起,重庆经济技术开发区由市政府委托管理,重庆市人民政府高新技术产业开发区委托九龙坡区管理。不再实行"三区合一"的管理体制调整使北部新区新型城镇化水平出现波动。

政府管理机制体制改革是应对新型城镇化发展不同阶段建设需求的必然之举,有效的管理体制模式能更好地推动新型城镇化建设,对新型城镇化质量与效率产生重要影响。北部新区 2010 年的管理体制改革使新区在人事、行政等方面进行了相关调整;而管理体制的调整需要一定的适应期做出反应,诸多涉及城镇化建设的工作如预定目标的调整、进行中项目工作交接等需进一步解决,因此会在一定程度上对北部新区的城镇化建设进展带来挑战,故 2011—2012 年北部新区新型城镇化水平出现小幅下降。在此之后,经过一两年的调整适应,北部新区恢复城镇化综合情况呈现上升的态势。

经过初步分析,北部新区从成立之初保持着较快的新型城镇化发展速度,2008 年与 2011 年出现发展趋势的波动,与其"三区合一"的管理模式调整相关,但该改革也为新区新型城镇化的平稳发展奠定了行政管理体制改革基础。到 2017 年,该区新型城镇化综合指标水平达到历史最高点,北部新区新型城镇化水平从无法适应经济社会发展要求到全面充分发展,立足于国家内陆开放型经济示范区的建设,取得了显著的成效。

(二)绵阳经开区新型城镇化水平变化趋势分析

如图 6-1 所示,2002—2017 年四川省绵阳经开区城镇化综合发展指数总体呈先升后降再上升的态势。

1. 从 2011—2012 年增长迅速。究其原因,2012 年绵阳经开区正式从省级开发区升为国家级开发区,并将松垭镇合并入绵阳经开区,由原来的塘汛镇、城南街道变为塘汛镇、城南街道和松垭镇三个街道镇,城市新区的面积规模出现跳跃式增加,同时部分指标直接采取城市数值加总的核算方式,新型城镇化水平在新区归并之初由于统计数据绝对数的增加,造成测度上指数较大幅度增加。

2. 2012—2013 年新型城镇化水平有所下滑。主要由于三个街道镇合并后,绵阳经开区城镇化建设规划等需要重新整合,各项配套服务和设施需要增加,如教育、医疗等公共服务水平需进一步提高,社会保障等内容需扩大范围,造成新型城镇化建设水平与现实需求的差距,现有城镇化水平不能满足绵阳经开区新型城镇化持续推进的要求,因此 2013 年出现指数下滑的现象。

3. 2013 年至今,城镇化状况逐年改善,增长趋于平缓。2012 年绵阳经开区扩大升级后,规划用地、劳动力等各类资源进一步融合消化,城镇化建设规划逐步调整,使绵阳经开区注入新发展活力、拥有了更大发展空间,促进新型城镇化建设的持续推进。

(三)长沙经开区新型城镇化水平变化趋势分析

如图 6 - 1 所示,2002—2017 年湖南省长沙经开区城镇化发展综合指标总体呈上升态势,2017 年达到最大值。长期以来,长沙经开区的城镇化发展平稳上升,发展势态良好。

2011 年前城镇化水平以较为平缓的发展速度增长,2011 年后保持较快的增长速度,主要是由于长沙经开区将新型城镇化作为统筹城乡发展的突破口,提升城镇承载力、辐射带动力和管理水平,构建"生态型、网络化、组团式"城镇优化布局,搞活城镇的生产、生活和生态空间,提升城镇的要素吸附力、资源承载力和内生推动力。把社会保障、土地管理、人口户籍和农村金融等作为创新的重点内容,推动各项配套改革进一步深化,对各项政策进行制度创新,不断激发城乡一体化发展的内生动力和体制活力。通过特色小镇等建设形成具有典型示范意义的城乡一体化试点经验,随着城乡统筹规划资金投入的加大,新型城镇化建设成效显著,长沙经开区新型城镇化水平保持了较快的增长速度。

三 中西部城市新区产业集聚水平测度

基于前文所述,以产业集聚水平评价指标体系为基础,运用主成分分析法,按照特征根大于 1 且累计贡献率至少为 80% 以上,得到 3 个中西部城市新区产业集聚水平测算过程中各主成分方差和贡献率,如表6 - 5 所示。

表6-5   三大城市新区产业集聚综合指标主成分分析解释的总方差

地区	成分	初始特征值			提取平方和载入			旋转平方和载入		
		合计	方差(%)	累计(%)	合计	方差(%)	累计(%)	合计	方差(%)	累计(%)
北部新区	1	4.067	45.190	45.190	4.067	45.190	45.190	3.363	37.362	37.362
	2	2.142	23.800	68.990	2.142	23.800	68.990	2.619	29.099	66.461
	3	1.527	16.968	85.958	1.527	16.968	85.958	1.755	19.498	85.958
绵阳经开区	1	4.196	46.624	46.624	4.196	46.624	46.624	3.400	37.773	37.773
	2	2.224	24.709	71.332	2.224	24.709	71.332	2.858	31.750	69.523
	3	1.195	13.283	84.615	1.195	13.283	84.615	1.358	15.092	84.615
长沙经开区	1	6.610	73.449	73.449	6.610	73.449	73.449	6.609	73.433	73.433
	2	1.195	13.280	86.728	1.195	13.280	86.728	1.197	13.295	86.728

同理按照新型城镇化综合指标得分的计算方式，根据

$$S_2 = \frac{\lambda_1}{\lambda_1 + \lambda_2 + \lambda_3}F_4 + \frac{\lambda_2}{\lambda_1 + \lambda_2 + \lambda_3}F_5 + \frac{\lambda_1}{\lambda_1 + \lambda_2 + \lambda_3}F_6，$$ 得到北部新区、绵阳经开区、长沙经开区产业集聚水平综合主成分模型：

$$S_{BB2} = 0.128X'_1 + 0.145X'_2 - 0.066X'_3 + 0.134X'_4 + 0.068X'_5 +$$
$$0.220X'_6 + 0.112X'_7 + 0.119X'_8 + 0.151X'_9 \qquad (6.7)$$

$$S_{MY2} = 0.052X'_1 + 0.110X'_2 + 0.141X'_3 + 0.079X'_4 + 0.155X'_5 +$$
$$0.025X'_6 + 0.043X'_7 + 0.131X'_8 + 0.168X'_9 \qquad (6.8)$$

$$S_{CS2} = 0.104X'_1 + 0.068X'_2 + 0.112X'_3 + 0.153X'_4 + 0.120X'_5 +$$
$$0.111X'_6 + 0.110X'_7 + 0.151X'_8 + 0.133X'_9 \qquad (6.9)$$

最终得到北部新区、绵阳经开区、长沙经开区2002—2017年产业集聚水平评估指数，如表6-6所示。

表6-6   三大城市新区2002—2017年产业集聚水平评估指数

年份	S_{BB2}	S_{MY2}	S_{CS2}
2002	0.073	1.207	-0.988
2003	-0.214	0.54	-1.201
2004	-0.355	-0.825	-1.124

续表

年份	S_{BB2}	S_{MY2}	S_{CS2}
2005	-0.319	-0.532	-0.973
2006	-0.003	-0.589	-0.896
2007	0.176	-0.619	-0.551
2008	0.498	-0.62	-0.525
2009	0.562	-0.376	0.209
2010	-1.183	-0.518	0.524
2011	-0.86	-0.329	0.713
2012	-0.626	0.435	0.658
2013	0.154	0.302	0.537
2014	-0.042	0.391	0.627
2015	0.306	0.411	0.786
2016	0.672	0.53	0.869
2017	1.161	0.59	1.334

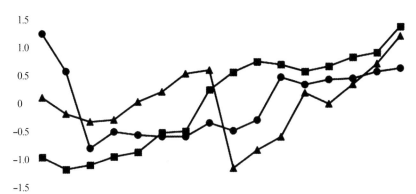

—▲— 北部新区产业集聚水平综合指数(S_{BB2})　—●— 绵阳经开区产业集聚水平综合指数(S_{MY2})
—■— 长沙经开区产业集聚水平综合指数(S_{CS2})

图 6 – 2 三大城市新区 2002—2017 年产业集聚水平评估指数趋势

(一)北部新区产业集聚水平变化趋势分析

如图 6 – 2 所示,北部新区产业集聚水平可分两阶段进行分析。

1. 2010 年前总体呈上升趋势,2009—2010 年出现大幅度下降。出现该现象的原因一方面与前文提及的新区管理体制调整有较大关系，市场对体制调整有敏感反应，2010 年实行的管理体制改革使产业集聚程度受到影响；另一方面，2008 年国际金融危机爆发，北部新区工业经济经受了前所未有的考验，市场需求、能源及原材料、产业结构均受到金融危机冲击，导致产业受到冲击，新区产业集聚水平下降。

2. 2010 年至今总体呈上升趋势，2013—2014 年间有轻微波动，从2014 年开始产业集聚水平呈现较快的增长态势。2014 年我国加强环境保护力度，对产业结构的优化以及传统制造业的绿色升级提出了新的要求，而北部新区传统工业制造业数量较多，受到环保要求需要进行改造升级，产业集聚水平受到影响产生波动。2015 年后，产业集聚水平保持较快的增长速度，主要由于北部新区在"调结构、促增长"的经济改革浪潮下，积极推动高新技术产业和新型金融服务业发展，积极打造以新能源智能产业园为代表的千亿级智能产业、以新型金融产业园为代表的现代服务业和以互联网产业园为代表的新兴科技产业，使北部新区发展成为以汽车摩托车集群、智能仪表集群、电子信息集群、现代服务业集群、生物医药集群为主要产业集聚点的城市新区。产业体系的调整使新区更加适应市场的发展需求，集聚水平增长速度加快。2016 年归并为两江新区之后，战略性新兴产业与高新技术产业得到更大的发展空间，产业转型升级初见成效，亦促进了近两年来产业集聚水平稳步上升。

（二）绵阳经开区产业集聚水平变化趋势分析

由图 6-2 可知，2002—2017 年绵阳经开区产业集聚水平呈现先波动后上升的趋势，2004 年与 2012 年存在较为明显的转折。

1. 2002—2004 年绵阳经开区产业集聚水平逐年下降，且 2004 年产业集聚水平处于极低状态。首先从涪城区出发分析原因，20 世纪 90 年代，由于电子产业持续快速发展，绵阳工业经济发展水平处于全省前列。涪城区是绵阳工业经济效益最好的地区，但该地区在 2004 年出现工业企业利润亏损巨大的局面，周朝霞（2008）利用因子分析法对绵阳市各区县工业经济效益进行了综合评价，发现涪城区的营运因子得分较高，但盈利因子、周转因子得分较低，且盈利因子为负，由此进一步验证了涪城区盈利效益突然下降的原因。该阶段绵阳市经开区已形成电子信息产业、新材料产业、精细化工产业、生物医疗产业为主导的"四大产业园区"，其中以长虹电子集团为龙头的电子信息产业总产值占 80% 以上，属于当时西部地区最大的电子信息产品制造基地。1996—2003 年 8 年间，长虹工业产值占绵阳市规模以上工业企业的比重均在 45% 以上。2004 年，长虹因经营不善，产生了上市以来的首次亏损，亏损达 36.81 亿元，这对于以长虹为龙头企业的绵阳经开区而言，直接造成了工业利润水平的急剧下降，致使绵阳经开区产业集聚水平 2004 年呈现大幅度下降。从产业集聚水平评估指标中不难发现，2002—2004 年绵阳经开区经济总量、工业产值发展、进出口等出现下滑，而在衡量的指标体系中多项指标的共同趋势作用下，下降整体趋势更加明显。由于绵阳经开区总体经济发展水平不高，且工业产品种类不够丰富；国有控股企业波动明显，下滑较大；处于起步阶段的私营企业发展起伏大，水平偏低；电子信息产业和机械产业等主导产业发展动力不足；新兴产业市场抗风险能力弱；最终导致绵阳经开区在 2002—2004 年产业集聚水平持续下降。可见产业集聚发展过程中应在培育和壮大产业集群的同时实现大中小企业的和谐发展，积极推进工业化进程，壮大主导产业的同时完善产业体系，夯实经济发展基础。

2. 2004—2012 年绵阳经开区产业集聚发展平缓无明显上升趋势，2013 年至今产业集聚水平小幅下降后逐年上升。2012 年成为国家级开发区与松垭镇合并之后，产业集聚水平有明显的提升。亦由于 2012 年的合并行为，绵阳经开区在产业集聚水平上有一个跳跃式的增长，在进行调整吸收后，2013 年小幅下降，至今绵阳经开区产业集聚水平平稳增长。尤其是近年来绵阳经开区电子信息产业、化工环保产业、食品医药产业的机械制造业等主导产业集中度达到 82% 以上，同时其传统制造业的转型升级，高新技术产业和战略性新兴产业的重点发展，对绵阳经开区建成宜业宜商宜居产业园区的目标有巨大的推动作用。

（三）长沙经开区产业集聚水平变化趋势分析

由图 6-2 可知，2002—2017 年湖南省长沙经开区产业集聚水平总体呈上升态势，2009 年前后出现产业集聚水平增长率的下降，2011—2013 年出现下降趋势，2013—2017 年产业集聚水平逐步上升，2017 年表现出超过 50% 的产业集聚水平发展态势。

1. 2009 年前后增长率下降主要由于 2006—2010 年是长沙经开区产业发展已进入成熟阶段，工业用地规划面积、工业总产值、新技术产品产值比重等均有稳步上升，逐步向多功能综合现代化外向型工业园区转变，但金融危机使其主导产业的优势发展面临阻碍，国际经济环境的恶化使长沙经开区产业集聚增长态势放缓。

2. 2011—2013 年的下降态势主要是由于该时期，国际出口严重受压，国内面临通货膨胀压力较大、房价调控难度加大、结构调整任务艰巨等挑战，不稳定、不确定因素明显增多。与此同时，工程机械、汽车制造业作为长沙经开区两大支柱产业受宏观经济波动影响较大。整体看来，该园区的制造业基本处于产业价值链较为低端的组装制造环节，产业集群中夹杂着印刷出版业、食品饮料业等产业，产业关联度不强，整体竞争力弱较低，制约了新区的进一步发展。

3. 2013 年至今长沙经开区产业集聚水平的稳健提升，一方面随着三一重工、中联重科、山河智能等一批工程机械企业在园区迅速发展壮大，"国家新型工业化产业示范基地（装备制造·工程机械）"获批，新型工业化不断发展。该阶段长沙经开区工程机械产值占全省的 45%，占全国市场总量的 23%，占全球市场的 13%，同时区内拥有汽车及零部件企业40 余家，已经初步形成中国汽车产业集群新板块，其产业集聚的综合实力较强；另一方面工程机械制造产业"一业独大"的局面逐步改善，集成电路、大健康产业、住宅产业化、节能环保、新材料、现代服务业等新兴产业蓬勃发展，多点支撑的产业格局日趋完善，综合实力不断增强，园区新的经济增长极正加快形成，使长沙经开区成为长沙乃至湖南工业发展的重要增长极和核心驱动力。

第四节　中西部城市新区产业集聚与新型城镇化互动发展统计观察

在中西部城市新区产业集聚与新型城镇化水平趋势分析基础上，对各城市新区产业集聚与新型城镇化互动发展情况进行统计观察。经过以上计算得到三大城市新区城镇化发展综合指标以及北部新区产业集聚综合指标，由此可以分别对两个指标赋予相同的权重得到三大城市新区城镇化与产业集聚协调发展水平 F，对产业集聚与新型城镇化互动发展情况进行初步观察。

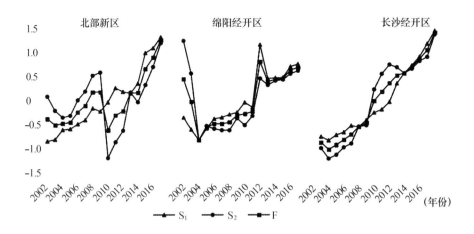

图 6 – 3　三大城市新区 2002—2016 年产业集聚与新型城镇化互动发展状况

一　北部新区产业集聚与新型城镇化互动发展统计观察

由图 6 – 3 可知，北部新区自成立以来，新型城镇化与产业集聚协调发展水平总体呈现先上升再下降随后上升的态势，主要的波动转折出现于 2010 年前后。出现波动的原因与前文提及的管理体制改革、金融危机等因素相关，城镇化水平、产业集聚水平均出现波动，城镇化发展水平与产业集聚水平不同步。

2010 年前后两个阶段均呈现总体较为稳定的上升趋势。2010 年至今的产业集聚与新型城镇化互动发展呈现出较为协调的态势，同时随着北部新区划归为两江新区（第三个国家级新区），近年来产业集聚与新型城镇化协调水平保持较为稳定的增长速度。究其原因：①在行政体制管理模式上，两江新区确立了"1 + 3"的开发模式，市级层面设立重庆两江新区开发建设领导小组，统筹规划两江新区开发建设相关重大事宜，统一领导各板块开展工作，两江新区管委会主要负责两江新区的经济发展和开发建设，与江北区、北碚区、渝北区 3 个行政区协同推进开发开放，为两江新区城市、产业发展提供了保障。②在产业布局方面，两江新区构建了 311 产业体系，发展汽车产业、电子信息产业、装备制造业三大优势支柱产业，新能源及智能汽车、电子核心部件、云计算及物联网等十大战略性新兴产业，新兴金融、国际物流、大数据及信息服务等十大战略性新兴服务业，各类资源向"311"产业集聚。③在产业和城市功能布局上，两江新区重点建设"六城八园"，龙盛产业新城、水土高新城、悦来会展城等六城，保税加工贸易产业园、智能制造产业园、国际汽车产业园、电子信息产业园、通用航空产业园、生物医药产业园、互联网产业园、服务贸易产业园"八园"，进一步促进了人口、产业集聚。良好的政策环境为产业集聚与城镇化建设提供了发展空间与政策支持，产业和城市功能合理布局一方面在空间上使城市与产业集聚区融合联系，另一方面在产业集聚区强化了城市功能，各类公共服务配套的完善推动了新区新型城镇化建设。

二 绵阳经开区产业集聚与新型城镇化协调互动统计观察

由图 6-3 可知，绵阳经开区城镇化与产业集聚协调发展水平在 2004 年与 2012 年存在两个转折点，2002—2004 年呈现下降趋势，2004—2011 年城镇化与产业集聚协调水平总体呈逐年上升趋势，2011—2012 年出现陡峭上升，在 2012—2013 年明显的下降趋势后逐步平稳，且近年来城镇化与产业集聚发展趋势逐渐趋近，协调程度逐步提高。

1. 2002—2004 年的下降主要由于一方面新型城镇化水平增长受阻，不足以为产业发展提供所需空间载体和高质量生产要素；另一方面该阶段产业集聚水平不高，对资金、企业、劳动力等吸引力下降，严重影响了产业集群的持续发展，使产业集聚水平不足以为新型城镇化建设提供有效的动力保障。

2. 2004—2011 年，绵阳经开区产业集聚与新型城镇化互动发展水平处于平稳上升态势，2012 年随着松垭镇加入，绵阳经开区升级为国家级经济开发区，互动协调水平由于产业集聚水平与城镇化水平的同步提高而增加。2012—2013 年的增加主要由于新型城镇化指标有大幅度上升，规划用地、劳动力资源等要素增加了新区对产业集聚的吸引力。在新型城镇化建设方面，道路交通、公共服务、城市空间布局等发展要求不足以满足产业结构优化升级的要求，阻碍了产业集聚。此时城镇化建设与产业集聚水平的发展差距，城镇化比产业化有更大的下降幅度，造成了产城的不协调，使绵阳经开区在升级之后短期内无法使产业集聚与城镇化建设形成良好的互动发展。

3. 2013 年至今，绵阳经开区产业集聚与城镇化发展均保持平稳的发展速度，产城融合发展趋势良好。虽然在 2013 年前，产城协调水平逐年上升，但波动较大，且城镇化与产业集聚之间发展有较大差距；而近年来新型城镇化水平与产业集聚水平发展态势的趋近使互动协调水平稳步提升，究其原因，研究发现产城协调水平的改善有赖于产业集聚和新型城镇化同步发展。若产业集聚或新型城镇化的发展趋势不同步容易造成产城不协调，只有两者共同的优化改善，才能产生产城融合的良好局面。

三 长沙经开区产业集聚与新型城镇化协调互动统计观察

由图 6-3 可知，2002—2017 年湖南省长沙经开区城镇化与产业集聚协调发展水平呈逐年上升趋势，除 2008 年及 2013 年前后出现轻微波动外，长期以来协调发展势态良好。2008 年前长沙经开区新型城镇化水平高于产业集聚水平，在同步的发展趋势下有维持较小的发展差距，使两者协调发展水平稳步上升。

1. 2008 年前后波动发生时，产业集聚水平呈现出超过新型城镇化增长幅度的态势，使产业集聚与新型城镇化协调发展水平保持上升。在国际金融危机背景下，长沙经开区维持着较慢的新型城镇化建设步伐，而工程机械等集聚产业虽然在国际国内严峻市场条件下出现产业集聚水平的波动，但仍为新型城镇化建设提供了有效的产业支撑，使产城协调发展维持一定水平。同时由于新型城镇化水平与产业集聚水平在 2008—2013 年发展有较大的差距，协调发展水平放缓。

2. 2013 年至今，新型城镇化水平与产业集聚水平呈现趋同趋势，且发展差距逐渐缩小，协调发展水平保持较快速度增长。近年来长沙经开区产城协调发展得益于产业集聚和城镇化建设的稳步推进，新区以"产城融合"为导向，努力推动"园区经济"向"城市经济"转变。长沙经开区不断统筹产业发展、基础设施建设和生态环境保护，创新"以区带园""飞地建园"等模式，优化功能布局、完善公共配套、预植文化基因、预留发展空间，教育医疗、文化体育等公共服务体系更加完善，劳动报酬提高和劳动生产率提高保持同步增长，长沙经开区产城融合发展步入稳定成熟阶段。

第五节　总结分析

近年来，重庆、四川、湖南等中西部地区劳动力回流与产业转移承接现象突出，城市新区产业集聚与新型城镇化互动协调发展的需求变得更加迫切，基于此，本部分选取重庆北部新区、四川绵阳经开区、湖南长沙经开区作为中西部城市新区产业集聚与新型城镇化互动发展的分析样本，立足于三个城市新区产城互动发展的现状基础，考虑评价的可比性、科学性，建立了中西部城市新区新型城镇化与产业集聚水平测度指标体系，对北部新区、绵阳经开区、长沙经开区 2002—2017 年的产业集聚水平与新型城镇化水平进行测度，并进行城市新区产业集聚与新型城镇化互动发展状况统计观察。基于以上研究发现：

1. 北部新区、绵阳经开区、长沙经开区新型城镇化水平整体呈上升趋势，绵阳经开区 2012 年出现波动，三大城市新区产业集聚水平总体在波动中上升，北部新区波动幅度较大。

2. 在城市新区的发展建设过程中，在城市新区"产""城"发展未进入成熟阶段时，政策对城市新区发展方向的影响程度较大，行政区划、管理模式、机制体制等变革会对城市新区的发展产生一定的冲击，例如北部新区 2010 年"三区合一"的变化、2012 年绵阳经开区升级为国家级经开区等。

3. 产业结构与产业集聚水平联系密切，随着传统制造业的转型升级、中西部地区产业转移承接的持续推进以及战略性新兴产业的发展，城市新区产业结构不断调整优化，产业集聚水平也不断提高。不同城市新区核心产业存在差异,城市新区产业结构的完善可以提高应对危机的能力,类似绵阳经开区在早期以长虹为核心且比重较大时面临冲击的抵抗能力较弱。

4. 三大城市新区产业集聚与新型城镇化的互动发展依赖于产业集聚与新型城镇化的同步协调,新型城镇化为产业集聚发展提供空间,产业集聚为新型城镇化建设提供动力。当新型城镇化水平落后时,在交通、营商环境、职住保障等方面不足以满足产业集聚发展时会阻碍产城互动发展,无论是"产"跟不上"城",还是"城"容不下"产",最终产城无法相互融合。只有产城统筹规划,才能充分发挥城市新区的城市吸引力、提高产业竞争力,实现产业、城市同步发展。

第 七 章

"双转移"趋势下产业集聚与新型城镇化耦合协调测度

　　本部分首先对耦合协调的基本概念及相关理论进行梳理，其次构建"双转移"趋势下中西部城市新区产业集聚与新型城镇化耦合协调测度模型，最后以北部新区、绵阳经开区和长沙经开区为研究对象，对 3 个城市新区耦合协调发展综合水平进行评价，对耦合协调发展现状、问题、原因进行深入分析，刻画产城系统的互动关系与演变特征，为研判系统的演变态势及影响两者协调性的制约因素奠定基础。

第一节　耦合协调基本概念及理论

　　作为具有特定功能的有机整体，产业集聚与新型城镇化是两个相互影响、相互作用的复杂系统，由相互依赖的若干部分组成。复杂系统从无序走向有序的关键在于系统内部序参量的协同作用，由此决定系统在相变过程中的基本特点和发展规律，耦合度正是对这种协同作用的度量（吴大进等，1990）。耦合（Coupling）一般是指两个及两个以上的系统彼此影响的现象，是一种相互依存、协调与促进的动态关联关系。本部分通过对"产业集聚—新型城镇化"系统耦合协调的定量测度，刻画出该系统的互动关系、动态演变特征，进而研判系统的演变态势及影响两者协调性的制约因素提供依据。耦合协调理论最初广泛运用于激光物理学领域，近年来逐步扩展到社会科学领域，尤其是城市经济学科领域。耦合协调可细分为"耦合""协调"两个概念。

（一）耦合的概念

耦合最初源于物理学容量耦合的概念，通常是指两个或两个以上的系统通过自身与外界的持续交互而彼此达到一定程度协同水平的现象。而耦合度则是用来反映各系统之间彼此影响、相互作用的强度。如果产业集聚与新型城镇化两个系统之间相互关联、协同较好时，两者为良性耦合关系，此时耦合度值偏高；反之，当两者互相摩擦、彼此制约时，为恶性耦合，耦合度值相应较低。根据协同学理论，耦合作用及其协调程度决定了系统在达到临界区域时的基本走向和发展态势，亦即能够决定系统由无序变为有序的趋势。系统在相变点处的内部变量分为快弛豫变量、慢弛豫变量两类，其中慢弛豫变量是决定系统相变进程的根本变量，即系统的序参量。系统由无序变为有序的关键在于系统内部序参量间的协同作用。

（二）协调的概念

不同的学科对"协调"的定义差异较大，管理学中协调是指为实现既定的管理目标，通过对各种管理要素进行权衡综合考虑的方法手段及过程；经济学中协调是指各种经济力量的共同作用将经济系统推向均衡的过程；系统科学中协调是两种及以上具有相互关联的系统相互协作，促进总体系统良性循环的发展趋势。

（三）耦合协调的内涵

耦合协调是两个或两个以上系统或系统要素之间配合得当、和谐一致、良性互动循环的关系，能够反映系统内部各要素有序配合、高阶进化及规律演变的过程。耦合协调强调两个或多个系统的多元化综合发展，通过克服耦合协调过程中的系统冲突和主要矛盾，实现整体系统利益的最大化。耦合协调度主要测度统一框架下的不同系统彼此和谐一致发展的程度，强调系统发展的综合性、整体性和内在性，是产业集聚—新型城镇化系统在协调这一约束之下的整体发展。如：在产业实现快速集聚的同时，实现了新型城镇化的跨越式发展，则是耦合协调度较好的体现，反之，则为不协调。耦合协调度既考虑子系统间相互作用的强度，又关注各系统自身发展水平。研究主要度量"双转移"趋势下产业集聚、新型城镇化同步发展的程度。

（四）耦合协调理论的适用性分析

基于上述理论，研究将产业集聚、新型城镇化两个子系统内部的各个序变量相互作用、相互影响的协同程度用产业集聚—新型城镇化系统的耦合度来定义，测度值的大小能够反映产业集聚—新型城镇化系统各序参量的耦合程度。基于此，构造耦合度模型计算两个子系统之间的耦合度，其大小反映了两个子系统各个序参量对产业集聚—新型城镇化系统的作用强度和贡献程度。根据测度结果，模型所得的耦合度值越高，系统间的耦合程度越好；反之则越差。

耦合度作为反映产业集聚与新型城镇化耦合程度的重要指标，对研判城市新区产业集聚与新型城镇化耦合作用强度及时序区间、预警两者发展秩序等具有重要意义。需要说明的是，耦合度在有些情况下无法准确反映"双转移"趋势下城市新区产业集聚与新型城镇化建设的整体"功效"与"协调"效应。尤其在多个区域对比的情况下，耦合度的上下限一般取自各地区的基准年数和发展规划数，单纯依靠耦合度判别有可能产生误导。其主要原因在于，每个城市新区的产业集聚与新型城镇化建设都有其动态发展、不平衡的特点。

第二节 "双转移"趋势下中西部城市新区产业集聚与新型城镇化耦合协调测度模型设立

一 产业集聚与新型城镇化的耦合模型设立

国内外研究中关于耦合的测度主要有以下几种方法：

第一，基于指数综合加成的耦合测度。该方法的基本思想是运用数理统计将多个指标转化为总指标来进行评价，被评价单位的综合状况反映了协调性。其具体操作步骤是：首先，构建各子系统的协调指标体系；其次，利用主成分分析等综合评价方法计算各子系统的协调发展指数；最后，按子系统权重计算综合协调度指数。

第二，基于功效系数的耦合测度。该方法基于协同论观点，将协调度定义为序参量协同作用的强弱程度，并以序参量对系统有序的功效系数为协调度函数。

第三，基于空间变异的综合测度。该方法的基本思路是利用变异系数或协调系数反映变异程度，并以此求得两个系统的协调度指数。

第四，基于序列动态变化的耦合测度（弹性系数法），该方法是用微分法反映序列的时间或空间的动态变化。

研究借鉴物理学中的容量耦合系数模型，选择数理统计学中的变异系数法进行衡量。若两个系统间协同，则意味着两者的离差系数较小。设新型城镇化系统 F_1 与产业集聚系统 F_2 在同一时刻的离差系数为 Cv，则：

$$Cv = \frac{|F_1(x) - F_2(y)|}{1/2[F_1(x) + F_2(y)]} = \sqrt{1 - \frac{F_1(x) \times F_2(y)}{\left(\frac{F_1(x) + F_2(y)}{2}\right)^2}} \quad (7.1)$$

$$\diamondsuit\, g = \frac{F_1(x) \times F_2(y)}{\left(\frac{F_1(x) + F_2(y)}{2}\right)^2}$$

由于离差系数 Cv 越小表明两个系统间越协同，当 g（t）取最大值时，离差系数最小，则两系统最协同。因此，可将新型城镇化系统与产业集聚系统的耦合度定义为：

$$C = \frac{2 \times \sqrt{F_1(x) \times F_2(y)}}{F_1(x) + F_2(y)} \quad (7.2)$$

对耦合度做如下解释：①耦合度 C∈［0，1］，当 C = 1 时，系统耦合度最大，系统之间或系统内部各要素之间协调程度最高，系统实现良性共振并将趋向新的有序结构；当 C = 0 时，系统耦合度最小，系统之间或系统内部各要素之间处于无关状态，系统将呈现无序发展态势。②全面考虑产业集聚与城镇化两个子系统的情况，如果其中一个子系统的有序程度提升幅度较大，而另一个子系统的有序程度没有实现同幅度提升，则整个系统无法处于良性耦合状态。③对整体系统而言，这是动态把握。从子系统序参量系统有序度的相对变化中把握系统整体的协调状况。

参照通常做法，把"产业集聚—新型城镇化"系统耦合的演变可分为如下六个层次：C = 0 代表耦合度极小，系统并无关联且无序发展；0 <

C≤0.3 代表极低水平耦合；0.3 < C < 0.5 代表系统处于初级耦合；0.5≤ C < 0.8 代表系统处于中级耦合；0.8≤C < 0.9 代表系统耦合状态良好；0.9≤C < 1 代表系统处于高水平耦合阶段，两者有较强的互动；C = 1 表示两者达到良性耦合共振，将会趋向新的有序结构。与此同时，受政策制度、自然变化等因素影响，系统也可能退化到初始阶段。

引入 Shannon 的熵值思想，借助熵值赋权法确定各序变量的权重 w_{ij}。熵权法是一种主要利用指标体系中各指标熵值提供的信息量决定指标权重的方法。一般说来，在信息系统中，信息熵越大代表信息越无序，信息效用值越小；反之表示信息效用值越大。通过计算得到各指标熵值大小，用来反映各指标信息量大小。该方法通过计算得出的指标权重值克服了人为影响，使最终评价结果更符合客观实际，在一定程度上避免主观层面的影响。计算步骤为：首先构建判断矩阵，$Z = (z_{ij})_{m \times n}$（i = 1，2，3…，j = 1，2，3…）；然后对 Z 进行标准化，得到标准化矩阵 Z′，$Z′ = Z_{ij}/Z_{max}$（Z_{max} 为同一指标下的最大值）；再计算信息熵，$e_j = - k \sum f_{ij} \ln f_{ij}$，其中，$f_{ij} = Z′/\sum Z′_{ij}$，k = 1/lnm，m 为样本数；最后定义指标 j 的权重，$w_j = g_j / \sum g_j$，其中 $g_j = 1 - e_j$。

二 产业集聚与新型城镇化的协调模型设立

协调指的是系统演变过程中各子系统及子系统构成要素在组成统一整体时表现出的相互配合、和谐一致的属性。若新型城镇化与产业集聚相互协调，则能充分利用新型城镇化与产业集聚耦合互动的作用，实现两者同步快速发展。然而，由于新型城镇化与产业集聚具有动态交错及不平衡的特点，仅按照耦合度无法反映出新型城镇化与产业集聚两大系统的现实发展情况。因此，将两者的耦合度与两者的发展水平进行结合，综合得到两者的协调度。

$$D = \sqrt{C \times T} \tag{7.3}$$

$$T = \alpha \times F_1 (x) + \beta \times F_2 (y) \tag{7.4}$$

其中，D 代表协调度，C 代表耦合度，T 代表"产业集聚—新型城镇化"的综合协调指数，表示新型城镇化与产业集聚互动发展的水平。其中

α、β 为待定系数，并且 α + β = 1，结合产城融合相关文献，本书认为在产城融合的两个因素中，城镇化可以提供产业集聚的基础，产业集聚可以推动城镇化的进一步建设，有着相互作用的力量，因此，确定 α、β 均为0.5。协调度则可划分为如下几个阶段：D ∈（0，0.3］为失调；D ∈（0.3，0.5］为初级协同；D ∈［0.5，0.7）为中级协同；D ∈［0.7，0.8）为良好协同；D ∈［0.8，0.9）为高度协同；D ∈［0.9，1）为优质协同。

第三节　"双转移"趋势下中西部城市新区产业集聚与新型城镇化耦合协调发展综合评价

如前所述，按照熵值法确定权重，结合耦合协调度计算方法，可分别计算得到北部新区、绵阳经济开发区、长沙经济开发区 3 个中西部城市新区 2002—2017 年的耦合度与协调度，并绘制表 7 - 1：

表 7 - 1　　　3 个中西部城市新区 2002—2017 年耦合度与协调度

年份	北部新区			绵阳经开区			长沙经开区		
	耦合度	协调度	耦合强度协调程度	耦合度	协调度	耦合强度协调程度	耦合度	协调度	耦合强度协调程度
2002	0.8294	0.5153	良性耦合中级协同	0.8474	0.6671	良性耦合中级协同	0.8704	0.4932	良性耦合初级协同
2003	0.8517	0.5115	良性耦合中级协同	0.8725	0.6235	良性耦合中级协同	0.9135	0.5100	高度耦合中级协同
2004	0.8854	0.5073	良性耦合中级协同	0.9988	0.4595	高度耦合初级协同	0.9177	0.5206	高度耦合中级协同
2005	0.9497	0.5327	高度耦合中级协同	0.9561	0.5819	高度耦合中级协同	0.9321	0.5378	高度耦合中级协同
2006	0.9564	0.5512	高度耦合中级协同	0.9943	0.5679	高度耦合中级协同	0.9373	0.5544	高度耦合中级协同
2007	0.9805	0.5652	高度耦合中级协同	0.9713	0.6630	高度耦合中级协同	0.9216	0.6186	高度耦合中级协同

年份	北部新区			绵阳经开区			长沙经开区		
	耦合度	协调度	耦合强度 协调程度	耦合度	协调度	耦合强度 协调程度	耦合度	协调度	耦合强度 协调程度
2008	0.9775	0.5626	高度耦合 中级协同	0.9827	0.6731	高度耦合 中级协同	0.9491	0.6419	高度耦合 中级协同
2009	0.9774	0.5760	高度耦合 中级协同	0.9802	0.7097	高度耦合 良好协同	0.9409	0.6920	高度耦合 中级协同
2010	0.9972	0.5123	高度耦合 中级协同	0.9948	0.7170	高度耦合 良好协同	0.9541	0.7380	高度耦合 良好协同
2011	0.9999	0.5606	高度耦合 中级协同	0.9897	0.7247	高度耦合 良好协同	0.9747	0.7786	高度耦合 良好协同
2012	0.9996	0.5782	高度耦合 中级协同	0.9999	0.8245	高度耦合 高级协同	0.9902	0.7995	高度耦合 良好协同
2013	0.9850	0.7125	高度耦合 良好协同	0.9985	0.7540	高度耦合 良好协同	0.9983	0.8130	高度耦合 高级协同
2014	0.9993	0.6688	高度耦合 中级协同	1.0000	0.7987	高度耦合 良好协同	0.9999	0.8432	高度耦合 高级协同
2015	0.9846	0.7939	高度耦合 良好协同	0.9995	0.8146	高度耦合 高级协同	0.9992	0.8748	高度耦合 高级协同
2016	0.9879	0.8480	高度耦合 高级协同	0.9999	0.8952	高度耦合 高级协同	0.9969	0.8854	高度耦合 高级协同
2017	0.9938	0.9125	高度耦合 优质协同	0.9938	0.8555	高度耦合 高级协同	0.9988	0.9600	高度耦合 优质协同

（一）北部新区产业集聚与新型城镇化耦合协调发展综合情况分析

如表7-1、图7-1所示，2002—2017年北部新区耦合度逐年上升，且近十年处于平稳且高度耦合的状态；2010年是北部新区协调度水平转折年，2010年之后呈快速上升态势。结合北部新区新型城镇化与产业集聚发展水平、耦合度以及协调度分析可知：

2010年前，新型城镇化发展指标数值小于产业集聚发展水平指标数值和协同发展度指标数值，新型城镇化发展能力明显滞后产业集聚发展

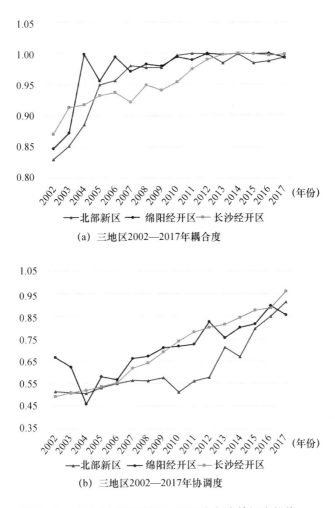

(a) 三地区2002—2017年耦合度

(b) 三地区2002—2017年协调度

图 7 – 1 三大城市新区 2002—2017 年耦合协调度趋势

要求。新型城镇化是实现产业集聚的空间载体，新型城镇化能够扩大生产性服务业与生活性服务业的市场需求，为产业发展提供集聚的平台空间，能够提供更多的就业机会和更高的收入水平，进而集聚更多的人才资源进入城市新区，为产业集聚提供基础要素。而产业发展是新型城镇化建设的基本动力，产业结构的演化促进各种生产要素向城市新区集聚，就业机会的增加、收入水平的提高、消费需求的扩大加快了新型城镇化建设进程，同时产业集聚对城市功能配套服务提出了新的要求，进一步带动了新型城镇化建设，相互促进发展使两者得到良性循环。2009 年前北部新区城镇化水平尚处于初级阶段，新型城镇化发展水平的滞后限制了产业集聚的进一步发展，2010 年对"三区合一"管理制度进行调整后，城镇化建设、产业结构发展得到了显著促进，产城协调水平逐渐上升，尤其近年来达到高度耦合优质协调的状态。

不难发现，北部新区产业集聚与新型城镇化互动发展依靠两者的相互促进和共同进步，说明在城市新区发展的规划上应注重城市发展，摒弃"重产轻城"的落后观念，避免盲目追求经济产值的提升，而忽视城镇基础建设、人才教育培养等助力产业升级的重要因素，如此才能得到产城发展双赢的良好局面。北部新区产城协调情况从最开始的不协调变为协调、不融合变为融合、相互制约变为相互促进，得益于对主导产业、新兴技术产业等政策支持以及城镇建设的合理布局。随着金融物流、汽配商贸、教育文化、都市工业等新型产业进一步壮大、城市空间进一步拓展、载体能力进一步增强，北部新区逐渐成为重庆市城市建设的标杆园区。

（二）绵阳经开区产业集聚与新型城镇化耦合协调发展综合情况分析

如表 7 - 1、图 7 - 1 所示，2002—2017 年绵阳经开区总体耦合度呈现上升并趋于平稳的态势，在 2004 年前后出现波动，协调度总体亦呈现波动式上升的状态，其中 2004 年、2013 年为态势转折点。结合绵阳经开区新型城镇化与产业集聚发展水平、耦合度以及协调度分析可知：

2004 年、2013 年绵阳经开区产业集聚水平出现异于既往趋势的现象，且较大差距低于新型城镇化水平。从前文绵阳经开区产城互动统计观察分析可知，2004 年是绵阳经开区产业发展波折的一年，2013 年又是绵阳经开区历经结构变化的一年，产业集聚水平受到的冲击严重影响了产业集聚与新型城镇化协调发展趋势。四川省绵阳经济开发区在 2012 年前的产城协调发展一直处于低迷的状态，产业集聚与新型城镇化的相互推动并未得到良好的效果，且在 2012 年的跳跃值之后并未得到理想的发展速度；2013 年在逐步进入正轨后，至今渐渐进入高度耦合、高度协同的状态，但产业集聚水平较新型城镇化建设情况仍处于较低状态，协调水平有更大的进步空间。

从绵阳经开区的产城融合发展历程不难发现,管理制度、政策的转变会带来城市建设的调整以及对产城融合提出新的要求和新的挑战。2012年绵阳经开区正式从省级开发区升为国家级开发区,并将松垭镇合并入绵阳经开区,由原来的塘汛镇和城南街道变为塘汛镇和城南街道、松垭镇三个街道镇。并入新街镇后,绵阳经开区城镇化需要重新整合,各项配套服务和设施需要增加,虽然新区的加入促进了园区产业发展,但城镇化综合水平的相对滞后且两个区域发展的不均衡,使绵阳经开区带动产业发展的能力较弱,阻碍了产业集聚,给产城融合发展带来了困难。同时产业集聚与新型城镇化的发展差距也是造成产城不协调的原因之一。2013年以前绵阳经开区产业集聚和城镇化水平具有共同上升的趋势,但两者差距较大,产城无法相互渗透和融合。2012—2013年,城镇化水平以较之产业集聚水平更快的下降速度,造成互动发展出现不协调的现象,2013年之后产城发展差距才逐渐缩小,发展速度也逐渐趋近。因此,在城市新区发展的任何时期都不能有所偏颇,只有产城统筹规划,共同进步优化改善、相互促进,才能充分体现城市新区的吸引力和竞争力,实现产业、城市升级。

(三)长沙经开区产业集聚与新型城镇化耦合协调发展综合情况分析

如表7-1、图7-1所示,2002—2017年长沙经开区产业集聚与新型城镇化耦合度逐年上升趋于平稳;协调度保持较高增长率快速上升,2017年达到0.96的优质协同水平。结合长沙经开区新型城镇化与产业集聚发展水平、耦合度以及协调度分析可知:

长沙经开区历年来产业集聚发展水平指标数值大于新型城镇化发展指标数值;2016年、2017年新型城镇化发展指标数值出现大幅上升,出现大于产业集聚发展水平指标数值的现象。2002—2017年长沙经开区产业集聚与新型城镇化耦合度高于协调度,同时耦合度与协调度两者均高于新型城镇化与产业集聚的综合水平。由此表明,相对于系统间的协同而言,产业集聚与新型城镇化两个系统的发展水平相对较低,导致协调度与耦合度差距的产生;近五年间,协调度与耦合度的差距不断缩小,逐步达到高度耦合优质协同的状态,而此阶段产业集聚调整水平变化程度较小,说明新型城镇化发展水平对系统协调度以及耦合度的贡献率较大。

从长沙经开区的产城融合发展总体变化趋势可知，城市新区产业集聚与新型城镇化建设的同步推进，是产城协调发展的重要前提，当保持同种趋势发展时能为彼此互动形成良性促进作用。在长沙经开区近年来的发展过程中，新型城镇化建设为产业集聚所需的生产要素、营商环境等提供了良好的基础条件和发展动力。城市产业建设在充分发挥产业集聚优势的同时，应注重产业升级、结构调整以及加强产业关联度。产业集聚不应是主导产业的一枝独秀，而是产业集聚发展带动产业链价值整体提升，在产业集聚的过程中，主导产业带动相关产业、工业制造业带动商业服务业，城市功能才能日趋完善，产业基础才能得到更多保障，从而形成产城互动的良性循环。经过多年发展，长沙经开区的产业布局、城镇规划日益成熟，再次证明城市新区建设产城互动发展的重要性。

第四节　总结分析

城市新区产业集聚与新型城镇化互动发展过程是两个复杂系统相互影响的过程，本部分对"产业集聚—新型城镇化"系统耦合协调进行定量测度，通过耦合协调测度模型设定，结合熵值法，对北部新区、绵阳经开区、长沙经开区2002—2017年产业集聚与新型城镇化互动发展的耦合度、协调度进行测算。针对北部新区、绵阳经开区、长沙经开区产城互动关系、动态演变特征展开研究，为科学研判系统交互耦合的演变态势及影响两者协调性的制约因素奠定基础。研究发现：

1. 北部新区耦合度逐年上升，且近十年处于平稳且高度耦合的状态，城镇化建设、产业结构发展得到了显著促进；绵阳经开区总体耦合度呈现上升并趋于平稳的态势，但产业集聚水平较新型城镇化建设情况仍处于较低状态，协调水平有更大的进步空间；长沙经开区产业集聚与新型城镇化耦合度逐年上升趋于平稳，协调度与耦合度的差距不断缩小，新型城镇化发展水平对系统协调度以及耦合度的贡献率较大。

2. 三大城市新区具有较高耦合度，协同度水平与耦合度相比存在滞后，原因在于产业集聚水平与新型城镇化建设发展的不同步、不协调以及发展存在的一定差距。在城市新区发展过程中，只有产城统筹规划，共同进步优化改善，相互促进，才能充分体现城市新区吸引力和竞争力，实现产业、城市升级，得到产城发展双赢的良好局面。

3. 城市新区产业集聚与新型城镇化建设的同步推进，是产城协调发展的重要前提，当保持同种趋势发展时能为彼此互动产生良性促进作用。新型城镇化建设为产业集聚所需的生产要素、营商环境等因素提供了良好的基础条件和发展动力，产业结构的演化促进各种生产要素向城市新区集聚，就业机会的增加、收入水平的提高、消费需求的扩大加快了新型城镇化建设进程，互促共进发展使两者得到良性循环。

第八章

"双转移"趋势下产业集聚与新型城镇化
互动发展影响因素实证考察

本部分主要探究"双转移"趋势下中西部城市新区产业集聚与新型城镇化互动发展关系的影响因素，首先结合产业集聚与新型城镇化互动关系相关理论提出研究假设，基于理论分析讨论具体因素的作用机制；其次选取经济发展、城乡统筹程度、交通便捷程度等在内的 9 个影响因素，构建动态面板联立方程进行实证分析；最后根据多个模型结果对产业转移与新型城镇化互动发展关系影响因素进行实证结果分析和讨论。

第一节　理论分析及研究假设

为探究城市新区产业集聚与新型城镇化互动发展影响因素，基于影响产业集聚和新型城镇化建设的两个维度构建影响因素变量体系：从产业集聚的角度，构建以基数、人口、投资、政策为主的影响因素，从新型城镇化的角度，构建以经济产业、人口迁移、科教文卫和基建支持为主的影响因素，进一步根据影响因素的特征归纳出两者互动发展的共同因素，并得出影响路径。基于此，对产业集聚与新型城镇化互动发展关系提出以下假设：

一　产业集聚与新型城镇化之间有显著互动关系

产业是城市发展的基础和动力，新型城镇化是产业发展的载体和依托。没有产业的支撑，则会导致城镇"空心化"，城镇居民会因就业机会减少使得收入和生活水平下降；缺失了城镇，产业发展缺少依托的平台，无法实现产业转型升级及集聚发展，将会出现"空转"现象，最终失去竞争优势被市场淘汰。产业集聚与新型城镇化存在较强的动态关联效应；产业发展更替对新型城镇化具有显著的促进作用；产业发展水平越高，对新型城镇化推进的贡献度越大；从长期看，新型城镇化对产业发展具有显著的正向影响。

二 产业集聚与新型城镇化互动发展是以共同影响因素存在为前提

1. 经济发展水平

新型城镇化发展的核心动力是经济发展水平的持续提升，经济产出提供的各种物质产品是产业集聚与新型城镇化互动发展的物质保障，同时也是城镇化与产业自我发展的基础力量。产业发展能够给城镇化发展提供强有力的支撑，也给城镇化的发展提供了基本方向。城镇化是空间系统下的经济转换过程，新型城镇化推进进程与经济发展关系密切。经济发展能够带来经济要素和资源的集聚，有利于促进新型城镇化水平和质量的提高。一个地区的经济发展水平越高，企业对生产设备的专业化程度要求越高，由此使得大量的专业化生产商集聚，提高了分工和专业化水平，并且降低了供应成本。随着对产业链条上各类配套企业集聚能力的加强，产业集聚效应越来越明显。

2. 产业结构

产业结构变迁是以城市新区资源禀赋和积淀为基础的变迁，是促进城市新区发展的原动力之一。新型城镇化的过程统一于产业集聚、产业转换升级以及城乡产业融合发展过程中。产业结构优化升级将导致各生产要素在城乡间重新配置和有序转移。新型城镇化的推进主要表现为非农产业比重持续上升的拉动，进而带来生产性服务、生活性服务持续增加，最终将协调产业对劳动力的吸纳能力，延长产业链，成为新型城镇化推进的根本动力。新型城镇化推进需要产业基础作为支撑，产业结构优化升级有利于推进新型城镇化持续健康发展。产业集聚为城市新区产业结构优化提供了前提，促进了特定区域产业化发展水平的提升。通过集聚生产要素，已建立的企业集聚吸引其他企业，促进产业内集聚和创新演化的自我增强，为产业转型升级提供前提条件。合理的产业结构有利于增强产业集聚效应，促进区域产业聚集效应充分发挥，而产业结构的失衡，会导致产业聚集效应的减弱、产业链完整度降低，产业之间最终难以形成有效的需求和供给机制。

3. 生产要素

产业在区域层面的分布规律既取决于产业集中所形成的集聚效应，也取决于生产要素成本的相对低廉性。

人力资本方面：劳动力成本的合理性在一定程度上能够增强产业的市场竞争力。一般说来，劳动力价格越合理，企业获取人力资源的成本越低，进而有利于提高产业的竞争力水平。劳动力在追求自身高质量化发展的过程中，为适应企业需求而进行技能培训及继续教育，导致人工成本逐渐上升。类似的行为削弱了劳动力的数量优势，增强了劳动力的质量优势，进而更好地投入到高新技术产业、高端制造业等战略性新兴产业。此外，人力资本水平的提高又在一定程度上成为产业集聚过程中的人力资本保障，随着产业集聚水平的提高、产业结构的升级，对高级产业人才的需求度逐渐提高，较高人力资本水平能为产业集聚提供所需的要素支撑。同样，人力资本水平的提高可以为新型城镇化建设提供高素质人才，促进新型城镇化建设与人力资本的良性循环。

运输成本方面：运输成本是影响产业集聚的重要因素。当运输成本的提高并未阻碍贸易的正常进行时，则产业集聚产生的收益就有可能超过贸易产生的成本及其相应损失，集聚行为就会出现。在收益递增的作用下，提高交通的便利程度能够显著提升产业集聚水平。道路作为重要的基础设施，在推动新型城镇化方面的意义重大，城市道路的不断完善能够有效促进城市新区新型城镇化质量和整体水平的提升；交通状况的改善可以降低通勤成本、增加便利性、提高劳动生产率，有助于劳动力、资源、产品的转移和流动，从而加快新型城镇化进程。

金融支持方面：金融作为现代经济的主要工具，通过对基础设施等提供资金支持，同时吸纳社会闲置资金、将资金有效配置到资本边际效率最高的项目，分散社会经济风险，提高金融机构金融服务水平，稳定城市经济社会发展,进而促进新型城镇化水平提升。在新型城镇化推进过程中,金融中介通过融资手段的选择和融资制度的协调,能够促进资金的合理筹集分配,并通过市场化方式有效调节资金供需,由此推动城市新区产业结构的优化调整,进而对产业集聚产生直接影响。

4. 经济开放度

对外开放一方面可以鼓励区域资源投入到具有比较优势的领域,促进经济增长,另一方面对产业结构调整产生影响,通过先进的技术、知识、观念等,对产业结构升级带来一定的正面效应。对外开放程度不仅直接影响新型城镇化建设进程,而且可以通过经济增长与产业结构影响新型城镇化的增长效应。对外开放是经济改革以来最为重要的经济政策,能够促进外商直接投资;对外开放度高的区域,对产业集聚所需资金、技术、劳动力等更有吸引力,企业相对容易接近国际市场,对产业集聚有正向作用。

5. 固定资产投资

固定资产投资对社会经济发展的拉动作用明显,同时也是提高城市新区新型城镇化水平的重要途径。固定资产投资是生产和消费的物质基础,城镇化建设过程中需要基础设施、住宅、厂房、仪器设备等固定资产持续投入。固定资产投资对城镇化建设的影响一方面可以通过乘数作用刺激当地的经济发展,增加居民的收入,另一方面更多的厂房、住房、仪器设备可以为就业提供更多的保障。同时固定资产投资在不同产业投入上的比例调整能引起相应的产业结构发生变化,并改变区域不同行业吸纳劳动力的比例,对产业结构转型升级产生影响,配合各类基础设施的完善,又进一步对产业集聚水平产生影响。

6. 基础设施建设水平

基础设施是联系城乡间生产生活的物质流动的枢纽,反映城镇的现代化水平。基础设施完善是产业集聚与新型城镇化互动发展的动力保障,不仅有利于城市空间的联系互动,同时是产业集聚的重要前提。与此同时,基础设施及公共服务功能的完善能够影响经济要素流动,基础设施建设水平一定程度上决定了城镇的结构布局和综合承载能力。基础设施水平持续提升,有利于促进经济要素合理配置和产业集聚发展目标的实现，对改善城镇发展环境、促进地区经济发展具有重要的影响和作用。

7. 城乡统筹程度

我国城乡二元结构造成城镇和农村之间存在一定的差距，城镇高质量的生活水平、相对完善的公共服务水平对农村剩余劳动力吸引力较大，城镇劳动力边际生产力远大于农村劳动力的边际生产力，一方面为了改善收入和提高生活水平，农业部门劳动力逐步向非农部门转移，一定程度上加快了新型城镇化进程；另一方面，如果城乡居民收入差距过大，农村居民进入城镇生活的门槛较高，一定程度上阻碍部分农村劳动力向城镇转移，将不利于新型城镇化的推进。

第二节　模型建立及变量说明

一　在新型城镇化影响因素研究方面

毛雪艳和王平（2014）通过建立主成分回归模型对影响青海省新型城镇化的各因素进行分析，认为经济发展、产业发展、人口转移、基础设施、科技创新、制度保障等是影响新型城镇化发展的主要原因。李长亮（2015）对新型城镇化建设的影响因素进行分解，认为经济发展水平、社会保障水平、非农产业机构、固定资产投资、外商直接投资对新型城镇化作用显著。薛艳（2017）从经济发展、人口转移、产业结构、基础设施等四大方面分析新常态下江苏省新型城镇化发展的影响因素。韩立达和牟雪淞（2018）从经济发展、产业结构、居民收入结构、就业结构、公共服务配给结构等方面综合考虑，选取 12 个次级指标探讨四川省新型城镇化发展的影响因素。熊湘辉和徐璋勇（2018）采用空间计量模型，从内源动力、外向动力、政府动力、市场动力四个方面设定了包含非农产值比重、进出口额、人均财政支出、非公有劳动比重等在内的 16 个指标测度影响新型城镇化的动力因素。

二　在产业集聚发展影响因素的研究方面

新经济地理学认为，人力资本水平、企业数量、交通运输条件、消费者购买力、产业关联等是影响产业集聚的重要因素。集聚经济理论认为市场需求、政府政策、劳动力成本、交通条件、创新环境等是影响产业集聚的重要因素。王标（2015）通过空间计量模型发现，对我国金融产业集聚始终有显著影响的指标为经济发展水平、工业化水平、政府对金融产业的干预程度和区域创新水平4项指标。对外开放水平在初期对我国金融产业集聚有明显的促进作用，但随着时间的推移其影响效应不再显著。范晓莉等（2017）以规模经济、运输成本、人力资本水平为核心解释变量，以地区经济发展水平、城镇化率、物质资本存量为控制变量，实证研究了战略性新兴产业集聚发展的影响因素。吴传清和邓明亮（2018）分析了环境规制、基础设施、财政收入、人力资本对长江经济带高耗能产业动态集聚水平的影响。徐汉明和周箴（2017）确定了基于扎根理论形成的影响创意产业园区集聚发展的5个环境因素，分别是基建环境、人文环境、区位环境、政策环境、知识环境，通过建立创意产业园区环境影响因素作用的理论假设，理清了主要影响因素对提升创意产业园区环境效度的作用机理。袁娇和张忠俊（2018）选取市场需求、劳动力成本、投资环境、交通条件、配套服务、研发水平、城镇化水平、对外开放程度、财政收入等研究了四川制造业产业集聚影响因素。

三 在研究产业集聚与城市建设互动发展影响方面

王霞等（2014）认为资源因素、产业因素、社会因素和环境因素是影响高新区产业融合度的主要因素。梁学成（2016）基于产城融合视域构建了影响文化产业园区和城市建设发展影响因素的变量体系，通过结构方程模型讨论辅助因素、政府政策、基础设施、资金能源对园区发展与城市建设的互动发展的影响。杨刚强等（2016）在新型城镇化与产业协同发展评价指标体系的基础上，利用产城复合系统协同演化有序度模型发现制约产城融合发展的问题。刘欣英（2016）指出产城融合的影响因素主要包括常用生产要素、经济实力、城市化水平以及发展环境，并在此基础上对其机制原理进行了分析。李文辉（2016）基于产城融合的作用机理，运用分位数回归模型对1990—2014年惠州市产城融合的影响因素进行实证分析，认为就业结构对产城融合的影响由促进变为抑制，而产值结构、公共服务的影响则由抑制变为促进。方雪等（2017）采用改进的 Topsis 法对产城融合度进行评价，并分析其影响因素，认为各影响因素的关联度从高到低分别为：基础设施建设、生态环境建设、居住与生活、城市建设、工业经济发展状况。杨娇敏等（2017）利用 DEMATEL 方法，从产业生产要素、经济实力、发展环境、城市化水平 4 大维度剖析制约我国新城产城融合发展的因素，指出市场效率、制度环境、科技创新是影响新城产城融合发展的核心因素。

在现有成果基础上，为进一步研究"双转移"趋势下两者之间的互动影响关系，考虑到新型城镇化建设与产业集聚过程是一个连续动态的过程，构建动态面板模型，克服变量遗漏和反向因果性等问题。此外，鉴于单方程模型由于揭示单个被解释变量受多个解释变量影响形成的因果关系，适用于只有单一规律现象的研究，而现实的社会经济现象往往错综复杂，规律之间相互依存、彼此影响，形成一个相对独立的系统，单靠一个方程描述不够，需要考虑用一组方程加以说明，即使用联立方程模型。综合考虑实证部分建立在诸多影响互动关系的变量基础上，动态面板联立方程模型能够比较全面反映新型城镇化与产业集聚之间的互动关系，同时考虑到涉及的影响变量。因此，结合研究内容与模型理论基础，设立如下模型：

$$S_1 = c(1) + c(2) \times X_1 + c(3) \times X_2 + c(4) \times X_3 + c(5) \times X_4 +$$
$$c(6) \times X_5 + c(7) \times X_6 + c(8) \times X_7 + c(9) \times X_8 + c(10)$$
$$\times X_9 + c(11) \times \times S_1(-1) + c(12) \times S_2 \qquad (8.1)$$
$$S_2 = c(13) + c(14) \times X_1 + c(15) \times X_2 + c(16) \times X_3 + c(17)$$
$$\times X_4 + c(18) \times X_5 + c(19) \times X_6 + c(20) \times X_7 + c(21) \times X_8$$
$$+ c(22) \times X_9 + c(23) \times S_2(-1) + c(24) \times S_1 \qquad (8.2)$$

其中包含的变量如表 8 - 1 所示：

表 8 – 1   动态联立方程模型变量选择及含义解释

因素	表示	解释
新型城镇化水平	S_{1it}	此处使用前文利用主成分分析法所计算出的新型城镇综合水平
产业集聚水平	S_{2it}	各城市新区所计算出的产业集聚综合水平指数代表其产业集聚水平
经济发展水平	X_1	本书采用各城市新区人均生产总值进行衡量
城乡统筹程度	X_2	本书采用城乡人均收入差进行衡量
金融支持	X_3	采用金融机构存贷余额总量进行衡量
人力资本水平	X_4	此处采用城镇劳动人口年平均工资进行衡量
产业结构	X_5	使用地区规模以上工业企业总产值占全国规模以上工业总产值比重
经济开放度	X_6	采用地区进出口总额进行衡量
政府支持度	X_7	采用政府财政支出额进行衡量
固定资产投资	X_8	采用地区固定投资总额进行衡量
交通便利程度	X_9	采用城市新区人均公路里程进行衡量

联立方程模型常用估计方法包括加权两阶段最小二乘法、三阶段最小二乘法、广义矩法（GMM）等，结合实际采用广义矩法对产业集聚与新型城镇化互动发展关系动态面板联立方程模型进行估计。GMM 的估计原则是假设方程的随机误差项与指定的工具变量不相关，按照加权矩阵给定的评价标准。该估计方法能够使随机误差项与工具变量的相关性降低到最小，对于异方差和自相关情形，GMM 估计量具有稳健性。

第三节 实证结果

本部分使用 Eviews 8.0 对产业集聚与新型城镇化互动发展关系影响因素的动态面板联立方程模型进行分析，模型结果如表 8 – 2 所示：

表 8 – 2　　　　　　　　　　　　动态联立方程 GMM 结果

变量	模型一		模型二		模型三		模型四	
	（1）	（2）	（1）	（2）	（1）	（2）	（1）	（2）
C	-1.0134***	0.7858	-0.1009***	2.05*	-1.265***	0.1999	-0.756***	0.908406***
	(0.000)	(0.1114)	(0.0000)	(0.051)	(0.0000)	(0.6579)	(0.0000)	(0.0426)
X_1	0.0025	-0.1610**	0.0049	-0.2481***	-0.0474**	-0.1226***	0.0792***	-0.149879***
	(0.8774)	(0.0214)	(0.8377)	(0.002)	(0.0489)	(0.0037)	(0.002)	(0.0107)
X_2					-0.2963***			
					(0.0035)			
X_3		-0.000524***		-0.0007***		-0.0004***	0.00027***	-0.000554***
		(0.001)		(0.0022)		(0.0001)	(0.0000)	(0.0000)
X_4		0.1542**	-0.0027	0.1305**	0.0742**	0.09889**		0.019510
		(0.0267)	(0.9140)	(0.0188)	(0.049)	(0.0455)		(0.6378)
X_5	0.000646***	0.00167***	0.00064**	0.00193***	0.0016***	0.0018***	-0.00095***	0.002329***
	(0.0038)	(0.0012)	(0.029)	(0.0000)	(0.0000)	(0.0000)	(0.0042)	(0.0000)
X_6	0.0031***	-0.0043**	0.0028***	-0.0076**	0.00169***	-0.0027**	0.003294***	-0.004421***
	(0.0000)	(0.0399)	(0.0001)	(0.0147)	(0.0000)	(0.0303)	(0.0042)	(0.0002)
X_7	-0.0017**	-0.0023	-0.0017	-0.0007	-0.0013	-0.0034	0.000979	-0.006361**
	(0.045)	(0.4593)	(0.1707)	(0.7988)	(0.5556)	(0.247)	(0.4429)	(0.0324)
X_8	0.001036**	-0.0027**	0.0011**	-0.004**		-0.002169**	0.002024***	-0.003108***
	(0.0206)	(0.0212)	(0.024)	(0.029)		(0.011)	(0.0005)	(0.0002)
X_9	0.001667	-0.0167**		-0.026***		-0.011525**	0.005877*	0.015996**
	(0.259)	(0.026)		(0.0017)		(0.0164)	(0.0524)	(0.0202)
S_1 (-1)	0.152***		0.1800**		0.1847**		-0.063520	
	(0.0068)		(0.0333)		(0.0467)		(0.2818)	
S_2 (-1)		0.2711		0.361**		0.2029		0.212848*
		(0.827)		(0.0156)		(0.1046)		(0.0596)
S_1		1.3316***		2.321**		0.8167**		1.595394***
		(0.0028)		(0.0179)		(0.0184)		(0.0000)
S_2	-0.412***		-0.3956***		-0.88997***		0.288612**	
	(0.0000)		(0.0014)		(0.0000)		(0.0156)	

注：系数下方括号内数值为其标准误；$^*p<0.10$，$^{**}p<0.05$，$^{***}p<0.01$。

1. 经济规模，模型一、二人均 GDP 未通过显著性检验，在模型四中，经济规模与新型城镇化系数 0.079，呈正向相关，即经济的持续发展可促进新型城镇化的进一步发展，但在模型三中出现负系数的情况，可以考虑为新型城镇化的概念相对于传统城镇化率而言，更多地丰富了可持续发展的内容，且对可持续发展的提出与实践时间跨度不长，可能存在新区发展初期以经济发展作为主要目的，忽略了环境保护，造成此现象。

2. 城乡统筹水平在模型三中与新型城镇化水平负相关，系数为 −0.296，城乡统筹水平可以一定程度上反映农村居民的劳动力程度、经济收入来源方式以及保障水平，城乡差距不利于推进城镇化建设，城乡收入差距的扩大会对社会经济发展产生较多负面影响，严重影响全面小康的建设。

3. 金融存贷余额在模型四中与产业集聚程度呈负相关，且通过1%显著性检验，考虑可能是由于新区政府金融政策对部分主导产业的扶持力度不足，同时由于相关金融制度不完善、金融贷款门槛提高，部分产业存在融资难的问题，金融发展没能有效服务实体经济，反而抑制了产业集聚的发展。

4. 选取工资水平代表人力资本水平，在模型一、二、三的产业集聚水平方程中均通过5%的显著性检验，对产业集聚水平具有正向作用，人力资本水平在新区产业集聚过程中发挥人力资本保障作用，新区的产业发展以二、三产业为核心，近年来在高端制造业、现代服务业方面呈现良好的发展态势，而较高水平的人力资本是推动产业集聚的重要支撑要素。同时在模型三新型城镇化方程中，人力资本水平通过5%显著性检验，与城镇化呈正相关，人力资本存量与质量对新型城镇化发展各个阶段起到促进作用，有利于提升城镇化建设水平。

5. 四个模型中，产业结构与产业集聚水平均呈正向相关，通过1%的显著性检验，产业集聚现象在第二产业中尤为突出，在城市新区建设上，第二产业发展越活跃产业集聚效应越明显。在模型四中，产业结构与新型城镇化相关系数为 −0.00095，即工业企业产值每增加一个单位，新型城镇化水平降低 0.00095 个单位，同时产业集聚程度增加 0.00233 个单位，产业结构对产城协调水平产生正向作用。

6. 四个模型经济开放程度与新型城镇化呈正向相关，与产业集聚水平呈负向相关，与预期相异，可能是由于中西部地区对外开放水平较东部地区有一定差距，现阶段发展过程中对外开放水平的提高所带来的经济收益不明显，一方面会使国内部分企业丧失竞争能力，另一方面部分制造业或服务业的发展水平难以满足市场发展要求。

7. 财政支出在新型城镇化方程中未通过显著性检验，在模型四中，政府支持力度与产业集聚程度系数为－0.006361，通过5%显著性检验，呈负相关的原因可能是政府对市场的干预出现一定程度的排挤现象，市场没能充分发挥资源配置的基础性作用，反而不利于产业集聚水平的提高。

8. 全社会固定投资与新型城镇化正向相关，即全社会固定资产投资对新型城镇化建设有促进作用；而与产业集聚水平呈负相关，可能是由于在工业化进程中，产业结构由第二产业向第三产业转变，社会的固定资本投资有了新的要求，但在以工业为主导的城市新区建设方面，社会固定投资的增加主要在工业方面，造成工业资本过度集聚未能产生扩散效应，对产业集聚水平产生负向影响。

9. 模型四中，交通便利程度与新型城镇化水平系数为0.0059，通过10%显著性水平，呈正向相关；与产业集聚水平系数为0.016，通过5%显著性检验，呈正向相关。即城市道路建设、交通的便捷性可以促进新型城镇化建设与提高产业集聚水平，提高生活的便利性与降低企业运输成本。

10. 在新型城镇化水平方程中，滞后一期新型城镇化水平在模型四中未通过显著性检验，在模型一、二、三中，通过5%显著性检验，呈正向效应，即早期城镇化建设为后期的城镇化发展奠定了一定的基础，能够促进新型城镇化水平的持续提升，产业集聚水平也存在这种现象。

11. 在模型四新型城镇化方程中，产业集聚水平对新型城镇化产生正向作用，系数为0.289并通过5%的显著性检验，在产业集聚方程中，城镇化对产业集聚产生促进作用，系数为1.595并通过1%的显著性检验，通过该动态面板联立方程模型分析得到，新型城镇化水平与产业集聚水平存在显著的互为因果关系,且能够在动态演化系统中相互促进发展,新型城镇化建设水平的提高有利于产业集聚,产业集聚有利于进一步推动新型城镇化建设。

第四节 总结分析

本部分采用2002—2017年3个城市新区面板数据,以经济发展水平、城乡统筹度、金融支持度、人力资本水平、产业结构等9个变量作为影响因素,构建动态面板联立方程模型研究中西部城市新区产业集聚与新型城镇化互动发展关系影响因素,实证结果表明:

1. 产业集聚与新型城镇化有显著互动影响关系,城镇化为产业集聚发展提供了空间载体,城镇化是产业集聚发展动力的重要支撑,同时产业集群中大量相关企业组成专业化的社会网络,是发展区域经济的重要基础,是推动新型城镇化进程的重要内生动力,两者构成互相促进、协同发展的复杂大系统。

2. 产业集聚与城镇化互动发展涉及诸多因素之间、因素与整体之间的相互作用,在诸多影响因素中,经济发展水平提升、人力资本水平提高、金融支持力度加大、产业结构升级、交通基础设施完善等能有效地促进产城互动发展,无论是产业集聚还是新型城镇化建设,经济发展水平的高低直接或间接决定了城镇化发展水平和个人发展空间,是产、城、人互动发展的物质基础;以第二、第三产业占比不断优化为特征的产业结构调整为我国城市新区产城互动发展提供了重要保证,也是我国城市新区提升产城互动发展程度的必由之路;基础设施建设、交通与教育等社会服务水平是持续推动新型城镇化建设步伐的重要因素,同时是提高产业集聚水平的要素保障;城乡统筹水平不高对新型城镇化建设有抑制作用,财政支出、对外开放程度等对产业集聚有与预期相反的阻碍作用。

综合实证研究结果,为促进中西部城市新区产城互动发展,提出以下几点思考:

第一,城镇化思路应由"引凤筑巢"向"筑巢引凤"转变。环境、公共交通、服务设施、就业、人文等多方面提升是增加城市竞争力、吸引人力物力向新区聚集的必由之路。在"双转移"的视角下，劳动力转移不仅仅考虑人口的转移，同时更应注重社会福利保障、就业、居住、生活娱乐等生活质量方面的提高。需要进一步提高公共服务水平、完善基础设施、改善营商环境，吸引高层次人才投入到产业、城镇的建设中。

第二，为发挥城市新区产业聚集效应，应增强产业关联度。中西部地区在产业转移的承接过程中要合理地考虑地区产业结构并与之匹配。城市产业建设在充分发挥产业集聚优势、重点发展优势产业的同时，应注重产业升级、结构调整以及加强产业关联度。特别在"大众创业，万众创新"的大背景下，城市新区经济发展应注重鼓励支持微小企业、新型金融企业的发展，增加城市新区产业的多元性，增强企业活力，形成产业良性竞争的氛围。在产业集聚的过程中，主导产业带动相关产业，工业制造业带动商业服务业，城市功能日趋完善，产业基础得到更多保障，从而形成产城互动的良性循环。

第三，完善金融机制体制改革，发挥经济发展、产业结构、交通基础设施等对产城融合互动协调的促进作用。开展金融体制机制改革、促进金融创新、加强金融对实体经济的支持力度。进一步优化金融资源配置，为产业集聚提供更良好的融资环境，支持主导产业持续做大做强，同时促进大中小企业为城市新区产业发展增添活力。将经济发展作为产业集聚和新型城镇化发展的重要基础，注重产业布局的科学性和产业结构的合理性，加大交通基础设施投入力度，增强城市新区经济实力，为城市新区产城建设提供原动力。

第 九 章

"双转移"趋势下产业集聚与新型城镇化 互动发展的动态演化分析

本部分首先围绕城市新区产业集聚与新型城镇化发展的影响因素进行理论分析；其次针对产业集聚与新型城镇化发展构建集聚子系统、经济子系统、人口城镇化子系统和新型城镇化子系统，并对4个子系统进行因果关系分析，理清子系统之间的因果反馈和作用机理；接着建立城市新区产业集聚与新型城镇化互动发展的总体系统模型，并进行模拟仿真；最后对影响产业集聚与新型城镇化互动发展的关键因素进行政策情景分析。

第一节 "双转移"趋势下产业集聚与城镇化 互动发展的系统结构分析

一 系统动力学的基本原理与相关概念

(一) 基本原理

系统动力学由美国麻省理工学院福瑞斯特（Jay W. Forrester）教授于1956年创建，初期系统动力学主要应用于工业企业管理、处理生产与雇员情况的波动等问题，随着不断的发展而延伸到各个研究领域。系统动力学是一门研究信息反馈的学科，基于反馈控制理论，以仿真技术为手段研究复杂系统，通过定性与定量结合的模型模拟，剖析系统之间的相互作用和演变趋势。系统动力学用"变量"表示系统主要构成要素，用"流"表示"变量"之间的物质和信息交换，将"变量"与"流"形成的回路称为"系统反馈"。决策者通过对"流""反馈"进行规律研究，进而调整决策。利用系统动力学建模（System Dynamics Model，简称 SD Model），首先是系统的边界确立，并建立系统因果关系图分析反馈关系；其次系统动力学模型的构建，根据因果关系图选取相应的变量，基于 DYNAMO 语言构建变量方程，生成系统存量流量图，对模型进行有效性检验；最后设置相关参数对模型进行仿真模拟，根据仿真结果进行政策设计与评估。

（二）相关概念

1. 变量

变量在系统动力学中用来表示主要构成要素，一般包括水平变量（Level）、速率变量（Rate）、辅助变量（Auxiliary）、常量（Constant）。其中水平变量也称状态变量，用来描述随着时间的推移，系统中物质、信息等的积累效应；速率变量用来描述随着时间的推移，系统中存量的变化快慢程度，流量直接作用于存量的变化；辅助变量是速率变量与水平变量的过渡，作为中间变量可以起到简化流量表达式的作用；常量也称为外生变量，用来描述系统中变量的系数或参数。

2. 反馈和因果回路图

反馈在模型中用箭头表示，反映系统内输出与输入之间的相互作用关系，分为正反馈和负反馈两种。因果关系是指系统构成要素之间的作用关系，用包含正负号的矢线表示，称为"因果链"，其形成的回路称为"系统反馈"，因果关系图则由系统中主要的反馈回路组合而成。

3. 存量流量图

系统动力学存量流量图是对因果回路图的一种定量表达，根据因果回路图对各变量进行深入分析，明确系统中各个变量的性质后，通过直观方程形式构建变量之间的数学关系表达式，分析系统内各要素之间的逻辑关系，对系统反馈结构进行更加深入和细化的描述。

二 模型假设

本部分的研究目的在于分析城市新区产业集聚与新型城镇化的互动发展的作用机理，由于影响产业集聚与新型城镇化系统形成的因素错综复杂，因此建模前作以下基本假设：

1. 研究基于"双转移"的背景开展产业集聚与新型城镇化互动发展的作用机理分析，因此发达地区"产业转移"是中西部地区城市新区产业集聚形成的重要原因，为了研究便利，假定产业集聚规模主要受到区域外实际投资影响。

2. 由于产业集聚系统与新型城镇化系统之间的信息、物质以及能量的传递和相互影响主要依靠人的经济与社会的相关活动来实现，因此，研究构建人口和经济子系统并将其纳入了产业集聚与新型城镇化互动发展的复合系统之中。

3. 由于系统模型中涉及的有关人口政策、产业政策等变量难以用具体的系列数据进行刻画，因此系统中的相关政策指标用程度来刻画变量的大小。

三　子系统的划分

产业集聚与新型城镇化互动发展是一个复杂的系统性问题，包括经济、产业、人口、社会等相关因素，各因素之间相互影响及制约推动了产业集聚与新型城镇化的协调发展。基于前文的定量分析，本部分运用系统动力学的理论方法，拓展和细化产业集聚与新型城镇化互动发展的相关因素，根据不同影响因素的作用方式，将系统划分为集聚子系统、经济子系统、人口城镇化子系统以及新型城镇化子系统，通过定量分析与定性分析的有机结合，深入探寻产业集聚与新型城镇化协调发展的内在机理。

1. 集聚子系统

产业集聚是城市新区经济发展的重要组成和基本动力，通过产业的集聚吸引大量劳动力，进而带动相关经济活动的集聚，提升区域的经济活跃度，最终促进新型城镇化的发展。产业集聚主要依赖于投资，在"双转移"背景下，国外或沿海地区的产业向中西部地区转移，而区域吸引内外资投资的主要因素在于产业政策的制定以及前期经济社会发展基础等。

2. 经济子系统

经济子系统为产业集聚与城镇化发展提供基础性的支撑作用，经济的全面发展能够促进产业集聚发展，产业集聚发展是经济发展的重要推动力。此外，经济的发展为社会提供更多的产品和服务，进一步推动人口、产业和城镇化的发展，人口和城镇化的发展能够促进经济和产业的转型升级。因此，本部分将着重研究经济子系统投入产出对于产业集聚与城镇化协调发展整个系统的作用与影响。

3. 人口城镇化子系统

人作为经济社会活动的参与主体，在各个方面发挥着重要作用。人口城镇化是反映城镇化的重要指标，城镇人口的数量增长和比例的增加是城镇化发展的重要保障，既能在一定程度上保证人口红利的存在，为产业集聚提供必要的劳动力，又能增加消费，促进经济社会的可持续发展。

4. 新型城镇化子系统

新型城镇化的核心在于实现城乡基础设施一体化和公共服务均等化，促进经济社会发展。新型城镇化是在人口城镇化的基础上，进一步推动生态环境改善、公共服务提升、基础设施健全的城镇化建设。新型城镇化能够营造良好的生产和生活环境，为吸引人口转移与产业投资提供支撑，经济与产业的发展进一步推动新型城镇化的高质量发展。

四 子系统因果关系分析

因果关系反映了系统动力学模型中各变量之间的反馈关系，在城市新区产城互动发展的系统动力学模型边界内，重点围绕产业集聚、经济、人口城镇化与新型城镇化四个关键子系统进行分析，剖析子系统间的作用关系和内在机理。

1. 产业集聚子系统

产业集聚子系统是城市新区"产城融合"发展的核心环节，产业集聚子系统描述的是产业集聚与新型城镇化、人口、经济的互动及影响。产业集聚的形成和发展受到政府产业政策的影响，同时产业集聚离不开产业转移，因此产业投资是形成产业集聚的关键因素。区域外的投资者将产业转移至具有发展潜力的地区，目的在于降低交易成本、提高劳动生产率和增强企业竞争力，最终实现企业利润的提升，因此，区域内吸引投资主要受到新型城镇化程度、企业平均利润因素的影响。产业集聚对城市新区的经济与社会发展具有支撑作用,经济发展带动财政收入与支出的增加,进而推动城市建设、生态治理、社会福利的提高,促进城镇人口数量的增长,全面提升城镇化水平,最终反馈到投资增加、产业规模扩大,形成产业集聚与新型城镇化协同发展的格局。因此,产业集聚子系统主要的反馈回路如图9-1所示:

①集群产值→ + 第二产业产值→ + GDP→ + 财政支出→ + 生态环境→ + 新型城镇化→ + 吸引投资→ + 集群产值

②集群产值→ + 第二产业产值→ + GDP→ + 财政支出→ + 基础设施建设→ + 新型城镇化→ + 吸引投资→ + 集群产值

③集群产值→ + 第二产业产值→ + GDP→ + 财政支出→ + 基本公共服务水平→ + 新型城镇化→ + 吸引投资→ + 集群产值

④集群产值→ + 集群就业→ + 城镇人口→ + 社会消费品零售总额→ + 第三产业产值→ + GDP→ + 财政支出→ + 生态环境→ + 新型城镇化→ + 吸引投资→ + 集群产值

⑤集群产值→ + 集群就业→ + 城镇人口→ + 社会消费品零售总额→ + 第三产业产值→ + GDP→ + 财政支出→ + 基础设施建设→ + 新型城镇化→ + 吸引投资→ + 集群产值

⑥集群产值→ + 集群就业→ + 城镇人口→ + 社会消费品零售总额→ + 第三产业产值→ + GDP→ + 财政支出→ + 基本公共服务水平→ + 新型城镇化→ + 吸引投资→ + 集群产值

2. 经济子系统

经济子系统主要分析城市新区整体经济发展情况以及与产业、人口、城镇化等子系统的相互作用关系。城市经济的发展主要依赖于产业支撑,城市新区的第二产业、第三产业作为支柱产业,产值占比较高,尤其是第二产业在产业转移的背景下容易形成集聚效应,对经济贡献度大。经济发展能够为其他子系统提供物质及资金支持,对固定资产投资、财政支出增长产生促进作用,进而提高产业集聚水平,促进第二产业发展;此外,随着城镇人口的增长和城镇居民收入水平的提高,社会消费不断扩大,促进了第三产业的增长,最终形成GDP增长的正反馈。基于上述

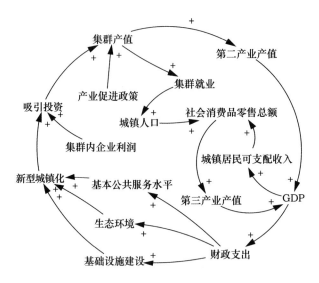

图 9 - 1   产业集聚子系统因果反馈

分析，经济子系统中主要因果反馈关系如图 9 - 2 所示：

①GDP→ + 固定资产投资→ + 第三产业投资额→ + 第三产业产值→ + GDP

②GDP→ + 固定资产投资→ + 第二产业投资额→ + 第二产业产值→ + GDP

③GDP→ + 居民可支配收入→ + 社会消费品零售总额→ + 第三产业产值→ + GDP

④GDP→ + 财政支出→ + 生态环境→ + 新型城镇化水平→ + 吸引投资→ + 集群产值→ + 第二产业产值→ + GDP

⑤GDP→ + 财政支出→ + 生态环境→ + 新型城镇化水平→ + 城镇人口→ + 社会消费品零售总额→ + 第三产业产值→ + GDP

⑥GDP→ + 财政支出→ + 基本公共服务→ + 新型城镇化水平→ + 吸引投资→ + 集群产值→ + 第二产业产值→ + GDP

⑦GDP→ + 财政支出→ + 基础设施建设→ + 新型城镇化水平→ + 城镇人口→ + 社会消费品零售总额→ + 第三产业产值→ + GDP

⑧GDP→ + 财政支出→ + 基础设施建设→ + 新型城镇化水平→ + 吸引投资→ + 集群产值→ + 第二产业产值→ + GDP

⑨GDP→ + 财政支出→ + 基本公共服务→ + 新型城镇化水平→ + 城镇人口→ + 社会消费品零售总额→ + 第三产业产值→ + GDP

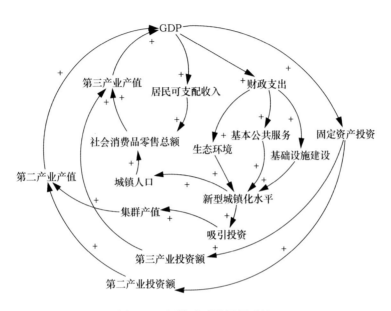

图 9 - 2　经济子系统因果反馈

3. 人口城镇化子系统

人口城镇化子系统主要分析城镇人口相对于整体人口的变动情况以及对产业集聚、新型城镇化的影响，主要考虑城镇人口、常住人口等关键因素，其中：城市新区常住人口的增长依赖于该城市新区人口的自然增长率。城镇人口主要受城镇人口自然增长、农业人口向非农业人口转化以及外来人口转移的影响，其中外来人口的转移主要受人才引进、户籍制度等政策，绿化、污染等生态环境，道路、水电气等基础设施建设情况，医疗、教育等基本公共服务，劳动就业机会等因素影响。在城市新区产业集聚与新型城镇化互动发展的总系统中，人口城镇化的变化将影响经济发展、产业集聚、新型城镇化子系统，并最终反馈到人口城镇化子系统中，形成不断向前演进、相互影响的因果循环关系。基于以上分析，人口城镇化子系统主要的反馈回路如图 9 - 3 所示：

①人口城镇化水平→ + 集群产值→ + 集群就业→ + 城镇人口→ + 人

口城镇化水平

②人口城镇化水平→＋集群产值→＋第二产业产值→＋GDP→＋人口政策→＋城镇人口→＋人口城镇化水平

③人口城镇化水平→＋社会消费品零售总额→＋第三产业产值→＋GDP→＋人口政策→＋城镇人口→＋人口城镇化水平

④人口城镇化水平→＋集群产值→＋第二产业产值→＋GDP→＋财政支出→＋新型城镇化水平→＋城镇人口→＋人口城镇化水平

⑤人口城镇化水平→＋社会消费品零售总额→＋第三产业产值→＋GDP→＋财政支出→＋新型城镇化水平→＋集群产值→＋集群就业→＋城镇人口→＋人口城镇化水平

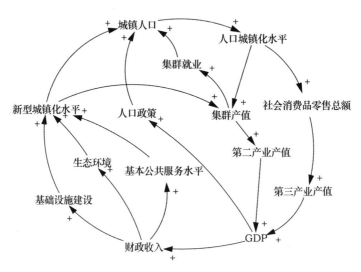

图9－3　人口城镇化子系统因果反馈

4. 新型城镇化子系统

新型城镇化子系统主要分析城市新区在基础设施建设、生态文明、社会服务等方面的城镇化水平，是与产业、经济、人口协调发展、互促共进的城镇化。基于前文的研究，新型城镇化包括基础设施建设城镇化水平、生态环境城镇化水平、公共服务城镇化水平，主要受经济发展GDP与财政支出的影响。新型城镇化水平的提升能够打造宜居的生活环境，促进城镇人口增长和外来人口迁移；新型城镇化水平越高，对产业投资资金越具有吸引力,因此,新型城镇化水平是促进"产业转移"和"劳动力转移"的重要因素。随着城镇人口的增长和产业集聚规模的扩大,推动第二产业、第三产业发展,经济发展水平不断提高,进而使新型城镇化水平得到进一步提升,形成正反馈回路。基于以上分析,新型城镇化子系统主要的反馈回路如图9-4所示:

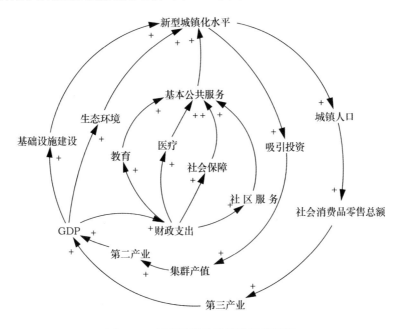

图9-4 新型城镇化子系统因果反馈

①新型城镇化水平→+城镇人口→+社会消费品零售总额→+第三产业→+GDP→+生态环境→+新型城镇化水平

②新型城镇化水平→+城镇人口→+社会消费品零售总额→+第三产业→+GDP→+基础设施建设→+新型城镇化水平

③新型城镇化水平→+吸引投资→+集群产值→+第二产业→+GDP→+生态环境→+新型城镇化水平

④新型城镇化水平→+吸引投资→+集群产值→+第二产业→+GDP→+基础设施建设→+新型城镇化水平

⑤新型城镇化水平→+吸引投资→+集群产值→+第二产业→+GDP→+财政支出→+医疗(教育、社会保障、社区服务)→+基本公

共服务→＋新型城镇化水平

⑥新型城镇化水平→＋城镇人口→＋社会消费品零售总额→＋第三产业→＋GDP→＋财政支出→＋医疗（教育、社会保障、社区服务）→＋基本公共服务→＋新型城镇化水平

第二节 "双转移"趋势下产业集聚与新型城镇化互动发展的模型构建

一 数据变量与参数设置

基于前文产业集聚与新型城镇化系统的基本假设和因果反馈关系的定性分析，借助系统动力学建模专用工具软件 Vensim PLE，建立产城互动发展系统动力学模型，进一步研究"双转移"趋势下城市新区产业集聚与新型城镇化互动发展系统各要素之间相互作用关系。

1. 数据来源

考虑到城市新区产城系统的行政区域完整性和时空一致性，选取重庆两江新区作为地域边界进行模拟。两江新区是重庆市下辖的、我国内陆第一个国家级开发开放新区，是内陆地区对外开放的重要门户，对于中西部城市新区产城互动发展的研究具有示范性的作用和意义。模型设计仿真步长为 1 年，仿真年份为 2010—2030 年，数据来源于《重庆两江新区 2016 年发展报告》、2011—2017 年的《重庆市统计年鉴》以及重庆市发改委、经信委、统计局等各个部门官方网站，为模型方程式的建立和参数的设定提供初始数据支撑。

2. 主要变量

基于因果反馈图和各个子系统的作用机制，在保证实现建模目的和参考大量相关文献的基础上，构建产业集聚与新型城镇化互动发展系统动力学模型。考虑到因果关系的完整易懂、指标数据的可获得、模型的可操作，对系统要素进行精简，选取 GDP、城镇人口、常住人口、生态环境与基础设施城镇化水平、基本公共服务城镇化水平、第二产业增加值、第三产业增加值作为产业集聚与新型城镇化互动发展系统的水平变量，其对应的速率变量及辅助变量集见表 9 – 1。

表 9-1 产业集聚—新型城镇化互动发展 SD 模型的状态、速率、辅助变量

编号	变量名	备注	编号	变量名	备注
1	GDP	水平变量	36	医疗支出	辅助变量
2	城镇人口	水平变量	37	医疗水平	辅助变量
3	常住人口	水平变量	38	固定资产投资	辅助变量
4	生态环境与基础设施城镇化水平	水平变量	39	城市社区事务支出	辅助变量
5	基本公共服务城镇化水平	水平变量	40	城市社区事务支出比例	辅助变量
6	实际利用内外资	水平变量	41	城市社区服务水平	辅助变量
7	第二产业增加值	水平变量	42	城镇人口自然增长率	辅助变量
8	第三产业增加值	水平变量	43	城镇居民可支配收入	辅助变量
9	集群内规模以上工业企业产值	水平变量	44	基本公共服务水平提升率	辅助变量
10	GDP 年增长量	速率变量	45	实收资本增长率	辅助变量
11	人口增长量	速率变量	46	建成区公共绿地覆盖率	辅助变量
12	城镇人口增长量	速率变量	47	建成区道路覆盖率	辅助变量
13	基本公共服务水平增加值	速率变量	48	教育支出	辅助变量
14	实际利用内外资年增长量	速率变量	49	教育支出比例	辅助变量
15	生态环境与基础设施城镇化水平增加值	速率变量	50	教育水平	辅助变量
16	第二产业产值年增长量	速率变量	51	新型城镇化人口影响因子	辅助变量
17	第三产业产值年增长量	速率变量	52	新型城镇化吸引内外资影响因子	辅助变量
18	集群内规模以上工业企业产值年增加量	速率变量	53	生态环境与基础设施服务水平提升率	辅助变量
19	新型城镇化水平	辅助变量	54	燃气普及率	辅助变量
20	GDP 增长率	辅助变量	55	用水普及率	辅助变量
21	一般预算支出	辅助变量	56	社会保障和就业支出	辅助变量
22	二产投资比例	辅助变量	57	社会保障和就业支出比例	辅助变量
23	二产投资额	辅助变量	58	社会保障水平	辅助变量
24	三产投资比例	辅助变量	59	社会消费三产影响因子	辅助变量
25	三产投资额	辅助变量	60	社会消费品零售总额	辅助变量
26	产业政策促进因子	辅助变量	61	第二产业产值年增长率	辅助变量
27	人口城镇化水平	辅助变量	62	第三产业产值年增长率	辅助变量
28	人口政策促进因子	辅助变量	63	金融支持度	辅助变量
29	人口自然增长率	辅助变量	64	集群二产影响因子	辅助变量
30	人均医疗支出	辅助变量	65	集群产值增长率	辅助变量
31	人均城市社区事务支出	辅助变量	66	集群内规模以上企业个数	辅助变量
32	人均教育支出	辅助变量	67	集群内规模以上工业企业利润额	辅助变量
33	人均社会保障和就业支出	辅助变量	68	集群内规模以上工业企业平均利润额	辅助变量
34	从业人员城镇人口影响因子	辅助变量	69	非农产业占比	辅助变量
35	从业人员数	辅助变量	70	非农产业增加值	辅助变量

3. 参数设置

模型参数是变量之间依存关系的体现，研究中涉及的参数主要包括初始值、常数、回归系数和系统动力学函数四类，参数值的估计方法主要有以下几种：

①对于部分水平变量的初始值，通过直接查阅统计数据及相关资料获得，如 GDP、城镇人口、常住人口、生态环境与基础设施城镇化水平、基本公共服务城镇化水平、实际利用内外资、第二产业增加值、第三产业增加值、集群内规模以上工业企业产值。生态环境与基础设施城镇化水平、基本公共服务城镇化水平则根据初始值按照方程式计算所得。

②对于上下波动幅度不大且数据稳定性强的参数采用历史数据平均值来确定，如人口自然增长率、城镇人口增长率、二产投资比例、三产投资比例、社会保障和就业支出比例等。

③对于数据量充足且变量之间存在明显相关性，并且能够保持一定趋势则采用统计回归的方法，运用 stata 计量软件对变量进行回归分析以确定参数值。如一般预算支出与 GDP、固定资产投资与 GDP、从业人员数与群内规模以上企业个数、社会消费品零售总额与人口城镇化水平。

④对于与其他变量之间明显相关关系、难以通过简单的回归或数学运算来描述的变量，通过 VENSIM 软件自带的函数来实现参数设定，如社会消费三产影响因子表函数、新型城镇化吸引内外资影响因子表函数、集群二产影响因子表函数、新型城镇化人口影响因子表函数等。

二　系统存量流量图与变量方程

根据前述各子系统的因果回路图以及对应变量的选取，构建相应的存量流量图，根据系统存量流量图，建立模型的状态方程、速率方程、辅助方程，主要方程如下所示：

1. 产业集聚子系统

产业集聚子系统存量流量见图 9 - 5，涉及的主要变量及其之间的关系如下：

（1）集群内规模以上工业企业产值 = INTEG（集群内规模以上工业企业产值年增加量，1902.1），Units：亿元

（2）实际利用内外资 = INTEG（实际利用内外资年增长量，632.45），Units：亿元

（3）集群内规模以上工业企业产值年增加量 =（3.55 × 实际利用内外资 − 863.34）× 集群产值增长率 × 产业政策促进因子，Units：亿元

（4）集群内规模以上工业企业利润额 = 70.12 × Time − 140877，Units：亿元

（5）实际利用内外资年增长量 =（961.12 × 集群内规模以上工业企业平均利润额 + 713.11）× 实收资本增长率 × 新型城镇化吸引内外资影响因子 × 金融支持度，Units：亿元

（6）集群内规模以上企业个数 = 30.4 × Time − 60697.1，Units：个

（7）产业政策促进因子 = 1.0，Units：Dmnl

（8）金融支持度 = 1.0，Units：Dmnl

（9）集群产值增长率 = WITH LOOKUP（Time），Units：Dmnl

（10）实收资本增长率 = WITH LOOKUP（Time），Units：Dmnl

（11）新型城镇化吸引内外资影响因子 = WITH LOOKUP（新型城镇化水平），Units：Dmnl

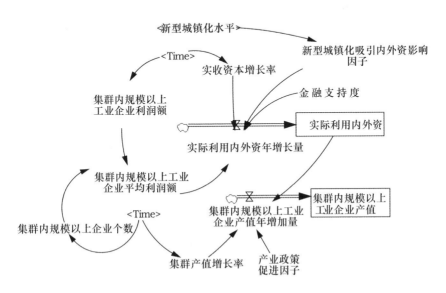

图 9 − 5 产业集聚子系统存量流量

（12）集群内规模以上工业企业平均利润额 = 集群内规模以上工业企业利润额/集群内规模以上企业个数，Units：亿元/个

2. 经济子系统

经济子系统存量流量见图 9 − 6，涉及的主要变量及其之间的关系如下：

（1）GDP = INTEG（GDP 年增长量，1001.81），Units：亿元

（2）第二产业增加值 = INTEG（第二产业产值年增长量，529.10），Units：亿元

（3）第三产业增加值 = INTEG（第三产业产值年增长量，455.91），Units：亿元

（4）非农产业占比 = WITH LOOKUP（Time），Units：Dmnl

（5）GDP 增长率 = WITH LOOKUP（Time），Units：Dmnl

（6）GDP 年增长量 = 非农产业增加值/非农产业占比 × GDP 增长率，Units：亿元

（7）城镇居民可支配收入 = 0.001257 × GDP + 0.64，Units：万元

（8）社会消费品零售总额 = 156.88 × 人口城镇化水平 + 421.35 × 城镇居民可支配收入 − 500.37，Units：亿元

（9）非农产业增加值 = 第二产业增加值 + 第三产业增加值，Units：亿元/年

（10）第二产业产值年增长量 = （1.75 × 二产投资额 + 202.71）× 第二产业产值年增长率 × 集群二产影响因子，Units：亿元

（11）第三产业产值年增长量 = （0.58 × 三产投资额 + 138.92）× 第三产业产值年增长率 × 社会消费三产影响因子，Units：亿元

（12）第二产业产值年增长率 = WITH LOOKUP（Time），Units：Dmnl

（13）第三产业产值年增长率 = WITH LOOKUP（Time），Units：Dmnl

（14）集群二产影响因子 = WITH LOOKUP（集群内规模以上工业企业产值），Units：Dmnl

（15）社会消费三产影响因子 = WITH LOOKUP（社会消费品零售总额），Units：Dmnl

（16）固定资产投资 = 1.05 × GDP − 278.26，Units：亿元

（17）二产投资额 = 固定资产投资 × 二产投资比例，Units：亿元

（18）三产投资额 = 固定资产投资 × 三产投资比例，Units：亿元

（19）二产投资比例 = 0. 27，Units：Dmnl

（20）三产投资比例 = 0. 72，Units：Dmnl

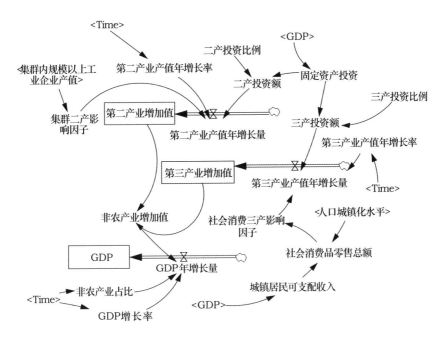

图 9 - 6　经济子系统存量流量

3. 人口城镇化子系统

人口城镇化子系统存量流量见图 9 - 7，涉及的主要变量及其之间的关系如下：

（1）人口城镇化水平 = 城镇人口/常住人口，Units：Dmnl

（2）常住人口 = INTEG（人口增长量，205.07），Units：万人

（3）城镇人口 = INTEG（城镇人口增长量，171），Units：万人

（4）人口增长量 = 常住人口 × 人口自然增长率，Units：万人

（5）城镇人口增长量 = 城镇人口 × 城镇人口自然增长率 × 新型城镇化人口影响因子 × 人口政策促进因子 × 从业人员城镇人口影响因子，Units：万人

（6）人口自然增长率 = 0.034，Units：Dmnl

（7）城镇人口自然增长率 = WITHLOOKUP（Time），Units：Dmnl

（8）从业人员城镇人口影响因子 = WITHLOOKUP（从业人员数），Units：Dmnl

（9）新型城镇化人口影响因子 = WITHLOOKUP（新型城镇化水平），Units：Dmnl

（10）从业人员数 = 0.035 × 集群内规模以上企业个数 + 6.61，Units：万人

（11）人口政策促进因子 = 1.0，Units：Dmnl

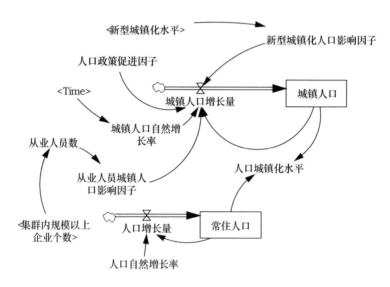

图 9 - 7　人口城镇化子系统存量流量

4. 新型城镇化子系统

新型城镇化子系统存量流量见图 9 - 8，涉及的主要变量及其之间的关系如下：

（1）生态环境与基础设施城镇化水平 = INTEG（生态环境与基础设施城镇化水平增加值，1），Units：Dmnl

（2）基本公共服务城镇化水平 = INTEG（基本公共服务水平增加值，1），Units：Dmnl

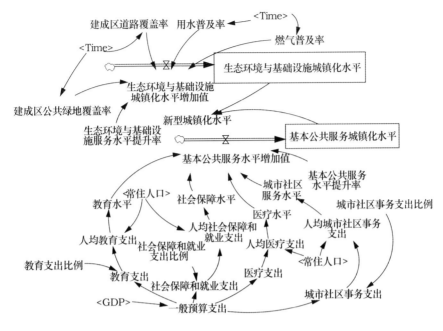

图9-8 新型城镇化子系统存量流量

（3）生态环境与基础设施城镇化水平增加值＝生态环境与基础设施服务水平提升率×（用水普及率×0.2＋燃气普及率×0.2＋建成区公共绿地覆盖率×0.4＋建成区道路覆盖率×0.4），Units：Dmnl

（4）基本公共服务水平增加值＝（0.1×城市社区服务水平＋0.2×教育水平＋0.3×社会保障水平＋0.4×医疗水平）×基本公共服务水平提升率 Units：Dmnl

（5）新型城镇化水平＝0.45×基本公共服务城镇化水平＋0.55×生态环境与基础设施城镇化水平 Units：Dmnl

（6）生态环境与基础设施服务水平提升率＝0.05，Units：Dmnl

（7）基本公共服务水平提升率＝0.05，Units：Dmnl

（8）建成区公共绿地覆盖率＝0.0147×Time－29.17，Units：Dmnl

（9）建成区道路覆盖率＝0.00227×Time－4.46，Units：Dmnl

（10）用水普及率＝WITHLOOKUP（Time），Units：Dmnl

（11）燃气普及率＝WITHLOOKUP（Time），Units：Dmnl

（12）教育水平＝WITHLOOKUP（人均教育支出），Units：Dmnl

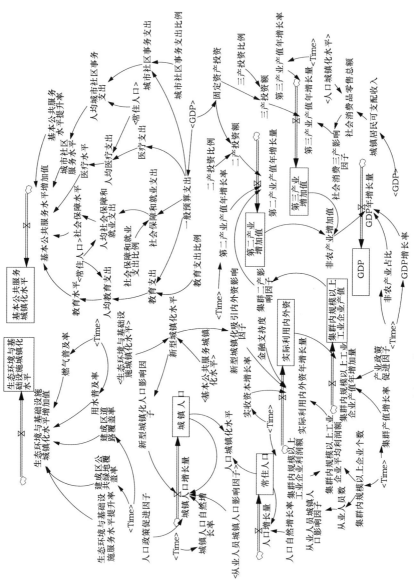

图9—9 产业集聚区—新型城镇化系统存量流量

（13）社会保障水平 = WITHLOOKUP（人均社会保障和就业支出），Units：Dmnl

（14）医疗水平 = WITHLOOKUP（人均医疗支出），Units：Dmnl

（15）城市社区服务水平 = WITHLOOKUP（人均城市社区事务支出），Units：Dmnl

（16）人均教育支出 = 教育支出×10000/常住人口，Units：元/人

（17）人均社会保障和就业支出 = 社会保障和就业支出×10000/常住人口，Units：元/人

（18）人均医疗支出 = 医疗支出×10000/常住人口，Units：元/人

（19）人均城市社区事务支出 = 城市社区事务支出×10000/常住人口，Units：元/人

（20）城市社区事务支出比例 = 0.38，Units：Dmnl

（21）社会保障和就业支出比例 = 0.059，Units：Dmnl

（22）教育支出比例 = 0.10，Units：Dmnl

（23）教育支出 = 一般预算支出×教育支出比例，Units：亿元

（24）社会保障和就业支出 = 一般预算支出×社会保障和就业支出比例，Units：亿元

（25）医疗支出 = 0.061×一般预算支出 − 7.11，Units：亿元

（26）城市社区事务支出 = 一般预算支出×城市社区事务支出比例，Units：亿元

（27）一般预算支出 = 0.265×GDP − 96.10，Units：亿元

三 模型有效性检验

为了检验模型的有效性、信度、正确性和可行性，通过模型边界测试、量纲一致性检验、模型结构测试、历史性检验等对构建的模型进行有效性检验。模型边界测试主要检查重要变量是否存在遗漏和对不显著的变量进行剔除，并确定系统形成闭合回路，保证模型边界的合理性。量纲一致性检验是保证变量方程左右两边的量纲具有一致性。模型结构测试是检验模型变量间关系的合理性，是否反映产业集聚与新型城镇化互动发展的现实情况。历史性检验选取 2010—2016 年数据进行拟合，模

型所得数据与"产业集聚—新型城镇化"系统的实际数据的拟合误差均保持在 10% 可控范围内，如表 9 - 2 所示，模型具有较好的行为复制能力。经过验证，模型通过 Vensim 软件相关测试，说明模型界限、变量设置、流图结构和方程设置均具有较高的合理性，能够科学反映出两江新区产业集聚与新型城镇化互动发展的真实情况，可以进一步利用该模型进行预测分析与政策模拟。

表 9 - 2　　　　　　　　　模型的历史检验表

变量／时间	GDP			城镇人口			常住人口		
	模拟值	实际值	误差	模拟值	实际值	误差	模拟值	实际值	误差
2010	1001.81	1001.81	0.0%	171.00	171	0.0%	205.07	205.07	0.0%
2011	1240.38	1240.38	0.0%	177.82	178.1	-0.2%	212.04	213.7	-0.8%
2012	1473.31	1476.22	-0.2%	187.84	188.52	-0.4%	219.25	224.6	-2.4%
2013	1660.04	1666.97	-0.4%	192.17	193.01	-0.4%	226.71	229.66	-1.3%
2014	1843.81	1855.63	-0.6%	212.54	214.06	-0.7%	234.41	235.2	-0.3%
2015	2011.93	2028.92	-0.8%	221.26	223.06	-0.8%	242.38	242.57	-0.1%
2016	2236.74	2260.94	-1.1%	230.26	232.32	-0.9%	250.63	249.86	0.3%

变量／时间	社会消费品零售总额			实际利用内外资			集群内规模以上企业产值		
	模拟值	实际值	误差	模拟值	实际值	误差	模拟值	实际值	误差
2010	431.89	441.1	-2.1%	632.45	632.45	0.0%	1902.1	1902.1	0.0%
2011	558.93	560.2	-0.2%	1062.55	1088.08	-2.3%	2087.43	2156.77	-3.2%
2012	685.10	689.61	-0.7%	1139.67	1207.42	-5.6%	2752.36	2649.13	3.9%
2013	782.54	766.85	2.0%	1141.21	1209.77	-5.7%	3479.84	3492.18	-0.4%
2014	889.09	874.2	1.7%	1189.84	1276.49	-6.8%	4107.56	4178.88	-1.7%
2015	979.06	996.59	-1.8%	1341.21	1478.15	-9.3%	4422.5	4569.99	-3.2%
2016	1099.00	1129.14	-2.7%	1368.13	1516.88	-9.8%	4697.38	4891.84	-4.0%

第三节 "双转移"趋势下产业集聚与新型城镇化互动发展的动态仿真分析

模型仿真是系统动力学模型应用的重要步骤，目的在于通过模拟政策措施为相关决策提供支持。本部分将对重庆两江新区产业集聚与新型城镇化互动发展情况进行预测分析和情景模拟，基于基准情景和政策情景的设置进行因素调控，对比分析不同情景下两江新区产业集聚与新型城镇化互动发展的差异，探寻"产城融合"发展的最优路径和政策组合。

一 模型预测效果分析

本部分就产业集聚、经济、人口城镇化以及新型城镇化 4 个子系统的主要变量进行模拟仿真，分析主要变量指标的未来发展变化情况，以期进一步了解两江新区产业集聚与新型城镇化互动发展的演变趋势。

1. 产业集聚子系统

反映产业集聚子系统的主要变量指标包括集群内规模以上工业企业产值与实际利用外资情况。如图 9 - 10 所示：集群内规模以上工业企业产值整体呈稳步上升趋势，到 2030 年达到 11700 亿元，从增速上看，早期增速较快，中期有所放缓，到后期增速略有增加趋势；实际利用内外资整体呈上升趋势，到 2030 年达到 3600 亿元左右，早期增速较快，后期基本保持稳定增长。产业集聚规模的增加主要依赖于投资，而由于产业集聚的形成是一个长期积累的过程，需要时间进行各方面的资源整合，因此早、中期产业集聚规模增速相对缓慢，投资的效果未能全部显现；但随着投资的不断增长，相关产业的配套逐步完善，产业集聚逐步形成，产业集聚规模开始加速增长。

2. 经济子系统

反映经济子系统的主要变量指标包括 GDP、第二产业增加值、第三产业增加值。如图 9 - 11 所示：GDP 呈上涨趋势，预计由 2010 年的 1001.81 亿元增长至 2030 年的 6662.73 亿元，早期增速呈加速上涨，中、后期增速稳定，呈线性增长。第二产业增加值与第三产业增加值增

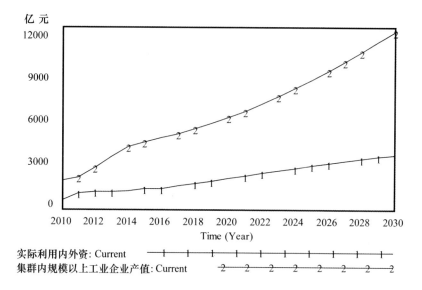

图9-10　产业集聚子系统主要变量变化趋势

长趋势基本一致，两者占总产值的比例保持增长，预计到2030年，两江新区第二产业增加值达到3471.17亿元，第三产业增加值达到3052.81亿元。

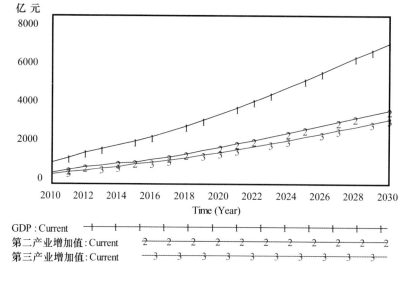

图9-11　经济子系统主要变量变化趋势

3. 人口城镇化子系统

反映人口城镇化子系统的主要变量指标是包括人口城镇化水平、城镇人口、常住人口。如图9-12所示：两江新区人口城镇化率不断增加，2010年城镇化率为83.4%，预计2030年将增长到98.0%，早期增速呈加速增长态势，中期增速整体稳定，呈线性增长，到后期增速明显放缓，同时人口城镇化率趋近于100%。城镇人口数量呈上升趋势，城镇人口增长来源于农业人口转入、外来人口迁移以及城镇人口的自然增长，增速上早期加速增长，这一阶段主要处于两江新区设立早期，伴随着大量的农业人口转入和外来人口迁移，后期增速基本保持稳定，此时主要依赖于城镇人口的自然增长。城市新区常住人口同城镇人口一样呈上升趋势，增速上早期呈加速增长，但略低于城镇人口增速，到后期城镇化率接近100%，增速保持稳定，呈线性增长。

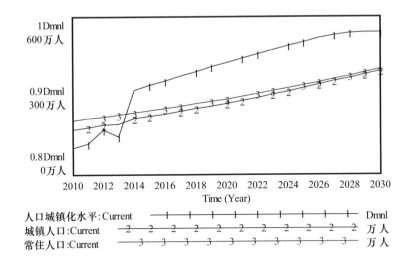

图9-12 人口城镇化子系统主要变量变化趋势

4. 新型城镇化子系统

反映新型城镇化子系统的主要变量指标是新型城镇化水平，由基本公共服务城镇化水平，生态环境与基础设施城镇化水平构成。如图9-13所示，新型城镇化水平呈上升趋势，由2010年的初始值1增长到2030年的1.63，从增速上看早期呈加速上升趋势，到中、后期增速保持稳定，趋于线性增长，这是由于新型城镇化早期发展基础薄弱，因此前期的新型城镇化建设与投入的效果较为显著，整体增速较快，到后期新型城镇化发展水平达到一定程度，难以维持加速上涨的趋势，因此增速保持稳定。可以预见，未来当新型城镇化发展水平达到较高水平时，增速将会回落最终趋向于零。生态环境与基础设施城镇化水平以及基本公共服务城镇化水平的增长趋势基本一致，增速由加速增长向线性增长转换。

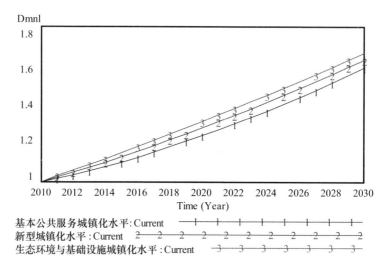

图9-13　新型城镇化子系统主要变量变化趋势

二　政策情景模拟

本节旨在讨论产业集聚与新型城镇化协调发展的政策路径，目的在于提升产业集聚与新型城镇化的发展水平，促进产城融合、协调发展。基于模型中主要变量发展趋势的预测进行政策模拟，探析不同政策情境下模型所代表的真实系统的变化情况，从而制定科学的决策。因此，结合相关公共决策理论进行政策情景设定，具体包括基准情景和政策情景，其中基准情景即在整个系统中各参数不变，按照现有发展趋势进行模拟，政策情景分为三种：产业集聚发展型、城镇化发展型和协调发展型。

1. 基准情景——自然发展型

基准情景下的发展类型称为自然发展型，保持当前产业集聚与新型城镇化协调发展系统的各参数不变，在现行产业集聚与新型城镇化发展策略下，对系统进行模拟仿真，分析主要变量的变化趋势和互动关系，此发展类型对应方案1。

2. 政策情景Ⅰ——产业集聚发展型

产业集聚发展型侧重于优先推动产业发展，加强产业发展方面的政策和制度安排，形成产业集聚。具体的政策层面包括增加财政补贴、降低税收、提高金融支持等系列措施。产业集聚发展型对应方案2。

3. 政策情景Ⅱ——城镇化发展型

城镇化发展型侧重于优先推动城镇化发展，具体包括促进人口的城镇化以及新型城镇化。推动人口的城镇化发展，采取制定人才引进政策、提高城镇人口自然增长率、完善户籍制度等系列措施。推动新型城镇化发展可以采取增加生态环境水平、基础设施服务水平以及基本公共服务水平的提升率，加速城镇化水平的提高。基于此，城镇化发展型对应方案3。

4. 政策情景Ⅲ——产城协调发展型

产城协调发展型是兼顾产业集聚与新型城镇化的发展策略，通过系列政策调控，构建产业集聚与新型城镇化协调发展机制，是综合产业、经济、人口、新型城镇化的全面、协同发展方式。产城协调发展型对应方案4。

综合以上情景类型，其模拟方案的相关变量参数如表9-3所示：

表9-3　　　　　　　　　　　仿真模拟方案表

方案	产业政策促进因子	金融支持度	二产投资比例	生态环境与基础设施服务水平提升率	基本公共服务水平提升率	人口政策促进因子
1	±0.00	±0.00	±0.00	±0.00	±0.00	±0.00
2	+0.03	+0.03	+0.03	−0.002	−0.002	−0.005
3	−0.005	−0.005	−0.005	+0.02	+0.02	+0.02
4	+0.02	+0.02	+0.02	+0.015	+0.015	+0.015

三 政策模拟结果分析

1. 产业集聚子系统

在不同政策情景模拟下，集群内规模以上工业企业产值的发展趋势如图9-14所示：从整体来看，各个方案的集群内规模以上工业企业产值呈持续上升态势，但增速存在一定差异。其中，方案2—产业集聚发展型，通过财政、税收、金融等系列产业政策的优化，吸引资金投入和产业转移，形成的产业集聚效果明显，产业集聚规模增长速度最快。其次是方案4—协调发展型，略低于方案2，比较来看两者差异不大，到2030年集群内规模以上工业企业产值均突破12000亿元，但都明显高于方案1—自然发展型和方案3—城镇化发展型；方案3的产业集聚效果低于方案1，原因在于"产城融合"不佳，过多的政策以及资源投入城镇化建设中，未能兼顾产业发展和集聚，如此的城镇化缺乏产业和经济的支撑，难以达到可持续发展。

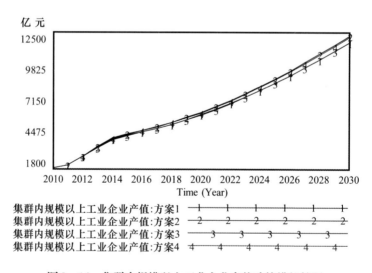

图9-14 集群内规模以上工业企业产值政策模拟情况

2. 经济子系统

在不同政策情景模拟下，两江新区整体经济发展情况如图9-15所示：整体上，两江新区 GDP 呈稳步上升趋势，总体经济发展规模从大到小依次是方案 2、方案 4、方案 1、方案 3，且方案 2 和方案 4 明显高于方案 1 和方案 3，到 2030 年，GDP 规模依次达到 6827.65 亿元、6780.19 亿元、6662.73 亿元以及 6604.79 亿元。从模拟结果来看，虽然 GDP 受产业集聚以及城镇化的共同影响，但产业集聚规模的影响更为直接，因此，产业作为优先发展的方案 2 以及兼顾产业和城镇化发展的方案 4，对经济增长的促进作用更大。

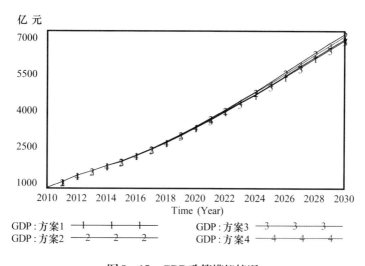

图 9-15 GDP 政策模拟情况

3. 人口城镇化子系统

在不同政策情景模拟下，两江新区人口城镇化水平发展情况如图 9-16 所示：整体看，两江新区人口城镇化率呈上升趋势，其中方案 3 的人口城镇化率增速最快。预计到 2030 年，人口城镇化率达到 0.999678，基本实现人口 100% 城镇化。其次是方案 4，人口城镇化率略低于方案 3，但两者均明显高于方案 1 和方案 2。人口城镇化率既需要产业集聚、经济发展带来足够的就业机会，同时也依赖于完善的户籍制度、人才政策等。从结果来看，相关人口政策能够更加直接作用于城镇人口的增加和城镇化率的提升，因此完善相关人口政策是提升城镇化率的有效手段，能够较快地吸引农转非以及人口转移。但是，如果单纯依赖于人口政策的制定，而缺乏相关就业、住房、养老、教育等配套，人口城镇化难以为继，不利于城镇化与产业的融合发展。

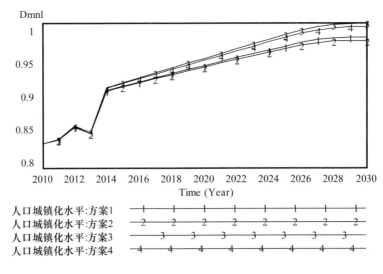

图9－16　人口城镇化水平政策模拟情况

4. 新型城镇化子系统

在不同政策情景模拟下，两江新区新型城镇化水平情况如图9－17所示：整体看，新型城镇化水平均呈上涨趋势，方案3增长速度最快，到2030年，新型城镇化水平指数预计达1.878，其次是方案4，两者均明显高于方案1和2。新型城镇化既能促进人口转移、提高人口城镇化水平，也能吸引产业投资、促进产业集聚，同时，新型城镇化建设除政策制度支持外，需要大量的财政、资金支撑，依托产业和经济的发展为新型城镇化建设的可持续性提供重要保障，方案2的新型城镇化水平较低，原因在于以产业优先为发展思路，单纯追求产业增长、GDP增加，未能把产业和经济发展的成果投入到改善和保障民生中去，因此需要转变经济发展方式，实现"产城融合"发展。

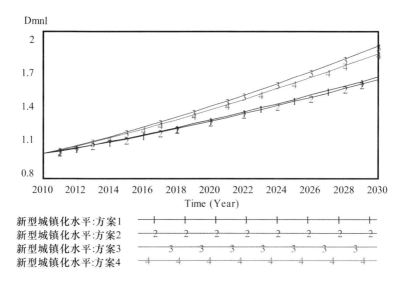

图9-17 新型城镇化水平政策模拟情况

第四节 总结分析

本部分采用系统动力学的方法，基于"双转移"背景，以重庆两江新区为例，构建涵盖产业集聚、经济、人口城镇化和新型城镇化4个子系统的产业集聚与新型城镇化系统动力学模型，通过各子系统的因果关系，研究中西部地区在承接劳动力和产业转移过程中推进新型城镇化和实现产业集聚的作用机制，解剖"产城"系统的多重反馈机理。基于此，本部分的主要结论如下：

1. 从产城系统的互动关系看，各子系统的演变过程表现为动力机制与互动机制。其中，动力机制表现在人口城镇化子系统与经济子系统和产业集聚子系统，主要作用于产城系统的初期，人口城镇化的迅速发展对产业和经济的推动作用明显。互动机制表现在新型城镇化子系统、产业集聚和经济子系统之间，主要作用于产城系统的成长期和成熟期，此时人口城镇化趋于稳定，对其他子系统的作用减弱，而新型城镇化建设正处于起步阶段、产业集聚已经初步形成，集聚经济为城市新区经济的可持续发展提供主要动力，带来经济的稳步增长，从而推动新型城镇化建设的持续推进，新型城镇化水平快速提升，正向促进了产业集聚的进一步扩大，最终形成"产业集聚—经济发展—新型城镇化"的正反馈循环。

2. 从产城系统的模拟结果可知，重庆两江新区产业集聚已初步形成，集群内规模以上工业企业产值与实际利用资本均呈增长趋势，预计2030年分别达到11702.3亿元和3587.97亿元，由于受重庆两江新区设立初期人口、资本、政策的直接影响，产业集聚增速较快。2014—2017年，产业规模增速放缓，处于一个积累稳定的状态，2018—2030年，受益于前期产业基础的强化和新型城镇化建设的推动，未来产业规模呈现加速上扬趋势，产业集聚效应更加明显。两江新区经济整体发展呈现稳步上升趋势，预计2030年达到6662.73亿元，未来经济的稳定发展能够为城镇化建设和产业集聚提供有力的保障。两江新区人口城镇化在2010—2014年增长较快，2014—2026年增速稳定，2026—2030年增速放缓，达到98%，预计几年内实现100%人口城镇化。两江新区新型城镇化水平未来整体呈加速上升趋势，新区成立初期，基本公共服务、生态环境、基础设施建设等方面处于起步阶段，新型城镇化水平快速增长，未来随着经济社会不断发展，新型城镇化建设的各项投入不断增大，新型城镇化水平持续提升，对产业的支撑力不断增强，最终实现城镇化建设与产业集聚发展优势互补，推动两江新区经济社会的全面发展。

3. 基于政策情景模拟结果可知，在不同政策情景模拟下，产业集聚子系统、经济子系统、人口城镇化子系统以及新型城镇化子系统中各自对应的变量指标、整体发展趋势基本保持一致，但不同发展类型影响了相关指标的增长速度。从结果看，产业集聚发展型通过相关产业政策的制定优先推动产业发展，能够较快地促进产业集聚形成，推动整个经济快速发展，但未能将产业发展成果及时转化到城镇化建设中去，城镇化发展落后于其他发展路径。城镇化发展型重视新区的城镇化建设，致力于人口城镇化水平以及新型城镇化水平的提升，但忽视产业发展，缺乏产业和经济的持续支撑。协调发展型兼顾产业集聚发展以及城镇化建设，一方面通过制定相关人口政策促进农转非、吸引人口转移，同时加大社会民生投入，改善生态环境、加强基础设施建设和提升公共服务水平，实现以人为本的城镇化；另一方面，积极制定涉及财政、土地、税收、金融等系列措施，吸引区域外投资与产业转移，推动产业的集聚式发展。通过"产城融合"互动发展机制，实现两者之间相互的正向促进，最终在协调发展模式下，两江新区产业集聚与新型城镇化实现可持续发展。

4. 基于产城系统作用机理与模拟仿真结果分析，结合"双转移"背景和城市新区产业集聚与新型城镇化协调发展的路径选择，提出以下重点方向：一是加强城市新区发展顶层设计，制定产城融合相关规划，结合区域发展现状和发展阶段，明确发展定位目标，从战略层面引导产城协调发展。二是中西部地区产业基础相对薄弱，承接东部发达地区产业转移不能泥沙俱下、全盘皆收，要把好质量关，制定产业落户政策，重点引进战略性新兴产业集聚。三是调整产业结构，大力发展现代服务业。推动商贸、物流等现代服务业集聚，提高产业发展效率和发展质量，实现与新型城镇化的良性互动。四是加强户籍制度改革，完善人才引进政策，将人才建设作为城市新区提升竞争力的重要手段，促进人力资本服务产城融合发展。五是改善生态环境，提升公共服务水平。加强环境治理、社会民生等投入，提升城市新区综合竞争力，实现新型城镇化与产业集聚互促共进。

第 十 章

产业集聚与新型城镇化互动发展
国内外经验借鉴

本部分对国内外典型案例进行梳理，分别选取国内上海浦东新区、天津滨海新区、深圳坪山新区、上海青浦新城 4 个典型城市新区以及美国匹兹堡和尔湾市、澳大利亚阿德莱德科技城 3 个典型城市新区，基于产业支撑、科技创新、政府角色定位等多个角度对城市新区产城互动发展进行经验总结，以期为中西部城市新区产业集聚与新型城镇化互动发展战略路径的优化提供经验借鉴。

第一节　国内经验

上海浦东新区和天津滨海新区的设立是我国在不同发展转型阶段根据实际发展情况所做出的重大抉择，目的在于培育核心增长极，以点带面，实现增长极的辐射带动作用；深圳坪山新区和上海青浦新区设立分别是深圳新的第三增长极和上海市市域空间结构布局中的重要节点。城市新区建设过程中，通过合理规划引导、明确产业布局和科学功能分区，形成了产城互动的发展模式。

一　上海浦东新区

浦东新区处于中国沿海开放带的中心与长江入海口交汇处，背靠蓬勃发展的长三角城市群。多年来在多方力量的参与支持下，浦东新区发展取得了历史性成就，实现了跨越式发展，形成了以服务经济为主体的产业结构、创新驱动为主导的发展模式和路径，成为上海经济持续快速发展的重要增长极，是我国社会主义现代化建设和改革开放的一个生动缩影。浦东新区"十三五"规划中提出建设开放、创新、高品质浦东的发展主线，以产业转型升级和城市功能提升为着力点实施创新驱动发展战略，为城市新区产城互动发展提供了探索与思考。

（一）合理规划"城""产"空间布局，提升城市核心功能与主导产业空间载体能级

浦东新区在进行产业空间总体规划布局时，以加强功能联系为导向，一方面推动城镇化建设从放射状蔓延式扩张向网络化城乡体系转变，另一方面推动产业集群转型升级，进行"一轴四带"的总体空间布局，分类指导、功能整合，以推动产城融合发展、城乡互动发展。其中"一轴"重点进行金融、科技创新、商务会展、文化旅游等功能开发和要素集聚，并进行核心功能的优化提升。而"四带"则兼备不同的功能定位，例如南北创新走廊以张江科技创新为核心，将完整创新链产业迅速进行承载、集聚和辐射；又如中部城镇发展带重点发展休闲旅游、生态宜居、都市型配套产业、商贸服务以及文化教育功能等，一方面避开了其他经济带重点产业的趋同性，另一方面成为浦东新区新型城镇化的主要载体，推动浦东新区中、东部地区的城镇体系演化，全面推进城乡一体化。如图 10 - 1 所示。

滨海高端商务文化休闲带　南北创新走廊　东部沿海生态发展带
东西发展轴
中部城镇发展带

图 10 - 1　浦东新区"一轴四带"总体空间布局示意

同时，浦东新区在"4 + 4"重点发展片区建设中，功能提升、辐射带动、协同发展的理念对城市新区进行"产""城"互动发展建设具有重要借鉴意义。例如张江科技城在建设中强调将产业"园区"向"城区"

转型，集创业工作、学习生活、休闲娱乐为一体，又如南汇工业园区在建设中以带动浦东新区中部新型城镇化建设为基础，大力发展智能知识密集型产业，以点带面，促进城市功能提升。

此外，浦东新区创新性地提出开展四级城乡体系规划，把国家级产业园区或重点产业发展项目及其周边 150—300 平方千米的面积纳入一个单元进行划分，从而得到若干城市综合片区（如图 10 - 2 所示）。单独来看，片区各有特色、各有侧重；整体来看，则是一个功能完善、分工合理、协作共赢的城市格局。这种划分明晰了产业园区和周边的城镇、生态控制区等都是休戚与共、协同发展的，即在重视核心主体功能的同时，片区内部核心主体功能周围的生产生活生态相关功能组团能够得到广阔的发展机遇，可以为解决区域内资源约束严格、空间资源有限、土地使用利用效率低下等难题提供便利。

（二）提升资源配置能力、人口管理和服务水平，科学统筹资源要素

浦东新区以"四个中心"核心功能区为发展目标与依托，集聚高等级功能性机构，通过优化"1 + 4 + N"的金融产业格局、加快海空双枢纽港建设、扩大全球贸易规模、打造特色新型服务贸易集聚区等方式促进浦东新区金融、航运、贸易、经济功能有机融合、协同发展，进一步提升全球资源配置能力。通过重构张江科技文化创新中心、世博园区国际商务文化活动中心等浦东新区公共服务中心体系，将发展中心集中到现有优势产业区或全力打造的新兴产业集聚区上来。通过科学把握产业发展总体趋势，顺应浦东新区对全球资源配置能力提升的要求，把能够发挥全球或区域主导地位的核心功能载体夯实到高等级公共服务中心上，大幅度提升浦东新区的产业集聚能力、城市服务功能和平台载体效用，突出表现"产城融合"发展的要求。

在人口管理和服务方面，浦东新区从多方面突出"人"在"产"与"城"中的重要地位。坚持以人为核心的城市建设宗旨，打造成熟完善、宜居宜业、辐射周边的城市功能支撑系统，通过推进教育医疗、生活休闲、文体艺术等综合配套设施建设，促进产业、科技、人口与城市空间的有机耦合。结合城市更新、产城融合和城镇化建设，浦东新区通过实施住宅总量调控，合理调控中心城区人口规模。同时，加快建设中部城

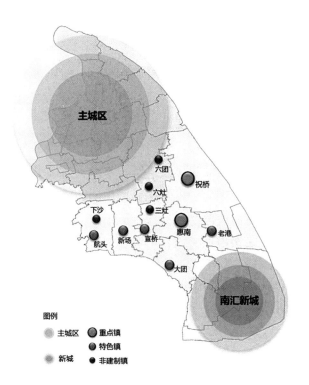

图 10 - 2　浦东新区四级城乡体系示意

镇带和南汇新城，持续完善公共服务设施等硬件条件，提供更多的就业岗位，以此扩大郊区人口容量、增强郊区的吸引力，引导中心城区人口积极有序向新城区、新市镇转移，有效地对浦东新区人口布局进行适宜性调整。此外，在各类产业发展重点片区建设过程中，浦东新区通过更加开放的人才引进制度、更加适宜的人才服务环境为产业集聚提供发展的保障。

（三）以综合交通网络为基础强化功能分区间联动作用，完善城市配套，建设生态城镇

以浦东新区核心功能建设为出发点，构建了"公、铁、海、空"一体化的综合交通枢纽体系，加强浦东新区内部乃至长三角地区内外交通设施的一体化发展，为浦东新区整体融入长三角发展大格局奠定基础。

同时重视区域内各功能组团之间的联系，例如南北区片之间构建便捷畅通的交通系统，促进了南北交通对接，为区域产业区与综合城市服务区融合发展创造条件。

浦东新区在建设过程中高度重视城市配套，例如在南北向快速干道的基础上，浦东新区在中部走廊产业集中区周边规划配置大型居住区，并完善交通、商业、文化等基础设施建设，广布贯通的地铁线，不断提升浦东主要产业区和主要集居区的自我投递能力和就业圈生活圈的自循环能力。新区规划中部南北走廊上康桥、临港、高桥等一批产城融合示范点，张江、视桥、惠南等一批文化休闲中心，16 号线、18 号延伸线、浦东铁路等多条南北向铁路交通，高桥、张江、周浦、金桥等若干个区域性商业中心，将浦东中部走廊打造成为集生产、生活、生态于一体的可就业、可创业、能安居乐业的创新服务集成区。

同时浦东新区坚持生态优先的原则，兼顾未来人口增长、产业布局、土地利用及城镇化格局等方面，确定了生态保护红线，实现生产生活生态融合，以期打造多元化、综合化的城市生态空间，形成了"一核、双环、三网、多点"生态网络结构、"滨江滨海、五道七带、多片多点"绿地结构，让浦东新区的生活生态环境不断优化，是新型"产""城"的重要生态保障，同时亦为"人"提供了高品质的生态环境。如图 10 – 3 所示。

二 天津滨海新区

天津滨海新区处于环渤海经济圈的中心地带，拥有得天独厚的区位优势，是国务院批准的第一个国家综合改革创新区，是中国北方对外开放的门户、北方国际航运中心和国际物流中心以及宜居生态型新城。如今的滨海新区，产城互动发展的成功得益于以下几点做法。

（一）重视研发、形成各类产业集聚的同时，注重住宅建设和人才引进

滨海新区处于环渤海城市带和京津城市带交汇处，西靠华北、西北，东临渤海，滨海新区建立以来，依据新区地理位置的优势，产业发展取得了突破性进展。早在 2010 年，滨海新区就已建成 50 个国家级研发中

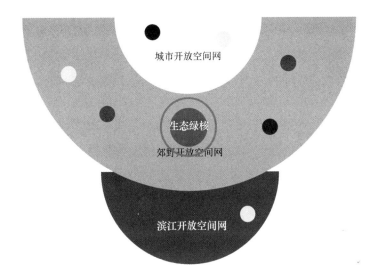

图 10 - 3　浦东新区"一核、双环、三网、多点"的生态网络体系布局示意

心、66 个博士后工作站、63 个外商投资研发中心、90 个企业技术开发中心和 26 个科技企业孵化器，这些自主创新平台的出现吸引了大量高新技术企业的集聚，使新区成为先进技术的承接地和扩散地，逐步形成了航空航天、电子信息、先进装备制造、新材料、绿色能源等高新技术产业集群。

同时，产城互动发展应以"宜居、宜业"为目标，在重视发展产业的同时，住宅建设和人才引进也是滨海新区规划的重点。早在滨海新区建立之初，《滨海新区城市空间发展战略研究》就规划了 2012 年人口规模应达到 300 万，2020 年的人口规模应达到 600 万。2008 年天津市规划局基于原有的规划，修改完成了《天津市滨海新区住房建设规划 2008—2020 年》，要求滨海新区住房面积在 2020 年达到 1.77 亿平方米。此外，新区不断完善公共服务设施和交通设施水平，打造宜居环境，吸引大量人才入驻，培养并不断提升新区文化品质，使新移民拥有一种归属感和文化认同感。

（二）积极补短板，增强生产生活服务业活力

如前所述，滨海新区作为一个老牌工业基地，其产业定位与浦东新区截然不同，主导产业多为航空航天制造业、国防军工产业、石油化工、大型装备制造业、新能源新材料、生物制药产业及轻工纺织业等大型现

代化工业。长期以来，由于滨海新区工业制造业占比较高，生产生活性服务业发展尤为缓慢。城市新区为实现产城一体化，加快发展成为"综合型宜居城市"，积极主动弥补短板，着力发展生产生活性服务业，在科技服务、金融保险、文化娱乐等服务业领域重点发力，完善新区生产生活服务职能。

（三）科学制定产城互动发展规划，打造多层级城市公共中心体系

滨海新区的规划坚持高标准、系统化的原则，从经济、资源、生态、生活等各方面明确了产城互动发展的目标，将城市发展总体规划、产业发展规划、土地利用规划以及基础设施建设紧密结合，逐渐完善新区城市功能，使之成为功能完善的综合型城市。同时，不断完善新区金融保险、卫生保障、娱乐休闲和人才培育等服务功能，循序渐进推进城市交通、公共环卫、通信能源等基础设施建设，为滨海新区发展提供先行基础条件。

滨海新区统筹空间、规模、产业三大结构，坚持"一核"优先、"两翼"齐飞的发展格局（如图10－4、图10－5所示）。核心区重点发展现代金融、信息科技、商务会展、娱乐旅游等现代服务业，提高核心区服务能级和影响力。两翼在产业选择和配置上各有侧重、协同发展，南翼以大港新城为重要组成部分，基于原有的产业优势，重点发展冶金、石化及轻纺等产业，争取成为世界一流石化基地；北翼以汉沽新城为中心，主要发展环保、健康和旅游等都市型产业，打造宜居宜业城区。

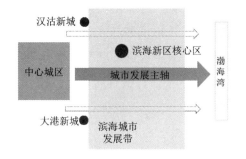

图10－4　滨海新区空间发展战略示意

图 10 - 5 滨海新区公共中心体系示意

此外，规划根据不同层次的需求特征，打造出了多层级城市公共中心，街区级公共中心主要设置在适宜的产城一体片区，分布在新区级公共中心和片区级公共中心四周；片区级中心围绕在新区级公共中心周围，在北、西、南三大片区形成了三个城市副中心；新区级公共服务中心主要依托塘沽、开发区和中心商务区发展，目的是打造中央活力区。此外，在街区级公共中心内还有社区级、组团—单元级等衣食住行完善的基础配套。

三 深圳坪山新区

深圳坪山新区位于广东省深圳市东北部，是深圳东部向外辐射的门户，也是深莞惠城市圈的重要战略节点，下辖坪山、坑梓两个办事处共23 个社区及深圳出口加工区，辖区面积约 168 平方千米。近年来坪山新区坚持走新型城镇化发展道路，全面推进"五大新城"建设，全力打造高水平的功能新区。

（一）坚持规划引领，明晰产业定位和基本功能定位

坪山新区坚持规划先行、科学决策、科学评审，融合先进理念，提升规划层次，可以说发挥规划的引领作用是坪山新区实现产城互动发展的关键。2010 年，新区制定出台了《坪山新区综合发展规划（2010—2020 年）》，统筹协调产业规划、土地利用规划和空间规划等，引领新区城市建设和产业发展的协同互动。

在产业定位方面，新区全面淘汰落后产能，保留电子信息产业、汽车制造等传统优势产业，着力发展新能源（汽车）、机器人、生物、生命

健康、新一代信息技术、现代物流及文化创意等生产性服务业。同时，新区注重产业布局，在《坪山新区综合发展规划（2010—2020年)》中确定了"一心四片"的现代产业格局。"一心"主要包括坪山中心区、出口加工区、坪山老城区和燕子岭片区，重点发展金融商务、国际贸易、现代物流和创意文化等产业，定位为区域性高端生产性服务业核心区。"四片"包括聚龙山生物高新产业片区、坑梓新能源新材料产业片区、碧岭影视文化生态旅游片区和田心田头生态环保科教研发片区，各片区在产业定位上各有侧重，依据各自的优势产业，重点发展生物医药及基因工程、新能源新材料、太阳能电池等战略性新兴产业及配套产业，电视电影服务、广告制作、生态旅游、资源循环利用、教育培训等产业。

在基本功能定位方面，分为对内功能和对外功能两部分。对内，坪山新区的城市格局由五区、三轴构成（如图10-6所示），五区分布是中心功能区、聚龙功能区、坑梓功能区、碧岭功能区和马峦功能区，三轴分别是横跨东西的住居服务功能带以及南北走向相互平行的商业办公服务功能带和生态带。新区规划设计和建设了大片绿地，促进工商活动、休闲居住等与生态系统相协调，推动产业发展和城市建设统筹协调。在住居服务功能带和商业办公服务功能带交汇处的中心功能区是核心区域，规划站前核心区、滨水核心区和绿色运动休闲核心区三个集约型核心组团，导入城市发展必不可少的都市功能。对外，坪山新区被定位为城市副中心，围绕高科技产业发展的总体方向，在新区中心形成城市功能完善的配套服务体系。作为深圳新的第三发展极，新区推动坪山中心区扩容提质，形成具有高端的城市形态、发达的楼宇经济、充实的配套功能、丰富的商业业态、精致的时尚生活的综合型城市副中心。

（二）坚持可持续发展战略，打造人性化尺度城市

产城融合的核心内涵是"产—人—城"的融合发展，即人在就业空间、生活空间的统一协调。产城一体化注重的是人本导向，因此，坪山新区坚持可持续发展战略，包括环境亲和型能源战略、环境亲和型交通战略和生态建筑战略等低碳型战略。环境亲和型能源战略具体包括再生能源和再利用能源的使用，例如太阳热能利用、地铁排放的地热利用，以及智能电网系统和资源循环系统的构筑；环境亲和型交通战略主要是

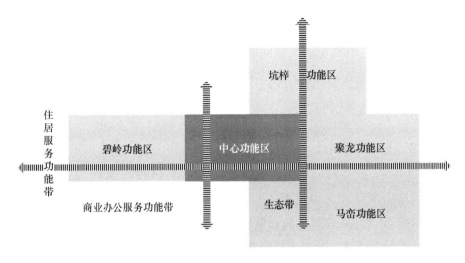

图 10 - 6　坪山新区总体城市格局

打造绿色交通系统，例如改变交通工具类型，推广公共交通，实现步行城市，打造可步行街区，以公交枢纽为核心集约利用土地资源等；生态建筑战略包括采用经久耐用的建筑或容易实现功能转换的结构，采用拥有高效率设备的"生态塔""生态住宅"，考虑风向、日照的建筑布局规划，通过开放绿地及屋顶绿化创造舒适的户外空间。

同时，规划沿袭村落尺度宜人的空间环境，严格保护历史悠久、传承坪山地区传统文化的重要空间，维持资源原样；通过置入艺术画廊、公园等全新功能，使得艺术村重新绽放生命力；对于存在防灾、卫生等安全隐患的古村落，实施全面再开发战略。通过可持续发展举措，不仅打造了愉悦舒适的沿街型步行城市和集商业、居住、办公、文化于一体的复合式土地利用模式，更是建设了文化街和保护区，打造人性化尺度下的城市，实现"青山碧水秀城、客家文化故里、东部创智先锋、宜居活力新都"的建设目标。

（三）综合交通网络与产业发展相协调，打通发展动脉

新区着力打造连接市中心的快速通道，形成坪山快速交通环线、重点片区微循环畅通的交通网络，实现"10，30，60"交通圈，即10分钟可进入快线路网体系，30分钟可至罗湖、盐田等周边相邻城区中心区，60分钟可覆盖至深圳市全区域及惠州市中心区等周边城市中心区。同时，

"西联东进"的区域交通枢纽实现交通跨越式发展，集高铁、城轨、地铁、快速路为一体的综合交通网络。通过畅通的交通网络加强内部联系，对外强化交通的互联互通，引导和推动城市新区产业高质量发展和高品质生活。

四　上海青浦新城

2001 年，国务院批复了《上海市总体规划（1999—2020）》，标志着青浦新城成为 11 个上海新城之一。青浦新城位于上海西部，距离上海市中心城约 30 千米，距虹桥交通枢纽约 17 千米，是连接江浙沪的重要门户通道。青浦新城是上海市重点发展的新城之一。围绕提升产城互动发展水平，一是依托青浦产业、水资源基础，以"产城一体、水城融合"为理念，强化青浦产业支撑作用，完善综合交通、公共服务设施等推动产城一体化建设。二是依托青浦新城自然生态以及文化资源，提出建设具有"水乡文化""历史文化"内涵的现代化"绿色水城"，吸引长三角地区人口流入。三是探索工业用地"腾笼换鸟"，面对青浦新城产业不断升级、土地资源匮乏的压力，对区内附加值低、耗能高、污染严重的落后产能工业企业进行淘汰，释放园区土地空间，并大力引进高科技企业，实现土地高效集约利用。未来，青浦新城以创新研发、商务贸易、旅游休闲为支撑，承载上海成为"全球城市"的部分核心功能，成为沪湖轴线上具有综合性辐射带动能力的节点城市。

（一）推进新城与工业园区空间整合，形成产业与城市的良性互动

产业空间和城镇空间一体化是青浦新城产城互动发展在空间上的体现，从而实现新城空间布局和城市功能的协调和优化。新城总体布局是一个"三轴、六片、四心"的发展结构。"三轴"是指淀山湖大道发展轴、公园路发展轴和老西大盈港发展轴。"六片"指滨湖片、西片、中片、东片、北片和工业区片。东片是配套设施完善的以多层高密度为主的居住区域；中片具有鲜明的现代城市风貌，主要是行政、商业、文化等公共服务功能集聚区和居住区；西片强调生态型和特色型的开发，是会议会展、商务商贸等高端服务功能集聚区；滨湖片以旅游服务和特色居住为主，注重生态环境和历史人文环境保护；北片是高科技创意研发

产业园区，主要发展生产性服务业；工业区片在保留现状的基础上，进行了设施完善和环境改造。如图 10-7 所示，"四心"指老城商业中心、公共服务中心、朱家角旅游休闲中心和创意研发中心。老城商业中心整合了原有的公共设施资源；公共服务中心商业、娱乐、文化等功能设施齐全，是新城主要行政办公所在地；朱家角旅游休闲中心是旅游配套服务中心；创意研发中心主要服务于周边生产性服务业，结合水体设置了商业、娱乐、景观设施。这种布局体现了产城互动发展的理念，以上海轨道交通 17 号线为界，北面是产业区，南面是商业办公区。

青浦新城在推进新城和工业园区空间整合过程中，不仅做到城市功能的整合，也通过空间开发的整合、公共设施的整合及环境的整合来辅助实现"产""城"一体化发展和良性互动。空间开发的方向、强度、区位、结构等与城市的功能布局统筹考虑，整合城市公共基础设施开发利用，完善综合交通网络；强调"水城融合"策略，造就良好的生态空间，以此吸引人才和企业，促进城市发展。

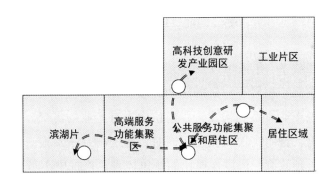

图 10-7 上海青浦新城总体规划

（二）提升产业能级，调整产业空间布局，为产业发展提供更多空间

青浦新城规划提升工业区的产业能级，为生产性服务业、创意研发产业的要素集聚提供空间载体。引进会务会展、商务商贸、旅游休闲和生态居住业等与青浦环境优势相适应的现代服务业；制造业方面重点发展软件和信息产业、新材料、电子技术等先进制造业。具体来看，主要依托区位优势，发展与上海四个中心核心功能联系紧密的高新制造

业；依托交通优势，承接虹桥枢纽功能辐射，发展临空指向性产业；依托环境优势，吸引创新型人才，发展智力密集型和知识密集型产业。

青浦新城产城一体化的做法不仅是产业能级提升的需要，也是产业空间更新和调整的需要。在资源有限的情况下，新城的发展不能简单地依赖于用地扩张，需要对符合产业发展方向、具有良好发展前景的企业实施就地升级改造。同时，对新城内企业和产业进行合理集中布局，提高空间使用效率。例如，农用地主要分布在工业区北部，新增的工业企业分布于工业区内；先进制造业和创意研发产业集聚发展；旅游休闲业依托具有水文化和古文化的淀山湖、朱家角古镇和东方绿舟布局；会务会展业结合旅游休闲业，依托良好的生态环境布置在大淀湖和淀山湖周边地区；商务商贸业与城市功能布局相适应，布置在"四心"，淀山湖大道和公园路地区。这种依托区域地理环境优势，适应城市总体发展的产业空间布局，为城市新区产业高质量发展创造了更多空间载体。

第二节　国外经验

美国的匹兹堡、尔湾市以及澳大利亚的阿德莱德科技城是实现产城融合的典型案例，积累了一定的成功经验。在产城融合发展进程中，这些城市均重视产业体系的构建，普遍认为先有产业的集聚，从而带来人口的自然集聚，进而实现城镇化。同时，通过制定并实施一系列的发展规划和公共干预政策，构建合理化的城镇体系，重视中小城市（镇）的发展，不断夯实产业基础，实现产城融合发展。

一　美国的匹兹堡

匹兹堡坐落于美国宾夕法尼亚州西南部，市区面积约 144 平方千米。作为美国的钢铁之城，煤铁矿产资源十分丰富。但是第二次世界大战后，由于产业功能单一，这座老工业城市陷入萎靡时期，20 世纪 70 年代，更因为钢铁行业的崩溃而陷入衰退。为此，当政者开展了著名的匹兹堡复兴运动。第一阶段是战后复兴，主要围绕环境治理、基础设施与公共活动空间和办公楼宇建设进行；第二阶段进行了全面的转型，由单一的以制造业为基础的经济结构转向多样化经济建设，大力发展文化产业和高科技产业；第三阶段的复兴计划使匹兹堡教育、旅游、服务业都取得了长足的发展。到 20 世纪 80 年代后期，匹兹堡进入后工业化时代，逐渐成为一座功能强大、形态多元的焕发着强大生命力的城市。

（一）建立以多样化产业为基础的城市经济体系，引导产业集聚发展

纵观匹兹堡的发展历程可知，单一的产业功能无法实现产城互动发展，更不能实现城市的可持续发展。匹兹堡在复兴过程中意识到老工业城市不能全然抛弃制造业而直接走向服务业，应顺应现有产业基础，培养与之相关的轻工业或小型、高新技术中小企业，推动传统制造业与服务业相融合：一是保留部分尚有竞争力的大型传统企业，依托匹兹堡大学和卡内基梅隆大学，发展一批从事计算机、机器人、人工智能、生物技术与生物医药等研发和生产的高技术企业；二是培育已存在的服务业，发展教育、医疗等社会性服务业和金融、科研等生产性服务业；三是大力发展文化产业，构建集科学、金融、教育、艺术、娱乐于一体的多功能文化区，形成以高技术产业为主导，冶金、生物制药、化工、计算机、信息、金融等多元化的城市经济体系。经济的多元化发展是匹兹堡产城融合成功的重要原因。

同时，匹兹堡规划将城市空间在区域范围内进行分化发展（如图 10－8 所示）：中心区作为城市总部经济区，引导金融、商务和信息咨询等生产性服务业的集聚发展；科研区主要以一流高校为依托，吸引科技研发、教育培训等产业集聚，以此作为高新产业孵化器；在大都市区周围 10 个县市发展了 20 多个工业园区，从而将制造业由城市带向区域，由工厂走向工业园区，通过工业园区集聚，带动区域整体发展。工业化是推动产城互动发展的根本动力。若一个城市工业衰退，产业发展停滞不前，以致人口减少、人才流失严重，经济要素聚集负效应尤为明显，从而影响城市的持续发展；通过采取适当措施完善城市功能，借助科技力量推动产业转型升级，有利于产生新的聚集效应，实现产业和城市的良性互动发展。匹兹堡老城区的变化充分证实了产城互动发展过程中工业化、科技、聚集效应和制度的重要性。

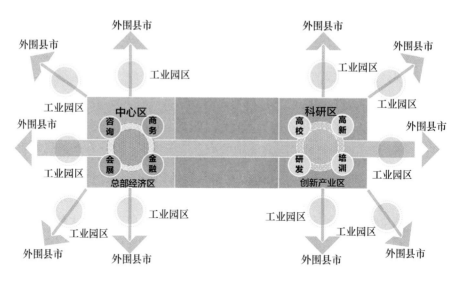

图 10 - 8　匹兹堡产业空间集聚示意

（二）重视人才战略，加强城市空间、人才与产业之间的联系

教育是培养人才的重要途径，匹兹堡拥有匹兹堡大学和卡内基梅隆大学在内的多所研究型大学，培育了大量高学历人才。同时，政府还采取改善娱乐休闲设施和生活工作环境、构建宜居社区、整治环境污染、创造优美的城市空间等一系列措施，促进城市空间的优化；同时顺应产业基础，发展关联产业，延伸产业链条，集聚就业人口，为促进产业发展提供人力资本保障，实现人才和产业相辅相成。

二　澳大利亚的阿德莱德科技城

阿德莱德科技城是澳大利亚政府为扩张城市专门打造的一座港口城市。21 世纪以来，伴随住房、交通基础设施及公共服务设施等需求变化以及受到气候变化、资源消耗等自然因素的影响，阿德莱德着眼于城市整体发展的转型，重视规划的指导作用，以规划带动产城融合发展。为此，阿德莱德建立以高新产业为核心的功能区域，完善区域内配套设施和功能服务，以带动周边发展，通过功能提升带动产业，为产业更好更快发展创造了充足的条件，又通过产业带来人口集聚，以此促进产业和城镇融合发展。

（一）实行分级管理制度，构建合理有效的规划管理体系

阿德莱德科技城的产城互动发展模式之所以成功，主要在于政府制定了合理有效的建设规划和管理制度，作为一座基于政府主导而兴起的科技城，在建立之初就已规划新城的目标是产城互动发展。政府在规划管理中实行分级管理制度，州政府负责州域范围内的总体规划，制定发展大纲，控制总体规划中用地性质和道路网架及公交路线、居住区的规模和功能等。州政府下的市政府负责本区域内的具体规划编制和管理工作，进行详细规划。同时，政府规划管理部门每隔三至五年会对规划执行情况进行检查，了解情况，梳理问题，提出是否需要调整的建议，以适应城市发展的需要，进行事后督查和调整，以切实保障规划的落实。

（二）优化空间结构，构建多元化开放空间

阿德莱德的规划以高科技产业为核心功能，同时改善基础设施、生活休闲娱乐等服务功能，优化提高新城居住和生活环境的质量。在此基础上，制定针对性的举措吸引人口和高科技人才流入，推动人力资本集聚和高科技产业集聚。阿德莱德中心城市占地面积小，要在有限的空间内建立一个宜居宜业、生机勃勃的现代化都市，需优化空间结构，构建优质的公共敞开空间。具体做法是：保留环城绿化带，避免城市无限向外延伸，使其充分发挥控制隔离作用，在城市功能和结构层面需合理布局、明确区分。在城区四周被公园环绕，中部被横穿城区的托伦斯河划分为南北两个片区，南边是商业区，北边是住宅区，工业区分别在西北和东北的小镇。同时，规划范围内的公园、体育文化设施等围绕每个社区系统分布，使得所有社区均拥有足够的公共活动空间，并且通过打造网络节点，形成功能复合、用途多样的共享空间。阿德莱德科技城在规划之初就兼顾生产生活生态一体化，为实现产城互动发展创造了有利条件。

（三）完善基础设施建设和交通网络，建设宜居、健康、友好的社区

阿德莱德政府高度重视基础设施和交通网络建设，发挥了重要的作用，重视涉及公共利益的道路、水管、绿化、医院、学校、文化和体育等基础设施投资，并且注重资金的一次性投入，一步到位以及时解决问

题。同时，政府大量收购未开发的土地和废弃的工厂，按照规划组织建设道路、绿化、河流及各种配套的设施建设。从交通组织来看，阿德莱德实行"行人优先，公车优先"的原则，道路路网密集度高、通达性好，整个城市的交通网络被分为从上至下的七个等级，规划有供市民跑步和散步的步行系统及自行车系统，为市民提供一个安静、舒适、便利的居住环境。此外，建立完善多样化、智慧化的交通系统，以满足居民不同的出行要求，并鼓励拼车出行、共享出行方式，为建设低碳城市打下基础。

三　美国尔湾市

尔湾市位于加利福尼亚州的橘县，面积约 170 平方千米，现有人口 22 万，距洛杉矶市中心 64 千米，已发展成为加州重要的经济城市、洛杉矶大都市区的重要组成部分和开发区产城互动发展的典型案例。尔湾市主要经历了四个阶段：第一阶段是 1860—1959 年的尔湾农场时期，主要生产橘子、胡桃、鳄梨和绵羊等，直到尔湾公司的成立；第二阶段是 1960—1970 年的"大学社区"时期，尔湾公司捐出 4.05 平方千米、加州政府捐出 2.025 平方千米作为加州大学分校区，基于"精明增长的原则"在环绕大学的社区建立一个容纳 5 万人口的拥有商业区、工业区、休闲区及绿地的城市；第三阶段是 1970—1977 年的大社区阶段，建设容纳 50 万人的社区，规划中包括道路层级、街道景观设计和横越道路走廊的土地使用和交通系统，并且不断充实和完善早期的规划，根据园林开发的最新理念，对所有地块赋予各自的尺度特征，合理规划露天场地；第四阶段是城市边缘区阶段，这一时期尔湾的开发注重环境保护，保存大量开放空间，规划了自然栖息保护地和公园，城市发展主要围绕这些自然栖息保护地、公园及开放空间进行合理布局。

（一）建立完整合理的规划结构，形成合理的产业布局及城市功能空间布局

尔湾市是一体规划、统一开发的，其规划考虑南北丘陵地带的限制，将城市中心建立在南部近海的丘陵地带，山体陡峭的北部则划为城市永久保留绿地。总体规划以组团发展、混合开发为特点，以促进活力城市

的形成,具体有土地混合使用和建筑物混合布置的功能混合,容积率非平均使用、高低层混合布置的密度混合以及建成区和保护区的开发与保护混合。组团发展、混合开发即每一居住组团都有公共的交流中心、居民活动中心、学校以及购物中心,确保所有功能区都在步行或10分钟车程范围内;通过复合化节点的设置完善城市功能,包括教育配套、商业配套、社区配套。

从产业布局来看,尔湾市形成了以高科技为主导的多元化发展的产业结构。尔湾依托加州大学尔湾分校等一流高等院校,凭借良好的城市管理,吸引了大批高新技术企业和高素质人才队伍,逐渐形成了许多技术产业集群,涵盖生物医学、制药、无线通讯、电脑、软件等多个领域。高科技产业知识和技术密集、资源能量消耗少,具有智力性、创新性、战略性和环境污染小等优势,不仅自身发展快,同时能渗透其他产业,促进了产业结构的优化,加快了尔湾"产城融合"速度。

从城市功能空间布局看,尔湾市主要被划分为五大功能板块分区,即自然保护区和开放空间、居民区、商业区、商务综合区以及学校教育和公共机构。尔湾市始终着眼于完整合理的城市规划设计,确保尔湾功能布局的合理性,保证"产城融合"发展方向上的正确性。尔湾市早期规划致力于将功能单一的加州大学尔湾分校改造成为多功能的"大学社区",后继进一步又开始强调开放空间的保护,并且开始融入环保理念。总体规划在以保护生态环境为前提的基础上,保证了教育、商业和社区的配套,实现了组团发展、混合开发,完善了城市功能,最后形成了自然保护区、教育、商业和社区完美融合的功能板块分区。详见图10-9所示。

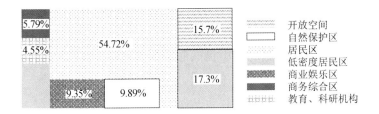

图10-9　尔湾功能分区

（二）注重合理的生态布局和人居环境建设，构建良好的城市生态空间格局

尔湾市坚持"精明增长的原则"，即建筑设计紧凑布局，土地混合利用，各社区适合步行，提供多样化的交通选择，保护公共空间、农业用地、自然景观以及引导现有社区的发展和应用。在之后的规划中，进一步强调城市发展与生态环境的协调，始终以尊重自然环境为中心，围绕绿地、湖泊等展开城市规划设计。尔湾是生态城市的典范，采取大规模自然保护区、城市公园以及社区公共绿地三级体系，确保城市生态体系的连续性和完整性。尔湾现有约 52 平方千米的自然保护区、野生动植物公园和小径，在居住和产业用地中大量使用绿斑、绿廊等规划手法，将生态引入公共环境，构成一个综合的自然生态空间，实现绿地、绿斑与商业、居住完美融合。

同时，尔湾大部分的社区规划科学合理，部分社区具有完备的休闲娱乐设施，如小公园、网球场和游泳池等，在大型居住区中设有木桥区和人工湖，居民可以在湖上泛舟或进行其他水上运动。在社区中采取有效措施减少交通拥挤和污染，如提供绿色出行的自行车车道系统，鼓励使用自行车作为交通和娱乐工具；启动短程运输服务系统，减少高峰时段的交通量，同时减少车辆尾气的排放。

此外，尔湾还规划建立了五类不同维度的公园系统，包括区域开放空间、区域公园、社区公园、公共的邻里公园和私人邻里公园，共同构成了尔湾的城市呼吸系统。同时，尔湾还采取一系列措施适应公园体系的调整，以满足不同居民灵活弹性的娱乐需求。

（三）坚持以市场为主导，形成以市场为主、政府为辅的经济运行机制

尔湾发展早期主要由市场主导，几乎没有任何政府干预，1971 年建市后，市场在尔湾市资源配置中仍然起着决定性作用；政府则主要在城市功能规划设计、市政基础设施建设、人居环境的改善、主导产业的选择等方面进行宏观统筹规划和提供政策支持，充分发挥辅助作用。尔湾城市发展的政策主要以市场为导向，即政府的所有决策都是来源于市场，最后回归于市场。这种以市场为主导的运行机制使得城市的经济得以健

康有序发展，引导城市的发展向着为市场所接受的方向进行。同时在这种机制下，投资者意识到商场、酒店、休闲娱乐等基础设施的建设不仅能吸引人口，自身也能获得高利润，实现双赢。尔湾优美的自然环境、安全的居住环境、便捷的交通和良好的商业氛围使得许多人才和企业慕名而来。

第三节　经验借鉴及启示

1. 城镇化的推进必须有产业支撑

充分认识产业发展和城镇化建设之间的辩证关系，城市为产业发展提供空间载体，产业为城市发展创造先行条件。从供求关系来看，创造供给的是工业化的行为，而创造需求的则是城镇化的行为，两者缺一不可，通过统筹规划、协调联动产生互动效应，促进产城协调发展。相较于城市空间形态的建设，在城市中布局各类创新产业、完善服务功能配套，并与产业定位与城市发展阶段相适应是城市发展的重中之重。单一的生产功能难以实现产城的一体化发展，更难以实现经济可持续发展，在产业布局时要考虑多种产业配合、实现功能复合互补。从国内的浦东新区、滨海新区、坪山新区和青浦新城到美国的匹兹堡、尔湾市，无一不证明了产业结构和城市功能之间存在同兴同衰的联动关系。由此表明，城镇化过程中必然有相应的产业支撑，以新型工业化作为引擎提高城镇化水平，以新型城镇化为契机实现产业能级优化，从而推动产城有机结合和双向加速发展。

2. 坚持以人为本促进城市生活品质提升

在推进产城互动发展过程中，无论是产业发展还是城镇建设，坚持以人为本都是重中之重。在城市发展过程中，城市的规模、生活居住环境、服务功能等要素显著影响着人们的生活质量，若经济发展只为生产服务，而不为生活服务，必然影响人这个要素在产城融合中的重要作用，从而制约产业和城市的发展。因此，在城镇化的过程中提高市民幸福指数，使城市生活更加美好，妥善解决人在城市里生活、工作的各种问题，增加就业机会，促进园区和城区之间的要素流动，实现以人为本的产城融合。

3. 聚集效应有利于增强城市功能

结合国内外产城互动发展成功的经验可知，在城市新区建设过程中，要兼顾产业功能和服务功能，并进行科学合理的布局。城市功能的完善有利于产生集聚效应，集聚效应的形成反过来会进一步强化城市功能，工业化和城市化的联动发展可以实现这个良性循环。一个城市在产业化过程中，完善城市功能的布局，加强要素之间的联系，为产业发展提供动力支持；同时形成强大的要素集聚效应，推动城市发展。因此，要想实现产城互动发展，须充分考虑产业功能、城市功能。

4. 注重产城发展和生态环境之间的平衡

国内外产城互动发展成功的新区或城市，均在规划中注重生态环境的保护，始终将生态要素作为核心，在加快产业发展和城市建设的同时，通过保留开放空间及增加绿地面积、围绕生态布局实施可持续发展环境战略和建设生态城镇等方式保障生态环境与产城互动发展之间的平衡，在经济发展的同时完善生态功能，营造宜居宜业的优美环境，实现产业与城市的可持续发展。

5. 注重打造高端制造业与现代服务业

城市新区在产业布局中高度重视高端制造业和现代服务业，积极引进培育技术含量高、附加值高、污染排放低的具有较强竞争力的优势产业，致力于推动经济的可持续发展。注重科技支撑，鼓励高新技术的研发与应用，坚持科技创新推动产业发展加速产城融合；同时，积极引进高科技人才，通过制定各种保障措施吸引高端人才的落户。

6. 政府角色、职能会直接影响城市新区的建设发展

政府角色、职能对城市新区的影响主要表现为对城市新区的定位、发展方向及管理体制进行总体发展规划。国内外典型城市新区均有着十分明确的功能定位，如对浦东新区的"四个中心"、滨海新区的"北方增长极"、坪山新区的"深圳新的第三增长极"以及青浦新城的"五心六片"。此外，科学合理、行而有效的行政管理体制对城市新区的建设有着重要的作用，通过不断摸索实践、创新行政管理体制，破除体制障碍促进管理体制和城市新区发展相协调，能够为产城融合发展提供制度保障。

第十一章

"双转移"趋势下产业集聚与新型城镇化
互动发展战略路径

本部分首先提出"双转移"趋势下中西部城市新区产业集聚与新型城镇化互动发展的战略基准；其次总结并提出适用于中西部地区产业集聚与新型城镇化互动发展的创新模式；最后立足于宏观层面、中观层面、微观层面三位一体提出推动中西部城市新区产业集聚与新型城镇化互动发展的基本路径，并从"协调、创新、绿色、开放、共享"五个角度出发进行现实路径分析。

第一节 "双转移"趋势下中西部城市新区产业集聚
与新型城镇化互动发展的战略基准

立足"双转移"趋势特征，实现中西部城市新区新型城镇化与产业集聚互动发展：一方面可以促进产业结构的优化升级，提高产业经济效率与效益，另一方面有利于在建设中加速新型城镇化与产业集聚所需资源的流动与互补，提高产业与城市融合发展水平与深度，并最终完成中西部城市新区可持续发展的目标。推进中西部城市新区新型城镇化与产业集聚互动发展，应以"创新、协调、绿色、开放、共享"的发展理念为指引，以人为本，以产业发展和城市功能为立足点，着力提高经济发展质量，推进经济结构转型升级，强化以产促城的推动作用，突出新型城镇化建设的载体和平台作用，重视小城镇的发展，促进大中城市和小城镇的联动协调发展、产业和城镇的互动发展，形成"以产促城、以城兴产、产城融合"的良性互动发展格局。

1. 加快促进城市新区高质量发展。针对东中西部城市新区产业链聚合度不高、科技创新能力不强、比较优势不明显、要素资源集约程度不高以及管理体制机制不畅等问题，尤其是当前招商引资、人才引进的难度增大，传统土地政策模式难以为继，迫切需要寻找新的动力和发展出路。围绕高质量发展的时代内涵，明确"双转移"趋势下中西部城市新区产业集聚与新型城镇化互动发展的重点任务和主要方向，努力提升高质量发展阶段的城市新区质量，创新引领实体经济发展，实施更高水平开放合作，打造宜业宜居美丽新城，形成科技创新实力彰显、绿色发展特色凸显、市场活力充分释放、开放合作更有作为、和谐共享成为典范等新特点的高质量高品质城市新区，引领和带动区域经济发展。

2. 构筑产城融合的规划空间体系。优化中西部城市新区规划建设理念及标准，注重城市设计理念更新，多给城市"留白"，进一步增强规划的科学性、前瞻性和权威性。立足以人为本，深化与经济社会发展部门的衔接配合，促进城市科学运行。尊重城市发展规律，强调交通优先、配套优先、生态优先的规划建设理念。强化国际视野，提高规划建设水平。以推进供给侧结构性改革为主线，立足资源禀赋和发展实际，为城市发展提供产城互动发展的科学规划和实现路径。作好规划基础支撑，促进规划成果科学合理，从规划服务经济、社会发展的角度，为产业发展、产业配套和产业运行预留空间，为公共服务、生活服务、山水体系优先保障空间。加快完成城乡规划全覆盖整合，建立"多规合一"一张图，实现所有建设项目都有规划遵循、所有空间利用有统一规划管控。强化城市空间结构研究，细分城市商业、商务等配套服务功能，探索城市差异化发展策略。加强宏观规划指导，开展一批促进城市科学有效运行的论证研究，完善城市总体结构和体系。

3. 推动实现职住平衡。中西部城市新区要以构建可持续发展的产业园区为目标，将"以人为本"作为发展核心，即在规划建设中突出人的首要地位，实现工作生产区与生活功能区的高度融合，"产"的集聚和

"人"的集聚相互作用、相互促进，如果一味地追求生产，忽略生活的问题，则会出现"钟摆式交通"等问题。实现职住平衡，目标是促进居住在本地的职工与本地就业岗位在行业结构上相适应，而非仅仅认为劳动者数量和就业岗位数量相当即可。在某一园区范围内的居民中，劳动者数量和就业岗位数量大致相等，大部分员工可以就近工作，通勤距离相对较短、耗费时间相对较少，通过公共交通、自行车、步行都能实现上下班的便捷。

4. 完善现代高端的城市功能体系。促进城市宜居、宜业、宜商、宜游，充分发挥规划空间整合优势，不断优化城市空间体系，树立"精明增长""紧凑城市"理念，提高土地利用效率和产出效率，提升城市服务品质及环境质量，强化规划的战略引领和刚性约束，为城市发展提供有力支撑。紧紧围绕中西部城市新区功能定位及在区域经济发展中的地位等重要战略功能，推动新区城市重大功能集聚引领，强化新区与主城整体空间结构和功能布局的融入、融合发展。预研预控一些国际交流功能的重大功能设施和空间，体现国际化大都市和国家中心城市功能。促进中西部城市新区区域功能策划及品质提升，推动区域功能的充分发挥。

5. 打造便利齐全的公共服务体系。遵循城市宜居度是提升城市核心竞争力的重要理念，强调以人为本、服务优先，以优质的服务和优美的环境吸引高端产业和高素质人群向新区聚集。构建城市中心、组团中心、社区中心三级服务体系。保障公共设施建设布局，推进生活服务与商业服务一体化，形成品质服务在城区、一般服务在街区、基础服务在社区的服务结构。动态编制城市新区社会事业设施建设规划，对年度建设的社会事业设施在时间上、空间上进行落实。通过在建成区补足城市公共配套短板，新建区高标准预控公共服务配套设施。推动国际化高品质文教娱医疗等现代生活服务设施入驻。明晰公共设施建设与产业发展进程的匹配关系。开展老旧社区及老城镇的更新规划，改善老旧地区的环境品质，提升生活服务能力。

6. 构建自然生态的山水绿文体系。习近平总书记指出："要体现尊重自然、顺应自然、天人合一的理念，依托现有山水脉络等独特风光，让城市融入大自然，让居民望得见山，看得见水，记得住乡愁。"城市新区发展过程中应体现尊重自然、顺应自然、天人合一的理念，遵循自然规律，"因地制宜"进行城市建设。注重城市生态保护和人文关怀，将城市发展与生态文明理念相结合，让城市融入自然，让居民望得见山，看得见水，使其能充分体现区域自然特色、传承民族文化风尚，城市生产、生活、消费方式更加绿色化。坚持生态优先、绿色发展，确立大山大水划界保护、中山中水成网成系统、小山小水进社区的规划格局。梳理城市新区自然山水特征，留足绿脉水本底。加强规划的保护与利用，形成"青山入城、碧水串绿、城在山中、家在林中"的自然生态环境。

第二节 "双转移"趋势下中西部城市新区产业集聚与新型城镇化互动发展的模式选择

一 "双转移"趋势下中西部城市新区产业集聚与新型城镇化互动发展的典型模式

1. 市场主导型。该模式是指在市场机制作用下，产业集聚内关联企业以自身利益为出发点，通过各种方式获取竞争优势，促进产业集聚发展，集聚人口和生产要素，进而促进区域经济发展水平和新型城镇化质量的提升。其中最为典型的是专业市场，即特定领域内以某大类产品为核心产品，配以专业化服务机构及相关企业、产品、服务，产品门类齐全、配套服务完善、空间集聚程度高。该产品及上下游产品体系链条完善、渠道通畅、竞争力强。专业市场对产业集聚发展和新型城镇化具有重要的意义，主要表现为：加深了社会分工，进而带动产业集聚的形成；利用信息优势推动产业集聚良性发展；激烈的竞争可以支撑产业集聚升级与优化。以专业市场为对接平台，产业集聚首先是以商品专业市场的形成为标志或前提；其次依托商业业态的功能优化和集聚、劳动力集聚形成的综合效应推动产业集聚，使产业集聚纵向延伸发展；最后形成以工业园区及其周边组成的产业立体式网络。由此可见，产业集聚在产城一体化发展中不可或缺，具有重要作用，有利于产业功能的优化和城市功能的完善。

2. 政府主导型。主要有两种模式：第一，园区模式。园区建设是加快新型工业化、新型城镇化建设的有效手段。园区模式是指由政府划定一块区域，以期打造成园区式产业中心。在有一定产业基础之后，通过一系列政策优惠吸引企业主体与要素资源，以地区比较优势为基础划分区域，在某一区域构成产业集聚条件，之后通过正的外部性和区域经济性的提升，实现成本下降、市场占有率上升，从而形成该区域的区位优势。产业集聚与新型城镇化互动发展中通过加大园区建设力度，积极推进产业向园区集中、人口向城镇集中，加速产业结构优化升级，提高地区综合经济发展水平。第二，商业中心模式。商业中心区是高质量的零售业、服务业等第三产业设施高度集中的街坊街道，该区域商业资源丰富、集约化程度较高，主要为承载商品流、信息流、物流和资金价值流提供空间载体。商业中心区具备以下特征，从而有利于促进产业集聚与城镇化互动发展：一是基于区位优势和产业集中度高的优势，商业中心经济活动频繁且集中，且在人流、物流和信息流等方面流量较大，内外交流便捷。二是商业中心人口集中、人流量大。商业中心通常处在城市最为繁荣的中心地带，区域内不仅人口分布密度大，交通运输量也大。三是商业中心区综合服务功能多、服务能力强，且拥有先进的业态、较高的产业集中度，其强大的辐射作用和示范功能将带动周边地区的快速发展。因此，这种以商业中心为载体的促进产业集聚与城镇化互动发展的模式被称为商业中心模式，同时根据政府的地位及职责，又称之为政府主导型。

二 "双转移"趋势下中西部城市新区产业集聚与新型城镇化互动发展的创新模式

（一）PPP 产业新城开发模式

近年来，城市新区招商引资更加关注资本要素和创新要素，瞄准全球先进技术和战略性新兴产业发展方向，引入行业龙头企业，实现上下游产业纵向延伸、关联产业横向拓展。同时，政府统筹产业发展条件和城市服务功能，加强公共基础设施建设，PPP 模式逐渐成为关注的焦点。PPP 产业新城项目采用"政府主导、市场化运作、封闭运营、自负盈亏"的合作模式。社会资本方负责合作区域的规划设计、土地整理投资、基础设施及公共服务设施建设、区域运营管理以及招商与产业发展服务，并负责资金的筹措工作；政府全面负责合作区域的行政政策支持及监督管理工作，通过合作区域的新增财政收入支付社会资本各项委托服务费用。合作期满，社会资本方无偿移交公共项目资产，政府无须前期出资且无"财政兜底"责任，提高区域社会效益、环境效益的同时亦可享受区域增值收益，较普通的产业市政项目建设具有显著优势。如图 11 - 1 所示。

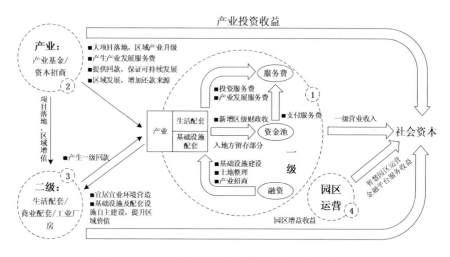

图 11 - 1　PPP 产业新城开发模式内在运作机制示意

第一，与"新城建设型"整体运营商合作，避免了地方政府承担过多的债务压力和繁杂的建设事务，更好履行规划定位、市场监管职能，同时发挥社会资本"鲇鱼效应"，激发竞争活力。通过引入具备雄厚实力的运营商，为城市新区建设过程中的总体设计、土地整理、各种配套以及产业发展、运营管理提供解决方案，打造以高端制造、创新研发和公共空间为核心的生产生活融合的新城区。

第二，通过创新运行管理方式，吸引社会资本参与到产业发展和新城建设当中来，充分发挥社会资本的重要作用。大型产业集聚区采取"管委会 + 市场化运营主体"的 PPP 模式，中小型专业园区可直接采取"市场化运营主体" PPP 模式。通过与园区综合运营商开展整体合作，降低单个园区对接磋商的时间成本、机会成本。建立产业新城PPP项目推进机制，发改、财政等部门应进一步规范PPP项目识别、采购等程序，做好PPP项目物有所值评价，对标剖析产业新城PPP示范项目，以PPP模式试点推动产业新城供给侧改革，形成城市新区产业生态圈建设合力。

（二）智慧新城开发模式

智慧新城的建设在新型城镇化过程中得到了越来越多的关注和重视，其建设的重点在于促进城市智慧发展。城市的智慧发展不仅表现在信息化与工业化、城镇化、农业现代化的深度融合等方面，更体现在新城产业发展、社会民生、城市治理等方面。具体来讲，促进城市智慧发展需要坚持可持续发展的理念，实现资源的优化配置；发展要以人为核心，提高居民生活质量、保障居民就业稳定、增加百姓幸福感和安全感；提高城市治理水平和治理效率，通过智慧城市将管理城市转变为经营城市。创新改革城市发展模式，通过智慧城市的建立促进人与自然、人与社会的协调发展。

第一，打造智慧新城科技园生态链。重视技术平台建设，这是提升产业创新发展的核心内容，构建产业集聚的交流平台。整合各地区特色产业集聚平台，规划各地区创新园区，集聚创新能力打造"双创"产业平台、"双创"园区平台，平台不是单纯地指一个地方、一个园区，更多的是指一个系统体系，是信息产业孵化平台、"互联网＋创业"平台、科研成果转化及人才聚集效应的平台。基于此，打造产业人才资本整合的科技园是新城发展必要的环节。

第二，打造智慧新城产业链。首先是改造传统产业，优化升级产业结构。同时，要把产业链条化与企业集群化有机结合起来，构建合纵连横的产业链群，并强化其在空间上的集聚和集约，以推动产业园区的社区化和行政中心、居住区的产业化，进而形成产城融合、功能完善的新城区。其次是打造智慧新城的产业基金生态链。依托引导性的基金、财政和主要国有企业的基金，找到基金和生态链的契合点，结合金融机构和资本平台，构建智慧新城产业基金，打造产业基金的生态链，形成资金的池子。最后是成立地方平台的运营公司，打造产业生态链。智慧新城的运营平台主要由地方政府、运营公司、基金公司和地方合作伙伴组成,在新城投资建设过程中统筹考虑运营管理、城市整体建设,建立符合本地实际情况的综合服务及运营服务体系。可以建设科技园和"双创"园区,引入小规模的创客和中小企业,推动中西部城市新区"双创"的发展。

第三,打造智慧新城服务链。在不断拓展线上线下发展模式、稳固产业集聚的同时,根据当地优势产业,以长远发展的眼光培育新的经济增长点。推动城市新区管理运营模式从传统模式向现代运营服务模式转变,集聚核心平台和行业信息服务商,通过开展深度合作开发运营以及科技孵化,实现智慧新城真正的落地和产业的发展。立足现实需求,构建从顶层设计智慧城市运营公司产业生态链到行业解决方案以及运营服务、科技园孵化,包括基础设施集成、终端设备、大数据、云计算、物联网等全方位的体系,整合优势资源推动智慧新城发展。

智慧新城模式运作机制及参与主体如图 11 - 2、图 11 - 3 所示。

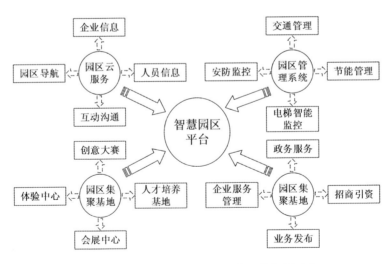

图 11 - 2 智慧新城开发模式内在运作机制示意

(三) 飞地经济模式

飞地经济是一种合作互补、互利共赢的区域经济发展模式,突破行

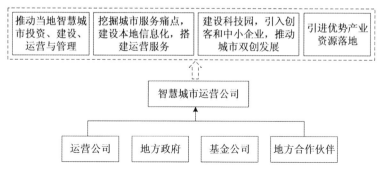

图 11 - 3 智慧新城参与主体示意

政区划的限制，根据规划建设、管理及利益分配等合作协调机制在某一区域内开发建设经济区或产业园区，以达到生产要素的互补和高效利用的目的。通过创新"飞地经济"、共建园区等合作机制，鼓励社会资本参与建设和经营，以及探索行政许可跨区域互认等措施，加快统一市场建设，促进要素自由有序流动，共同拓展市场和发展空间，实现利益共享，推进区域协同发展。

产业转移是循序渐进的过程，试图跨越大的发展差距实现产业转移不如顺应经济区域化有序转移更有效，引导产业有序转移，在产业转移渐次推进过程中实现协调发展。飞出地具有雄厚的资金优势、先进的基地管理经验，但由于飞出地商务成本上升，产业结构升级，必然有一部分产业需要外迁，此时飞地经济工业园成为首选之地。转出企业既可继续享受高质量的基地管理服务，又可充分利用飞入地的成本优势。

飞地经济模式是城市经济溢出效果，是城市向外辐射的具体表现，所辐射产业仍然高度依赖原城市产业链，其本质是企业考虑成本收益下的再一次区位选择，是在以市场为导向的基础上形成的内生经济合力，而不是简单依靠行政力量的桥梁。在中西部欠发达地区合作建设开发各类产业、经济园区，通过规划、建设、管理和利益分配等合作协调机制，是推进飞地经济发展的主要形式、重要内容和有效机制，最终达到互利共赢的目标。因此，应紧密结合国家关于飞地经济模式的政策文件，鼓励中西部地区城市新区以委托管理、投资合作等多种形式，与东部沿海地区合作共建产业园区。

飞地经济模式管理方式及运作机制如图 11 - 4、图 11 - 5 所示。

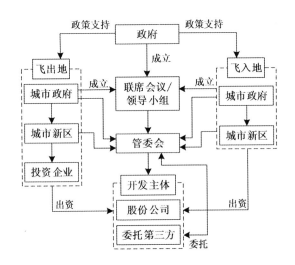

图 11 - 4 飞地经济模式管理方式示意

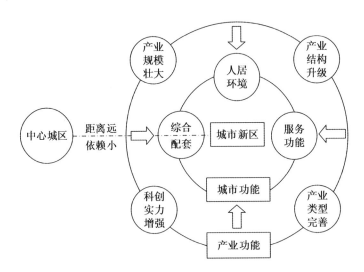

图 11 - 5 飞地经济模式内在运作机制示意

（四）回乡创业园模式

回乡创业园模式是适应劳动力回流和产业转移趋势，坚持把大学生、农民工等人员返乡创业作为推进中西部城市新区产业集聚与城镇化互动发展的主要模式，以"资源整合、政策完善、平台建立、示范引领"为总体发展思路，不断完善政策措施，着力构建服务平台，全力打造示范基地，有效激发全民参与返乡创业热情，促进形成新的区域经济增长点（如图 11 - 6 所示）。

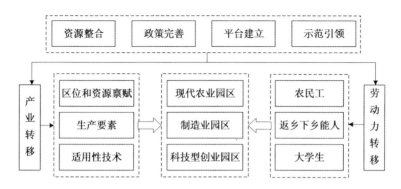

图 11 - 6　回乡创业园模式内在运作机制示意

回乡创业园模式当前主要有两大类型：第一，依托返乡下乡能人的制造业园区。返乡下乡能人是指拥有高中以上学历、基础知识扎实、掌握企业基层管理工作中的基本状况、原理和技能，且拥有一项专门技艺的人才。此类人才回乡后利用在外积累的经验，抓住当地政策机遇，联合外部有实力的公司创办分公司、分工厂或采取其他自创形式，进驻政府创立的工业园，充分利用政府提供的土地、厂房、商业税费的减免以及各类优惠和便利，招募当地农民为员工，解决部分农民的就业问题。同时，运用现代化的机械设备和现代管理技术创办新型企业，营造积极主动的创业氛围和高端的产业环境，使精英型回乡农民工创业形成规模，实现特色产业集聚。第二，以科技为引领的返乡创业园区。主要通过"返乡创业引领计划"，打造返乡创业孵化园，助力种子项目落地生根、新办企业稳定运营、成熟企业加速壮大。创新建设空间、服务、交流、推广四大孵化平台，为返乡创业者免费提供孵化支持。为返乡创业者提供免费"拎包式"入驻办公场所、创业专家指导、"一对一"创业实战培训。通过举办创业沙龙、项目路演等各类创业活动，实现创业资源要素共享互换；通过线上线下多渠道宣传推广，提高返乡创业品牌影响力。建设创新创业示范街区，加快促进创业力量高度汇集、创业载体快速发展、创业资本充分聚集。出台支持大学生、农民工返乡创业的意见以及建设创业示范街区促进创业创新实施方案等，为入驻孵化创业实体免费提供专业指导，并在项目立项、金融信贷、知识产权保护和专利申请等方面给予创业人员强有力的政策扶持。建立返乡创业人才储备库，把懂经营、善管理、精技术的返乡创业人才培养成为基层干部，充分调动返乡创业担当奉献的积极性。

第三节 "双转移"趋势下中西部城市新区产业集聚与新型城镇化互动发展的路径安排

一 "双转移"趋势下中西部城市新区产业集聚与新型城镇化互动发展的基本路径

产城互动发展可分为内部互动发展和外部互动发展。外部互动发展即通过完善城市新区的配套设施、交通条件等，实现城市新区与周边城市的联动发展，从而促进不同功能区块间的融合，包括居住分区、产业分区、商业分区等。内部互动发展立足创新驱动和内涵式发展，通过促进高新技术产业、生产性服务业等战略性新兴产业的科技创新，实现城市新区内部功能区块的融合和经济要素的有机整合。"双转移"趋势下中西部城市新区产业集聚与新型城镇化互动发展的核心是以生产、生态、生活三位一体的深度融合发展为目标，立足空间规划合理分区、服务集聚功能优化升级、生态环境和谐共生，通过经济要素集聚与扩散效应，改善城市新区人口结构和社会关系网络，形成高端产业集聚和新型城镇化互动发展的和谐生态圈，使城市新区成为产城互动、功能完善、集约紧凑、生态优美、管理高效的现代化综合型区域。围绕三大层面，提出中西部城市新区产业集聚与新型城镇化互动发展的基本路径。

1. 宏观层面：产业与城市空间格局有效连接、良性互动。中西部城市新区与城市之间既有相对的独立性，彼此之间的空间和功能又有强烈的联系，共同构成城市的整体。"双转移"趋势下中西部城市新区产业集聚与新型城镇化的互动发展，首先需要抓好城市新区这个重要的结合点，以此为突破口，结合其发展建设需求，以产业功能来定位、以城市功能来配套、以生态功能来融合，将城市和园区当作彼此联系的空间单元，共同构建有机统一的空间组织形式。根据城市新区的具体情况定位主导产业，形成具有竞争力的产业体系。牢固树立全域规划、顶层设计理念，统筹协调城市新区的功能及规模，开发产业优化、功能配套、特色发展的"产城一体化单元"，从而逐步实现城市与新区产业统一建设、统一布局、统一管理，实现以产兴城、以城促产、一体推进发展。

2. 中观层面：生产与生活互促发展、共同繁荣。随着新型城镇化进程加快和经济发展的转型，城市综合功能逐步提升，产业转型升级步伐加快。应坚持存量调优与增量带动并驾齐驱，关注产业结构的优化调整，促进战略性新兴产业发展，实现大产业、广区域、多融合的发展格局。推动高端制造业转型，推动其与生产性服务业融合发展，提升城市新区的整体竞争力。建立"以人为本"的产城综合性功能平台，提高新型城镇化在文、教、娱、医疗、信息、金融等方面的公共服务水平，为城市新区的转型升级提供动力和支撑。城市新区建设在保持高效、精简的"小政府、大服务"基础上，探索创新符合城市新区发展实际的体制机制，充分利用市场手段对城市新区的各类资源进行资本化运作与管理，最大限度地盘活存量资产，实现城市资源配置的最优。以培育相应的城市功能作为支撑，引入新的生产性及生活性配套服务设施，形成功能高度复合的城市单元，使之满足就业居民的生活消费需求。

3. 微观层面：居民与环境协调共生、融合发展。"双转移"趋势下中西部城市新区产业集聚与新型城镇化互动发展，从本质上来说是从以产业发展、功能分区等功能主义为导向转化为以人本主义为导向。针对不同层次、不同需求的居民提供多样化服务，引进、培养、造就高素质人才队伍，从而推动城市新区基础设施建设与社会事业发展，确保城市新区具有优质的服务环境。通过强化可持续发展理念，不断提高环境承载力,从源头上减少生产、流通、消费各环节产生的能源资源消耗及废弃物排放,加快建立循环型经济体系,提高资源利用效率,真正建立起人与自然和谐相处、经济发展与生态保护互为支撑、互促发展的良好关系。以集约利用资源、产业集聚发展为标准,加速引导产业及资源聚焦于城市新区,优化产业布局。统筹规划土地、厂房、水等资源要素配置,提升集约化使用度及要素配置效率,提升城市新区品质。

二 "双转移"趋势下中西部城市新区产业集聚与新型城镇化互动发展的现实路径

1. 坚持创新发展,关注新型城镇化质量提升、加快产业转型升级

(1) 加强创新驱动,深入贯彻落实创新发展战略。新型城镇化与产业集聚会激发创新环境的形成,同时创新会促进产业高质量发展。在新型城镇化与产业集聚互动发展的过程中,从根本上改变传统经济增长方式和企业经营模式,这不仅需要对政府、企业、高等院校、科研机构等社会硬件系统进行创新,而且需要对政策、制度、管理等社会软件系统进行创新。应构建创新型人才培养模式,建立健全科研人才双向流动机制,实行更具有竞争力的人才吸引制度,形成创新人才集聚优势的同时促成知识效应的良性循环。深化科技体制改革,简化知识产权保护程序,健全知识产权维护援助体系,引导企业更多地从市场需求出发运用知识产权。加快推进科技创新体系建设,科学搭建创新平台,积极营造双创政策环境。充分利用城市尤其是大城市的科技资源优势,深化高等院校和科研机构的合作,共同构建全社会的公共研发平台,重点抓好政、产、学、研的合作与交流,完善相关引进、保护等体制机制,切实提高创新科技成果的转化率。同时,要不断完善技术创新服务体系,形成完整的产业孵化器网络,并且通过成果或专利转让,为产业集聚提供强有力的技术保障。加大创新科技研发投入,激励市场研发行为,优化城市新区创新环境。

(2) 以创新为引领,加快城市新区产业转型升级。产城互动发展的前提是产业能级提升引发产业园区的转型升级,城镇服务基础的完善为新区产业的集聚发展创造了条件,产业的集聚进一步促进了人口集中,

从而为城镇化提供了基础支撑；产业发展方向决定了城市功能配套的需求。根据国外创新驱动产业集聚的基本经验，在产城互动发展的最终阶段，产业发展的理想化状态是以科研技术为核心竞争力。产业平台的构建最终是围绕 R&D（科研与开发）产业化的平台建设来进行。因此，在要素集聚阶段，围绕主导产业和园区的核心能力构建产业平台，大力发展以新产业、新业态为导向的战略性新兴产业，通过强调产城互动发展来促进提高工业生产效率、优化产业结构、提高城市技术和信息化水平。把握产业转移、转型升级的基本规律，构建以企业为主体，"产业链、创新链、人才链、资金链、政策链"五链统筹的产业创新生态体系。按照国家供给侧结构性改革的发展要求，合理调整中西部地区城市新区产业结构，加大对高新技术产业与科技服务产业的投资力度。

2. 坚持协调发展，把握市场与政府关系，促进"产""城"协同发展

（1）发挥市场决定地位与政府引导作用，优化城市新区营商环境。在新型城镇化建设与产业集聚发展的实际工作中，发挥政府的调控作用，避免对市场行为进行过多干预。政府在整体布局规划以及工作落实中，要加深对城市新区产城互动发展的理解，积极充当好服务者与辅导者的角色。深化行政体制改革，在行政审批等事务方面进一步简化流程，提高行政审批效率；同时改善投资、融资环境，加快建设社会信用体系，提高政府服务社会的水平。充分发挥市场机制对资源的配置作用，发挥市场在价格调整中的决定性作用，制定有关高新技术产业、知识和技术成果转化、知识创新型人才引进的支持政策。

（2）促进"产""城"合理布局。为促进中西部城市新区新型城镇化与产业集聚协同发展，既要遵循新型城镇化发展规律，紧扣时代发展背景、经济社会发展阶段与人民物质生活需求，使新型城镇化发展与之匹配，又要把握产业集聚规律，有针对性、主次分明地培育与新型城镇化发展要求相融合的产业。坚持城镇化、工业化、信息化、农业现代化同步发展，积极引导产业聚焦于各类空间载体，逐步形成产业与人口、资源、环境合理分布的空间格局。发挥国家级新区、综合配套改革试验区、自由贸易区等特殊功能区的优势，推进一批国家级或省级重点产业

项目落户，以项目带动配套产业合作，使之成为区域发展的新增长极和体制创新的先行区。坚持因地制宜，适度集聚和集约发展原则，引导各级园区转型升级建设以产兴城、依城促产、产城互动发展的现代产业新城，使之成为带动本地区产业集聚和新型城镇化互动发展的引擎。积极完善公共服务平台建设，支持行业龙头企业率先突破，引导产业集聚创新升级，增强产业配套服务能力，推动中西部地区城市新区以产业转移为重点，实现产业链条整体转移和关联产业协同转移。

3. 坚持绿色发展，促进"产""城"可持续发展

良好的生态环境是建设和谐社会的必然要求，不能走"先破坏后建设，先污染后治理"的发展老路，要树立绿色可持续发展理念，加强新兴产业和城镇化发展的协同，既要有"金山银山"，又要有"绿水青山"，既要有利于经济的可持续发展，又要居民适宜健康生存和发展。从主体功能区定位出发，坚持绿色发展、循环发展、低碳发展，加强生态环境保护与治理，推进建设循环经济，打造低碳生活方式和宜居环境。

（1）加强生态环境保护与治理，推行循环经济建设。中西部地区山水林田湖的占比高，在发展过程中更应注重生态环境的保护，在产业结构调整以及承接产业转移的过程中，以绿色发展为理念，健全产业环境管理体系，加大执法力度，打造绿色产业体系。着力建设集约高效的循环经济体系，大力推行环保产业发展，建立环保资金筹措机制，引进先进的技术，支持传统制造业进行绿色改造。

（2）加快构建低碳、智能、绿色的宜居生态环境。树立低碳生活的消费理念，鼓励使用节能环保型产品，大力推广绿色建筑材料的使用，倡导生活垃圾分类、鼓励新能源汽车的使用，积极开展低碳社区建设，发展再制造以及再生产品利用，扩大中西部城市新区低碳发展试点，积极推进电子废物回收体系建设。营造优质人居环境，根据中西部城市新区未来人口、产业布局、土地利用和新型城镇化格局，打造形态多元、功能复合的城市生态开放空间，加大生态工程建设投入力度，构建功能良好的绿地林地系统，使居民有更多亲近大自然的活动空间。

4. 坚持开放发展，构建开放、包容的"产""城"发展体系

（1）提高新型城镇化开放发展水平，促进城市之间合作机制的协调

建立。中西部城市新区发展与新型城镇化建设要求不断深化开放合作及改革创新，同时这也是构建产业体系、促进人口集聚的重要途径。中西部城市新区应积极优化对外开放环境，加强中西部城市新区与长三角、珠三角、京津冀等地区的交流合作，强化产业协作，加快建设产业转移示范区。通过积极承接产业转移，努力提升产城互动发展水平。

（2）提高产业"引进来""走出去"的发展水平，加强产业发展技术交流。中西部城市新区通过充分利用本地优势条件，通过有效的招商引资战略，以优化政策来吸引投资，更需要创建良好的投资平台，实现信息、物质和技术的共享，并建立完善的中介机构，为投资者、投资企业提供完善的配套服务。不断优化城市新区营商环境，发挥地区资源优势、产业基础优势，提高招商引资的质量和效益。把握"长江经济带""一带一路"等带来的发展机遇，协同设立"走出去"发展引导基金和综合信息服务平台，推动中西部城市新区中高端制造业、服务业"走出去"步伐。在招商引资中，通过引入新技术，提高企业运营能力；通过科技创新水平提高企业全要素生产率，降低生产经营成本，向投资者推介项目，满足产业集聚建设需求，形成较完整的产业链，使得招商引资不仅满足投资者的需要和欲望，符合投资者与社会发展的最大利益和区域可持续发展的要求。中西部城市新区间在产业转移的趋势下完善区域合作开发长效机制，构建政府联动机制，经常沟通区域产业联动发展问题，加大与周边区域的交流，寻找引进来和走出去的联动机遇。

（3）运用大数据动态监测城市新区产业集聚与新型城镇化互动发展进程，提高公众参与度。以大数据分析和应用全面推进中西部城市新区产业发展、新型城镇化发展建设决策的科学化，通过构建国家、区域、城镇、乡村的完整数据体系，及时识别突出矛盾和关键问题，明确调控的目标和任务，做到超前预判和未雨绸缪，提高政策应对的主动性，从根本上扭转头痛医头、脚痛医脚的被动调控方式；借助现代化数据信息平台和工具，推进产业集聚、新型城镇化数据信息的集成化存储、管理、应用和共享，为推进中西部城市新区产业集聚和新型城镇化决策和管理，提供最基础的依据；通过大数据平台的不断推广、普及和扩大应用，支撑中西部城市新区产业集聚与新型城镇化相关信息和数据的开放和共享，提高城市新区建设决策和管理的公众参与度，引导社会公众更便捷、更直观、更高效地认知和参与城市新区建设，为不同群体更好地表达自身诉求提供平台和渠道。

5. 坚持共享发展，打造以人为本，产、城、人融合发展的城市新区

（1）以人的发展为核心，解决户籍限制、职住分离等问题。产业集聚与新型城镇化互动发展的最终目的，即通过促进工业化与城镇化协调发展，最终提高居民生活水平，由注重功能分区和产业结构向关注融合发展以及以人为本的转型。城市功能的培育不是简单的居住功能导入，还包括以人的需求为导向的文化功能、服务功能与信息交流共享功能。从以人为本的角度推进产业集聚与新型城镇化互动发展，需要针对不同地区的不同阶段来制定发展规划，有计划地完善城市新区的社会服务功能，从人群自身的需求出发，重点关注人口城镇化水平、城镇居民收入水平、城镇居民居住水平、生活服务业发展程度、职住关系和人口素质水平；加快完善户籍、住房、教育以及社会保障等民生相关制度的改革，促进服务业的发展转型，全面构建中西部城市新区有利于人的全面发展的新型产城关系。

（2）合理配置公共服务资源，完善基础设施建设和公共服务体系。科学统筹与均衡配置城市新区范围内的优质公共服务资源，诸如学校、三甲医院、生态绿地、文化休闲设施、体育运动场所等。通过制定相关政策引导公共服务的均衡布局，增加所涉及行政区公共服务设施的数量和规模，完善教育、医疗卫生等配套设施以满足产城融合发展的需要。进一步完善基础设施，促进各片区间基础设施的互联互通，加快推进有助于对外联系的跨区域重大基础设施建设；完善城乡之间的基础设施连接，推动水、电、路、气等基础设施的城乡联网与一体化发展，大幅改善物流基础设施，完善交通运输网络体系，降低物流成本，提升城市能级与运营效率。在区域一体化、城市新区开发规模及水平都逐渐提升的背景下，城市新区应当优势互补、密切合作，在行业中互相交流，从而形成服务圈共享、创新平台共享的合作共享机制，促进与周边区域的空间联系和互动发展。充分发挥规模优势，进一步提高城市服务水平，吸引更多高素质人群入住。投入更多的资金扩大公共网络覆盖率，建设普

惠互联网，提升区际网络效率。同时，注重交通模式与土地利用模式的结合。在完善公交体系的基础上，采用以公共交通为导向的土地利用模式。在此基础上实行商务、商业、居住等功能的混合，并配套各类公共服务设施，为居民提供便捷、一体化的生活服务。

第十二章

"双转移"趋势下产业集聚与新型城镇化
互动发展的政策设计

　　党的十八大以来,党中央、国务院高度重视新城新区的产业集聚与新型城镇化互动发展问题,2013 年出台的《中共中央关于全面深化改革若干重大问题的决定》,明确要求完善城镇化健康发展体制机制,坚持中国特色新型城镇化道路,推进以人为核心的城镇化,促进产业和城镇融合发展。2014 年颁布《国家新型城镇化规划(2014—2020 年)》,指出因中心城区功能过度叠加、人口密度过高或规避自然灾害等原因,新城新区的规划必须以人口密度、产出强度和资源环境承载力为基准,严格新城新区设立条件,科学合理编制规划,严格控制建设用地规模,规划建设要与行政区划相协调。加强现有开发区城市功能改造,推动单一生产功能向城市综合功能转型,统筹生产区、办公区、生活区、商业区等功能区规划建设,推进功能混合和产城融合,在集聚产业的同时集聚人口,防止新城新区空心化。2015 年出台《关于开展产城融合示范区建设有关工作的通知》,要求全面落实产城互动发展理念,按照生产空间集约高效、生活空间宜居适度、生态空间山清水秀的原则,科学规划空间发展布局,统筹规划包括产业集聚区、人口集聚区、综合服务区、生态保护区等在内的功能分区。2016 年出台《关于支持各地开展产城融合示范区建设的通知》,根据一年来各地开展示范区建设实际情况,提出了 58 个产城融合示范区建设的主要任务,要求各地在示范区建设中明确发展目标、控制开发强度、创新体制机制、落实工作责任。2021 年国家发展改革委印发的《2021年新型城镇化和城乡融合发展重点任务》，为实现产城融合和职住平衡。提出相关户籍支持制度以及城市间发展模式创新。党的二十大报告明确了中国式现代化的基本内涵，为新时代产城融合指明了方向，为中西部城市新区产业集聚与新型城镇化互动发展的政策设计提供了根本遵循。

围绕上述政策背景，立足于习近平新时代中国特色社会主义思想和基本方略，结合目前我国中西部地区城市新区产业集聚与新型城镇化互动发展面临的主要问题与制约因素，从产城互动发展的定位与规划、基础建设、创新发展、生态保护、城市治理、人才集聚等视角出发，系统开展政策设计，为中西部城市新区产业集聚与新型城镇化互动发展提供政策和制度保障。

第一节 科学规划中西部城市新区，优化完善发展方向和功能定位

城市新区发展定位的优化是一项极具全局性和综合性的工作，尤其是产业的选择和布局要与现代化建设的总体要求相一致，符合城市新区的定位、总体规划，统筹全局，构筑所在区域一脉相承的优势产业，为实现城市新区未来一段时期内的发展目标做指引。

（一）把握全国城市群与产业布局重心，科学规划新区发展方向

我国未来中等消费群体新增的空间在中西部和县城等中小城市，要在发挥城市群主体地位的同时，引导城镇化的重心向西向下即"中西部化"和"中小城市化"。以中西部地区城市发展定位为基础，根据中西部城市新区实际情况，以政府为主导，做好产业、城市前瞻性的规划和定位，准确定位符合区域持续发展的产业、城市规划及城市功能配套，在规划的过程中认清城市新区所处的社会、经济现状，明确其产城互动发展的定位及重点任务，综合城市新区的资源禀赋、生态环境、产业结构、交通运输、土地利用等比较优势，确立符合自身发展需求的产业集聚与新型城镇化互动发展路径。在明晰发展定位的基础上，因地制宜，有序推进。对于产业发展与城市建设发展不同步的新城区，将全面提升软环

境、硬环境作为部分发展较缓慢的中西部城市新区的首要任务，强调"产""城"同步发展、分时序推进。

（二）完善功能定位，合理控制城市增长边界和开发强度

开展空间规划试点，以中西部城市新区发展定位为基础，综合考虑经济社会发展、产业布局、人口集聚趋势，根据不同主体功能定位，合理划定生态、农业、城镇空间以及生态保护红线、永久基本农田、城镇开发边界"三区三线"。合理控制城市开发边界，落实最严格的耕地保护制度和节约用地制度，严格保护基本农田，优先划定城镇周边永久基本农田。区域各项建设必须符合土地利用总体规划，严格控制新增建设用地占用耕地，提高土地使用效率。对于中西部城市新区的建设，应当根据城市规划的实际情况及合理诉求，严格控制开发用地规模，特别是产业园区及房地产规模，提高土地资源利用效率，促进新区功能完善和合理发展。新城与母城之间充分发挥各自的特点与优势，合理利用新城与周边城镇之间的交通轴线进行连接，贯彻落实绿色发展理念，综合水、公园、林地等生态廊道在城市新区中的积极作用。根据生态适宜性，构建城市内外部的生态格局，减少新区的热岛效应，加快推进由相对单一功能转化为多样化功能，促进城市空间的优化布局。

（三）制定功能区分布规划，优化现代化产业体系布局

城市新区的规划建设发展应在城市有序开发的视角下，以新型现代化城区为目标，积极促进产业园区与生活园区融合，按照生产空间集约高效、生活空间宜居适度、生态空间山清水秀的原则，科学规划空间发展布局，统筹规划包括产业集聚区、人口集聚区、综合服务区、生态保护区等在内的功能分区，将相关产业配套、生活基础设施作为引入高价值生产环节及生产服务性产业的保障。打造以城市为关键节点的新型区域生产综合体，增强经济发展韧性。在城市新区整体空间规划中，应将基础配套设施建设、产业结构优化调整、社会保障制度健全、文教娱医疗提升等因素综合考虑。探索网络化、多中心、多功能的田园城市发展模式，力保城镇网络的主体骨架与主要产业的空间分布基本一致，把工业产业园区作为有机组成部分，纳入新城镇总体规划，合理安排城镇及产业发展规模和布局。中西部城市新区在产业集聚与新型城镇化互动发

展中需要明确城市新区功能区划,通过空间规划将不同的功能分区进行合理分布,进一步推动和优化中央商务区、生活与休闲区、居民生活区、商业区等功能区的融合建设和协调发展。

加强城市功能规划与产业发展定位,实现"规划与定位同步原则",避免盲目建设导致城市空心化,或者产业定位不准确,产业优势难以发展。打造新兴产业链,推动传统产业链高端化、智能化、绿色化,发展服务型制造。中西部城市新区顺应产城互动发展新趋势,出台相应的产业规划和导向政策,在数量与质量上双重提高生产性服务业占比,在金融行业、文化行业、教育行业等现代服务产业的引入中,通过财税政策优惠、政策补贴等方式给予鼓励与支持,为城市新区提供配套生产生活设施,减轻此类企业的经营、融资成本,为生产性服务企业的提升、改造和完善提供充足的资金支撑。增加科技研发投入,培育和创新符合各地区自身特色的节能环保绿色产业。延伸已有产业链条,以主导产业为核心,向产业链的上下游拓展,促进中西部城市新区产业发展体系功能定位相匹配。重点引进产业链的高端产业,比如生产性服务业、总部经济,进一步推进新区产业转型升级。制定针对性规划,逐步引导鼓励企业从依托物质消耗向依靠科研创新转换,形成以产兴城、以城促产的产城融合新业态。

(四)重视产业规划与城市功能衔接,提高规划编制科学性

协调产业设施和居住设施的合理布局以及周边区域设施资源的共建共享,逐步实现综合性城区的转变。其中,产业、居民居住和服务对土地的依存度不同,在新区规划时,应当以主导产业对土地的依存度为依据,确立土地利用分配与主导空间布局模式,考虑适度混合用地。劳动密集型产业的就业人员相对密集,产业链覆盖范围较长,相关功能集群相对较多,可以在空间上和居民住宅、服务中心、生态景观等融合,并且居住社区与工业生产区能够相对融合;资本密集型产业生产过程中交通、噪音和环境的影响对居民的日常生活影响较大,同时,资本密集型产业的就业人口密度较低,通常其规划用地呈现块、片状分布,从而在空间上与居住生活区有所分离;技术密集型产业的就业人员同样密集,但其土地使用相对集约,可以和居住区、服务区等穿插融合,空间格局

相对灵活。探索空间综合功能管控措施，建立规划实施部门协同机制，搭建多部门共建共享空间规划信息管理平台及相关子平台，实现规划信息多规合一和多部门业务信息互联互通，构建以空间规划为基础的各类投资项目空间管控部门并联审批核准制度。

将新型城镇化与产业集聚互动发展、职住平衡等发展理念贯穿到新城开发建设的整个过程中，为推动城市空间、土地利用、产业发展和人口发展等专项规划之间的相互融合、衔接，在规划编制中各部门充分发挥联动作用，保持规划的稳定性和权威性，引导新城基础设施合理建设、产业发展科学布局、新增人口有序导入、公共服务按需配备。为增强社会各界的互动性，通过建立专家咨询委员会、征求社会意见、引进第三方评估等形式，不断提高规划编制的科学性，使各项规划更具可行性和认同性。

第二节　构建现代化基础设施体系，提高中西部城市新区公共服务水平

（一）统筹"新基建"与传统基建一体化规划建设

按照"统筹规划、适度超前、合理布局、综合提升"的原则，建立人口发展与产业经济相适应的城市新区基础设施服务网络。强化"新基建"，推动新型基础设施建设与新应用场景深度融合，统筹推进第五代移动通信、工业互联网、大数据中心等新型基础设施建设合理布局，统筹推进城乡新型基础设施与传统基础设施一体化规划建设。结合场景创新、模式创新，完善城市物联网感知体系，加强数字社会、数字政府建设，加强智能交通、智慧管网、智慧水务、智慧医疗、智慧教育、智慧养老、智慧社区等新业态新模式发展应用，为推进新型城镇化与产业结构升级联动发展提供物质技术支撑。

高标准建设内外交通体系，形成内捷外畅的现代综合交通网络体系。通过加快新区水陆空等基础交通建设，提高新区产业集聚区位优势，降低企业集聚成本，提供更为便捷的城市出行方式。优化能源利用结构，

构建有力的电网、燃气网能源保障体系，建设清洁低碳、安全高效的现代能源体系，完善新区供水、排水系统。除此之外，城市新区政府可以把城市建设作为切入点，注重功能的集成融合，制定相应的推进城市功能完善的政策，加强财政向城市新区转移的力度，加大对医院、学校、交通等基础设施的投入，提供有优质写字楼、学校、医院、图书馆、文体中心、人才公寓多业态在内的公共服务配套设施，完善住房保障制度，提供舒适便捷的和谐社区，打造产城融合新亮点，实现园区从单一功能向多元功能的转变。

（二）"以人为核心"提升公共服务水平

1. 改革户籍制度，打通城乡要素双向流动梗阻

统筹考虑经济社会发展水平和基础设施、公共服务、资源环境等综合承载能力，全面放开市辖区落户限制。在制度设计上，首先要优先放开中小城市户籍限制，加快建立城乡统一的户籍管理制度，加快推动农业转移人口市民化，鼓励人口向中小城市集聚，奠定人口规模基础，扩大国内大循环所需消费需求。充分尊重和保护农业转移人口的合法权益，保障落户后在劳动报酬、子女教育、公共卫生、住房保障、文化服务等方面的基本权益，建立基本公共服务与常住人口挂钩机制，消除农业转移人口落户城镇的后顾之忧。深化农村产权制度改革，集体经营性建设用地入市要探索扩大土地使用权入市的用途，宅基地"三权分置"改革要拓展使用权向外部人员流转的空间，实现农民传统的"宅基地和耕地社保"向更加具有现代社会意义的社保转变，完善产业集聚与人口集中良性互动、工业化与城镇化互促互进的机制，推动更大范围的城乡要素市场化双向流动。

2. 提高公共服务标准化、均等化水平

健全社区医疗卫生服务网络，保障城乡居民在居住地享有基本医疗卫生服务。积极稳妥推进公立医院改革和基层医疗卫生机构综合改革。构建合理的分级诊疗新机制，加快形成基层首诊、双向转诊、分级医疗的就医格局。推进医师多点执业，优化医疗资源配置，加快卫生信息化建设，促进城乡共享优质的医疗卫生资源。建立教育经费稳定增长机制，大力促进教育公平，完善城乡一体的义务教育资源均衡配置体系。加快

国家公共文化服务体系示范区和基层综合性文化服务中心建设，不断提高公共文化产品和服务供给能力。加强就业信息监测平台和就业信息公共服务网络建设，完善创业扶持政策，促进充分就业。实施全民参保计划，全面实现医疗、失业、工伤、生育保险等统筹，持续推进保障性安居工程，强化低收入人群住房保障。完善公共文化服务方式和机制，实现基本公共文化服务标准化、均等化。

第三节 实施科技创新驱动，推动
中西部城市新区优化升级

营造城市新区科技创新的"生态小气候"，突破制度瓶颈，深入实施创新驱动的发展战略，形成符合科技创新规律的科技管理体制机制。通过构建科技创新支持体系，降低自主创新的风险和成本，有效释放市场活力，提高自主创新成功率。

（一）建立市场主导、政府引导的创新投入机制

政府结合城市的总体规划，打造一批具有专业化、社会化、国际化特征的孵化创业空间。积极发挥政府能动性，通过购买社会组织服务、加强项目管理、推行平台使用费用补贴等方式，充分调动社会组织对公共服务平台的积极性，建立功能完备、开放协作、高效运转的科技中介服务体系。鼓励部分民营行业龙头企业、市场竞争类国有企业共同参与创新提升工程，将企业作为提升市场创新能力的核心力量。政府在科技创新方面的资金投入发挥引导作用，通过鼓励引导社会资本加入以及资金的杠杆作用，不断优化科技创新布局。完善创新创业投资机制，鼓励金融机构提供符合创新创业需求的金融服务，不断创新股、债、贷、担保、保险等科技金融产品和工具。鼓励发展创业投资基金，加大对小微企业创新的支持力度。

（二）打造功能完备的科技创新政策支撑体系

积极深化知识产权领域改革，建立严格的知识产权保护制度，加快建设知识产权综合服务平台等交易运营服务体系。支持中西部城市新区的企业利用多层次资本市场、科技投融资体系做大做强，从而带动更多

的社会资本向初创期、种子期潜在优势科技创新企业集聚，完善符合科技创新规律、以功能为导向的股权投资体系。建立海外人才离港创新创业基地，扩展一批海外合作载体，开展双向离岸的创业模式，打造开放式创新体系。积极搭建创新平台，深化与科研院所的战略合作，支持企业参与国际技术创新合作，拓展国际科技合作的广度和深度。通过财政出资、吸引外部融资等方式组建产业基金，建立科技型企业与金融机构对接的渠道，创新投融资或金融配套服务模式，大力发展知识产权质押融资，合理设置知识产权成果收益分配的比例和分配方式，引导金融机构参与到科技创新链中。进一步制定和完善支持企业创新的政策，探索金融资本与产业资本的融合，探索构建多层次多渠道融资服务体系。

（三）完善灵活高效的科技管理机制

优化企业服务职能，在过去城市新区的规划管理中，通常由政府部门直接管理项目，随着经济社会的不断发展，对政府职能以及市场地位的认知不断变化，需要逐步改变以往做法，建立健全城市新区政府层面统一高效的科技创新管理体制机制，对重大科创规划及项目、重大科技创新改革举措、科技创新资源整合进行顶层设计、综合协调和统一决策；建立健全科技创新类园区分类考核机制。

（四）建立创新链与产业链耦合协调发展机制

加快构建城市群协同自主创新链，完善大城市科技策源地龙头创新与周边区域产业培育引导机制，强化企业创新主体地位，推动产学研深度融合，引导在城市新区创新策源地加快形成新产业区并逐步向周边区域和中小城市进行产业、技术梯度转移，促进周边城市人口与产业要素协同集聚。建立中西部城市新区与发达城市新区合作构建机制，以带动城镇化质量与工业化水平同步提高。推动创新体系战略性重构，加强关键核心技术攻关，加快布局建设基础研究、前沿创新和生产制造相结合技术集群，构建安全的技术供给体系，以此增强城市新区创新策源功能。

第四节 健全中西部城市新区生态功能，
注重生态环境保护

（一）严格项目准入门槛，加强建设监管机制

生态文明建设是理念、制度和行动的综合，需要通过制度规范和引导行动。在企业引进、项目成立、城市建设方面需要建立一整套完整的监管机制，比如建立城市新区生态环境负面清单制度和环评预估制。统筹处理好经济发展和生态环境保护的关系，实行更具针对性的产业准入和环境准入政策与标准，严禁开展不符合功能定位的开发建设，注重引进投资规模大、科技含量高、资源消耗低、环境污染小的项目，对三高一低（高投入、高消耗、高污染、低效益）项目坚决不引进。促进资源节约集约利用，提高能源资源利用效率，严格控制主要污染物排放总量。建立实施公众监督机制，融合互联网技术，让公众对新区相关企业生产、运输、运营以及城市项目建设立项、实施等环节进行监督。

（二）推进污染防治，加强生态系统保护修复

根据中西部城市新区所处地理位置与自然资源状况，合理进行水资源保护与水污染治理；深入推进大气污染治理，全面完成钢铁、水泥、建材等行业脱硫脱硝除尘达标治理，加强燃煤、工业、机动车等污染防治，强化重污染天气应急应对，推动城市空气质量明显改善。积极推进土壤污染防治，深入推进土壤重金属污染农田修复试点工作，完善重金属污染土地退出机制，严格危险废物环境监管。启动区域大气污染环境监测工程，加快推进工业固体废物和危险废物、医疗废物等污染防治。推进山水林田湖草生态保护修复工程试点，布局推行绿色发展方式和生活方式，开展区域空间环境影响评价。

（三）健全治理所需的财政、金融体制

构建适应生态环境治理需要的财政体制，通过财政补贴、优惠政策等措施，扶持生态环境建设企业的经营活动，鼓励企业开展资源综合利用，刺激企业增加生态环境投入；构建适应生态环境治理需要的税收制度，实现特定的生态环境保护目标筹集的财政收入；构建适应生态环境

治理需要的金融体制，按照市场化模式，改革生态投融资机制，发挥商业性金融机构在生态投融资体系中的作用，调整和改善生态环境投融资结构。

第五节 健全发展体制机制，
提高城市新区治理现代化水平

（一）发展智慧城市，提高中西部城市新区治理水平

1. 加强智慧城市建设

开展"互联网＋"行动，加快全光网城市和农村宽带网络建设，在已有无线建设基础的城市新区中加大5G网络投入。着眼传统产业转型升级和战略性新兴产业发展，深化产业链信息化应用协同，带动行业信息化能力的整体提升；加强城市建设中互联网相关技术的融合，提高城市管理信息化、数字化水平，围绕城市建设管理中的重点和薄弱环节，利用先进、可靠、适用的信息技术和创新的管理理念，在城市设施维护、建设工程管理等方面，通过强化跨部门数据整合和业务协同，进一步提高城市建设管理的精细化、智能化水平。建设并完善专业网络化管理系统、建设地下空间管理信息平台。

2. 优化行政环境，提高行政管理效率

深化政务放管服改革，按照服务政府、效率型政府的要求，加大简政放权、放管结合、优化服务力度，在城市新区探索综合执法、统一市场监管、实行扁平化管理，探索建立精简高效的管理体制和运行机制。进一步增强服务意识，减少审批程序，规范审批行为，搭建"互联网＋政务服务"平台，推行一站式服务和电子政务，优化政务环境。

3. 推动政策有效实施

首先，在政策制定之前，多种渠道、多种方式征求社会意见，确保政策制定的科学性和可操作性；其次，政策执行过程中，明确各执行主体的职能和职责，制定严格的执行机制、责任机制，保证政策的权威性及有效性；最后，政策执行后，制定有效的反馈及监督机制，提高政策

执行过程中的公众参与度，并将评价纳入考核考评，提高政策执行水平。

（二）创新中西部城市新区管理体制

1. 完善区域整体协调体制机制

促进中西部城市新区产业集聚与城镇化互动发展，需要充分联动周边，依托周边资源以更深层次的多方联动实现资源的共享、产业的共联、功能的共生，实现更大范围内要素的统筹、均衡协调发展，由此应建立相应的协调机构和完善的区域协调机制，具体包括：一是建立区域协调共进机构。着眼于打造区域特色的产业集群，完善中西部城市新区空间地域综合规划体系中的国土、城市、交通、区域等规划，强化区域间的协调，推动协同发展。二是建立健全区域产业协调机制。根据中西部城市新区经济发展状况、资源禀赋等实际情况，合理调整各地区的产业布局，并匹配相对应的产业分工，减少冗复的产业布局。三是建立区域行为协商机制。在具体实施促进产业集聚与新型城镇化互动发展过程中，应当建立区域内主体共同参与的行为协商制度，以减少区域内市场分割、各自为政现象的发生，推动区域经济、社会一体化发展。

2. 推进主体部门制定合理机制

一是中西部城市新区政府设立工作小组办公室，制定统一的管理方案、监督考核制度，权责界定清晰，避免造成工作重复及遗漏现象，依托如成渝地区双城经济圈等战略，对中西部城市新区发展工作进行统一规划管理；二是建立各部门之间的联动协商机制，从而确保各部门在工作中权责分明、沟通顺畅，推动产城互动发展工作有序承接、及时推进。

3. 建立"共同开发"的合作机制

建立跨行政层级的复合行政的合作机制，这种机制不是集权的一级行政机构，也不是松散的政府间协调机制，而是具有一定行政职能的政府间合作机制，将提供跨行政区公共服务，如统一规划、统一政策、统一服务，实现区域整体性共同开发。促进区域合作互动，将中西部城市新区部分的设施建设交由市场，与有经验的开发商共同开发商业综合体，有效减少由于政府在商业综合体经营上的经验不足及高额商业地价等致使的小型商业企业高成本问题。

第六节 完善中西部城市新区人才引进及激励机制

积极探索人才体制机制、管理服务体系和综合环境等领域的制度创新和政策突破，在中西部城市新区将更优秀的人才汇聚其中，以更加开放的姿态，积极营造尊重知识、尊重人才、尊重创造的社会氛围，在人才引进、人才激励、服务配套等方面尽快与国际对接，完善人才体制机制和管理服务体系等相关的政策，落实高素质人才待遇，形成人才辈出、人尽其才的良好局面。

（一）建立城市新区开放高效的人才引进制度

充分发挥中西部城市新区区位优势，大力吸引东部发达地区回流人才，积极承接周边城市地区人口转移。深化户籍制度改革，建立与户籍制度脱钩的基本公共服务提供机制，推进城乡、区域、人群基本公共服务均等化，促进人口有序流动、自由迁徙。拓宽人才吸引渠道，放宽创新创业人才户籍政策，不断加强人才发展平台建设，对于引进的高素质人才申请各类专家资格证书、就业证书、执业资格证书认证等，试点放宽政策，推动境内外执业资格互认合作。建立人才引进"绿色通道"，建立人才引进协同服务机制。实行招商引资和招才引智相结合，在引进中高端企业项目时，更加注重引进拥有先进技术的人才团队，实现城、产、人三者良性互动。

（二）完善城市新区创新创业人才培育激励机制

建立以市场为导向的科技成果转化、处置新机制，充分调动高等院校、科研院所科技人员的积极性，通过政府公共平台在技术服务、财政支撑方面的积极作用，更加关注人才综合能力与贡献，将人才的评价通过市场化的方式进行考核，不仅仅关注人才的能力以及对企业的效益贡献，同时也关注人才对社会的贡献程度。完善科技成果转化利益的分配机制，加设股权及期权奖励方式，加大对自主创新企业及个人的奖励力度。

（三）进一步建立健全城市新区人才服务保障机制

实施更积极的人才引进和利用政策，完善税收、保险、住房、就医、子女入学、安家、奖励等配套措施。引进满足外籍及归国留学高层次人才教育需求的国际教育资源，其子女享受本地户籍学生同等待遇，打造国际化人才社区，为人才提供更全面的保障。同时，为创新创业人才提供更多的发展空间与机遇，通过建设青年创新创业社区、外籍人才创业社区等方式提供基础平台。鼓励与国际知名猎头公司合作，成立国际人力资源服务机构。

附　　录

附录一　关于盘活工业园区资源，设立服务新兴产业科技创新转化实体平台的对策建议

经济新常态下重庆市各区县工业园区近年来快速发展，在规模、结构及增长模式等方面呈现出新变化，传统招商引资的效果趋平或下降，已开发场地及房屋设施的闲置面积扩大。为落实重庆市委市政府关于发展战略性新兴产业、实施创新驱动战略的重大部署，推动工业园区转型提质，深化体制机制改革，特建议：按照"盘活园区闲置资源，转化科技创新成果，激活入驻企业提质潜能，为新兴产业发展打造成长生态"的指导思路，改革产学研协同方式，在有条件的园区设立服务新兴产业的科技创新转化实体平台。具体实施建议是：政府综合管理部门指导协调，工业园区提供一定场地设施，企业提出科技需求和支持必要经费，市内外高校及科研院所组织科技人才团队，共同组建企业化运行的科技创新转化实体平台，试行产业科技 PPP 模式，规范准入退出机制，探索产学研协同多赢的创新驱动实施路径，通过科技要素与产业要素双引进，为园区可持续发展夯实基础。

一　发展态势及问题

自 2002 年以来，经过 19 年快速发展，重庆市形成了以两江新区、重庆高新区为双核，3 个国家级经开区、3 个国家级高新区、4 个海关特殊监管区为中坚，36 个市级园区为支撑的 "2 + 10 + 36" 园区发展架构体

系。重庆市 48 个工业园区规划面积 1242 平方千米，园区建成区面积超过 700 平方千米；入驻规上工业企业超过 4800 家，占全市的 72%；规模工业企业用地产出强度突破 80 亿元/平方千米；累计建成标准厂房 2500 万平方米，入驻规上企业 901 户，规上工业产值 1641 亿元，占重庆市园区的 10% 以上。到目前为止，重庆市累计创建各类特色产业基地 77 个，其中国家新型工业化产业示范基地 13 个，市级特色产业示范基地 11 个，建设基地 53 个，基本形成了以 1—3 个特色产业基地为支撑的发展格局，特色产业产值超过园区工业总产值的 40%，形成了以两江鱼复为核心，空港、江津、永川、合川、巴南、涪陵、万州等园区为支撑的汽车产业集群，以两江水土、西永综保区、两路寸滩保税港区、重庆经开区、潼南园区为主的电子信息产业集群，已成为重庆市工业发展的"双引擎"，工业园区已成为重庆经济发展的主要支撑。

在当前经济下行压力和市场需求疲弱的环境下，重庆市工业园区存在资源闲置扩大、招商引资困难、缺乏新兴产业入驻的科技环境支撑等主要问题。

1. 资源集约利用度偏低，闲置问题较为突出。从土地利用率来看，重庆市园区土地利用率为 35.54%。区县园区情况统计显示，垫江园区、潼南园区、合川园区和长寿经开区土地资源未开发面积较大。部分园区厂房和商务楼宇闲置面积增多，有的园区闲置面积占比超过 40%。

2. 园区招商引资效果下降，传统招商方式面临挑战。由于区位等条件的差距，部分园区在同质化招商引资竞争中不占优势，尤其是区县园区年度引资均较少。

3. 适用新产品开发乏力，科技成果产业化滞后。从工业新产品产值来看，2015—2018 年全市规模以上工业企业新产品产值分别为 4672.74 亿元、4807.99 亿元、5285.66 亿元、4283.13 亿元，在小幅震荡中呈下降趋势；从新产品产值占工业总产值比重来看，2015—2018 年全市比重分别为 24.88%、20.11%、24.97%、20.7%，整体呈下降趋势。以上数据表明，全市工业新产品的市场需求不旺、吸引力不强，从中也反映出新产品开发对接市场需求不足，产品竞争力不强。全市科技成果转化率偏低，科技成果成功产品化、产业化较少，尤其是"6+1"工业支柱产业和十大战略性新兴产业领域的科技成果产业化相对滞后，亟待提升成果转化率，加快产业化进程，以满足创新发展需求。

4. 园区缺少符合新兴产业发展所需的科技创新与转化平台支撑。据《重庆统计年鉴2019》显示，全市有一定规模 R&D 活动的单位仅 2315 个，且分布不均，主要集中在主城区及其周边；渝东南、渝东北有的区县仅有 1—2 个有 R&D 活动的单位，多数区县现有科技力量难以支撑主导产业发展的科技创新需求。近年来重庆市做大做强主城都市区，做优做特渝东北三峡库区城镇群、渝东南武陵山区城镇群，建立健全与新发展格局相适应的"一区两群"协调发展新机制，推动区域协调发展提升到更高水平，并对不同功能区的主导产业进行了差异化布局，明确了发展任务。据此，大部分工业园区产业发展方向的调整优化需培育和设立科技创新与转化实体平台，增强园区发展的内生动力。

二　工作指向

1. 突破招商引资传统方式的困局，在引进产业资源要素的同时，把引进科技创新要素（科技研发及人才团队、成长型中小科技企业、创客群体等）作为当前盘活闲置资源、激发创新活力、孕育新兴产业增长点的重要工作抓手。

2. 有条件的园区可组建一个（或数个）产业科技协同创新园。落实条件和管理举措，推进市属高校、科研院所组织人才团队稳步入驻，同时吸引国内外科技力量与园区企业协同创新。

3. 利用园区闲置场地房屋，以创办科技企业和开发新产品为引导，用新的方式与创新环境引进与科技成果和企业投资，逐步成为园区创新发展可依托的固定科技人才队伍。

三　举措建议

1. 改革推动，探索科技协同组合的 PPP 模式。以需求为导向、园区为引导、企业为主导，市内外高校、科研院所组织人才团队参与，共建产业科技协同创新园实体平台，突破园区与其他创新主体间的壁垒，实现不同主体之间创新要素的有效汇聚和优化组合。该实体平台要围绕园区主导产业,加强市内外高校、科研院所创新资源与园区企业技术需求的对接,加强创新项目与市场需求对接,加强创新成果与产业应用对接,协同开展产业技术创新和科技成果产业化活动,促进高校、科研院所的科技成果向现实生产力转化,帮助企业提升产业技术水平和产品竞争力,有效破解科技成果落地难问题,切实增强区域协同创新能力。园区还要深度整合创新驱动优惠政策,引进产业要素的同时引进科技要素,推进产业链、创新链、资金链的耦合协同,形成创新驱动招商引资的新环境;尤其是要大力激活45个市属科研院所、70个高等学校的资源优势,充分用好《重庆市深化体制机制改革加快实施创新驱动发展战略行动计划(2015—2020年)》《重庆市促进科技成果转化股权和分红激励实施办法》的政策优势,引导和推动每个市属科研院所、高等学校至少对接1个园区、完成几项科技成果转化,促进专业团队和科研成果在园区落地生根。同时亦为大学毕业生开拓新的施展才干之地。

2. 用好重庆市"互联网+"的网络优势和新政策。以此有效拉近边远区县园区与主城都市区科技教育资源的距离,创造条件,吸引资源到当地扎根。一是充分发挥互联网在生产要素配置中的优化和集成作用,有效整合高校、科研院所和企业内科技资源,建设科技资源共享云服务平台,引导实验室、企业工程(技术)研究中心、科学仪器中心等向边远区县开放服务,实现科技资源的开放整合与高效利用。二是放大主城都市区优质教育及科技资源的功能和价值,连接打通学校、园区、企业等资源设施,构建完善的教育科技资源云服务体系,促进边远区县共享更多教育科技资源和信息。三是加快互联网与传统产业的深度融合,全力推动边远区县园区传统产业转型升级。四是充分利用闲置厂房、仓库等载体,通过"互联网+""创投基金+"等服务模式创新,合力培育一批融合线上服务平台、线下孵化载体、创业辅导体系及技术与资本支撑等功能的众创空间。

3. 求实协调推进,因地制宜加快建设。建议市经信委牵头,会同科技、教育等部门提出工作要求,积极落实促进工业园区科技转化创新平台建设的各项政策措施;各区县工业园区要结合实际制定具体实施方案,明确工作任务、落地条件保障和必要的政策支持,因地制宜推进平台建设。

附录二　重庆两群重点产业园区定位优化与调整的建议

所谓"一区"，是指主城都市区；"两群"是指"渝东北三峡库区城镇群"和"渝东南武陵山区城镇群"。"一区两群"以主城都市区为龙头，通过圈层格局和轴带联动，带动渝东北、渝东南地区带状城镇群的发展，渝东北三峡库区城镇群包括万州、梁平、开州、城口、丰都、垫江、忠县、云阳、奉节、巫山、巫溪 11 个区县，面积 3.4 万平方千米，2018 年常住人口 818.8 万人。渝东南武陵山区城镇群包括黔江、武隆、石柱、秀山、酉阳、彭水 6 个区县（自治县），面积 2.0 万平方千米，2018 年常住人口 237.1 万人。

一　"一区两群"发展定位及要求

推进"一区两群"协调发展，把"一区"做大做强，把"两群"做特做优，统筹做好产业规划布局、产业协同发展，引导主城都市区基础原材料、一般机械加工制造领域企业向"两群"地区有序转移，构建区域、产业、园区协同发展的新格局。主城都市区在全市发展大局中地位至关重要，"强核提能级"不断增强国际影响力和竞争力，包括增强中心城区高端要素集聚集成能力、推动主城新区扩容提质；围绕"扩容提品质"，当好新型工业化主战场，加快构建现代产业体系，同时梯次推动主城新区和中心城区功能互补、交通基础设施同城化及产业协同发展等，主城都市区与周边市县协同联动，以点带面，推动形成一体化发展的现代化都市圈。渝东北三峡库区城镇群要坚持共抓大保护、不搞大开发，落实生态优先、绿色发展，践行生态优先当示范、绿色发展当标杆的重要使命，联动川东北地区，着力打造成渝地区双城经济圈第三极。渝东南武陵山区城镇群要努力打造成文旅融合发展新标杆、绿色创新发展新高地、人与自然和谐宜居新典范，发挥其扼守重庆东南门户和西部陆海新通道南向"桥头堡"的区位优势，助力延伸扩展成渝地区双城经济圈辐射范围。

二 深刻理解重庆"一区两群"协同发展的重大意义

（一）推动高质量发展的现实需求

"一区两群"协调发展是基于重庆市区域不同的区位条件、资源禀赋、发展基础等因素的一体化谋划，是重庆站在战略和全局的高度来谋划区域发展，深入贯彻新发展理念，推动主城都市区、渝东北三峡库区城镇群、渝东南武陵山区城镇群协同发力，努力在服务国家战略中发挥好"三个作用"的具体实践，是切实把"加快推动城乡融合发展，建立健全城乡一体融合发展的体制机制和政策体系，推动区域协调发展"重要指示转化为工作思路、具体抓手、发展成果的生动体现。通过增强中心城市综合承载能力，完善重要节点城市专业化服务功能，通过加强长江黄金水道和对外交通网络体系建设，深化区域合作，融入长江经济带、"一带一路"倡议等发展机遇，助力重庆形成内陆开放高地建设的新格局。

（二）推动区域经济协调发展的系统部署

重庆市委市政府多次召开会议传达学习习近平总书记在中央财经委员会第六次会议上的重要讲话精神，明确提出要坚持从全局谋划一域、以一域服务全局，与时俱进完善空间规划布局，推进成渝地区双城经济圈一体化发展，推动"一圈两群"区域协调发展，加快形成优势互补、高质量发展的区域经济布局。将"一区两群"协调发展作为成渝地区双城经济圈建设的载体，推动重庆主城都市区、渝东北三峡库区城镇群、渝东南武陵山区城镇群协同发展，是在成渝地区双城经济圈建设顶层设计大框架下，重庆谋划推动全市区域协调发展的有效路径，是唱好"双城记"、建好"经济圈"，把国家战略要求转化为战略行动的系统部署。"一区两群"协调发展战略内在需要以开放的心态、以互利共赢的理念加强与"一区两群"各区县的联系，在功能上实现互补，在产业上发挥各自优势。

三 两群重点产业园区现状及政策建议

渝东北三峡库区城镇群是遵循可持续发展理念和发展方式的转变，

突出涵养长江三峡库区水体的重点，保育青山绿水，构筑长江上游生态屏障，服务国家总体战略需要。目前共设有万州（5个分园区）、梁平（4个）、丰都（4个）、垫江（4个）、忠县（5个）、云阳（3个）、巫山（2个）、奉节（4个）、巫溪（3个）、城口（3个）等11个市级工业园区，包含41个分园区。合计规划用地面积219.5平方千米；其中园区用地最多的梁平县为51.5平方千米。2019年渝东北三峡库区城市群实现生产总值4078亿元。

附表1　　　　　　　　渝东北三峡库区城镇群园区建设基本情况

序号	范围	分园数量（个）	规划面积（平方千米）
1	万州	5	30.0
2	梁平	4	51.5
3	丰都	4	30.0
4	开县	4	20
5	垫江	4	23.8
6	忠县	5	15
7	云阳	3	10.5
8	巫山	2	4.7
9	奉节	4	16.0
10	巫溪	3	13.5
11	城口	3	4.5
	总计	41	219.5

　　渝东南武陵山区城镇群要求针对生态环境脆弱、敏感等特点，强调减少人为扰动，突出增强生态自我修复能力，担负武隆山区生态屏障的保育责任。目前已有酉阳（5个分园区）、黔江（5个）、石柱（4个）、秀山（4个）、武隆（5个）、彭水（1个）等6个市级工业园区，包含24个分园区。合计规划用地面积121.8平方千米，其中园区用地最多的秀山县为40平方千米。2019年渝东南武陵山区城镇群实现生产总值1290.49亿元。

附表 2　　　　　　渝东南武陵山区城镇群园区建设基本情况

序号	范围	分园数量（个）	规划面积（平方公里）
1	酉阳	5	10.8
2	黔江	5	25.6
3	石柱	4	20.0
4	秀山	4	40.0
5	武隆	5	19.0
6	彭水	1	6.4
总计		24	121.8

现有产业园区面临生态保护与经济发展的两难选择，如何在生态保护优先的前提下发展经济实现双赢？针对现有产业园区已入住有矿产初加工、水泥、化工等环境污染重的企业、产业园区环境友好型企业招商引资难、产业园区发展压力大等现状，我们认为：两群的重点产业园区应优化调整为走发展生态经济之路，科学定位、转变方式、调整提升、求实发展。为此，提出如下政策建议：

1. 建议市政府制定指导管理办法，优化两大城镇群内重点产业园区的经营与发展。建议市政府成立重点产业园区发展协调小组，编制《重庆市国家重点生态功能区产业园区产业布局规划指导意见》，明确市产业园区主管部门负责对两大城镇群内现有重点产业园区定位与规划建设进行协调指导，求实解决发展中的生态环境影响问题；统筹规划园区产业定位和入住项目布局，统筹协调产业园区科学有序发展。

2. 调整优化重点产业园区发展定位和方向。结合"一区两群"发展定位，从可持续发展的长远高度，切实转变现有两大城镇群重点产业园区发展理念和发展方式，调整优化重点产业园区的发展定位，并制定分类调控措施。从现有产业园区中选出发展前景好、环保措施全的园区，给予优惠政策，进行扶持；选择适合当地发展并符合生态环境友好要求的新兴产业进入园区，建设保护环境、节约资源的循环经济产业园区，达到生态转型、持续成长的建园目标。

3. 与生态红线划分相结合，收缩规划用地规模，集约经营实际开发用地。按照我市国家重点生态功能区生态红线划分的要求和标准，明晰两大城镇群重点产业园区土地利用的方向和规模。摸底调查重点产业园区土地利用情况，重点整治存有闲置土地的重点产业园区，推行闲置土地退出机制。推进土地等资源的集约节约使用，提高单位面积土地投入产出效率。结合"一区两群"发展定位要求，制定重点产业园区土地利用新思路，实现产业布局与土地利用的动态协调与优化。

4. 对重点产业园区进行废弃资源循环利用改造。对园区相关企业进行前期调研，逐步淘汰污染严重、高能耗、低产能的企业，利用新技术对一些技术落后的企业进行改造，使之达到相关的循环利用与环保标准。鼓励节能环保型企业入住，完成已建成和未建成园区的改造和调整；加强园区企业排污情况的监测和监督，建立企业排污信任制度一票否决制度，并制定相关的法律法规，依法执行；加强园区管网、绿地及节能环保设施的科学规划建设，避免园区因基础设施陈旧造成排放污染。有效整合产业链，加强资源综合利用，发展循环经济，有效推进工业节能降耗、污染减排，实现节约、清洁和安全生产。

5. 以环境友好为产业选择前提，改变传统招商引资方式。建立园区产业发展远景规划与企业入驻环境友好准入条件。严格企业入园环保综合评定标准，对新入驻企业进行环保评价和专家论证，规范产业准入管控。严格重点产业园区招商引资方式，规范执行，防止人为操作和腐败行为的发生。

6. 加大市级财政统筹与转移支付，为生态环境保育提供基本保障。建议市里加强两大城镇群财政支付的动态安排，对相关区县的农业和现代服务业给予特殊支持；调动相关区县既保护生态又振兴经济的潜力与积极性，促进两大城镇群与全市经济社会同步持续发展。

参考文献

一 著作

蔡昉等：《劳动力流动的政治经济学》，上海人民出版社 2003 年版。

[日] 大西胜明：《日本的产业结构》，青木书店 1999 年版。

工业和信息化部产业政策司、国家工业信息安全发展研究中心：《中国产业转移年度报告》，电子工业出版社 2015 年版。

[英] 霍华德：《明日的田园城市》，金经元译，商务印书馆 2010 年版。

[阿根廷] 劳尔·普雷维什：《外围资本主义：危机与改造》，商务印书馆 1990 年版。

李湛、黄建钢：《国家级新区拓展发展新空间》，上海交通大学出版社 2017 年版。

卢根鑫：《国际产业转移论》，上海人民出版社 1997 年版。

[美] 阿瑟·刘易斯：《二元经济论》，北京经济学院出版社 1991 年版。

[日] 藤田昌九、[比] 雅克－弗朗斯瓦·蒂斯：《集聚经济学：城市、产业区位与全球化》，石敏俊等译，格致出版社、上海三联书店、上海人民出版社 2016 年版。

[日] 小岛清：《对外贸易论》，周宝廉译，南开大学出版社 1987 年版。

吴大进等：《协同学原理和应用》，华中理工大学出版社 1990 年版。

谢德金、佘颖：《新型城镇化与战略性新兴产业互动研究》，社会科学文献出版社 2017 年版。

杨刚强、张建清：《长江中游城市群新型城镇化与产业协同发展报告》，社会科学文献出版社 2016 年版。

钟永光等：《系统动力学》，科学出版社 2009 年版。

钟永光等：《系统动力学前沿与应用》，科学出版社 2016 年版。

二 论文

李园：《基于产城融合视角下的经济技术开发区空间布局规划研究——以绵阳经开区为例》，硕士学位论文，西南科技大学，2018 年。

廖玉林：《重庆市城镇化与生态环境协调发展路径研究》，硕士学位论文，重庆大学，2017 年。

路明静：《北京市顺义科创园区产城融合路径研究》，硕士学位论文，首都经济贸易大学，2018 年。

宋哲：《我国产业转移的动因与效应分析》，博士学位论文，武汉大学，2013 年。

汪海军：《产城融合发展的动力机制研究》，硕士学位论文，天津师范大学，2016 年。

张锋：《基于系统动力学的开发区产城融合发展评价研究》，硕士学位论文，浙江财经大学，2016 年。

三 期刊

安静、王荣成：《国家级新区产城融合的耦合协调评价——以舟山群岛新区和青岛西海岸新区为例》，《资源开发与市场》2001 年第 37 期。

白重恩等：《地方保护主义及产业地区集中度的决定因素和变动趋势》，《经济研究》2004 年第 4 期。

毕学成、谷人旭、苏勤：《产业集聚背景下制造业省内转移过程与机理》，《河海大学学报》2018 年第 20 卷第 3 期。

蔡丽娟：《产城融合视域下的制造业产业集群转型升级研究》，《经济研究导刊》2018 年第 5 期。

曹炳汝、孙巧：《产业集聚与城镇空间格局的耦合关系及时空演化——以长三角区域为例》，《地理研究》2019 年第 38 卷第 12 期。

曹薇、邱荣燕：《金融发展、资源禀赋与区域承接产业转移的门槛效应分析》，《华东经济管理》2017 年第 4 期。

陈斌：《长三角城镇化、产业集聚与区域创新承载力的耦合关系》，《南通大学学报》2020 年第 36 卷第 1 期。

陈春、董冰洁：《货币外部性对地区产业转移的影响研究——基于 CP 模型视角》，《宏观经济研究》2019 年第 9 期。

陈国亮、陈建军：《产业关联、空间地理与二三产业共同集聚——来自中国 212 个城市的经验考察》，《管理世界》2012 年第 4 期。

陈浩、郭力：《"双转移"趋势与城镇化模式转型》，《城市问题》2012 年第 2 期。

陈吉元：《市场经济理论与深化农村改革》，《农村经济与社会》1993 年第 1 期。

陈继海：《世界各国产业集聚模式比较研究》，《经济纵横》2003 年第 6 期。

陈建军：《中国现阶段产业区域转移的实证研究——结合浙江 105 家企业的问卷调查报告的分析》，《管理世界》2002 年第 6 期。

陈亮、贺正楚：《产业转移的承接特征及产业转移的承接力评价：以湖南为例》，《社会科学家》2019 年第 12 期。

陈强远、梁琦：《技术比较优势、劳动力知识溢出与转型经济体城镇化》，《管理世界》2014 年第 14 期。

陈修颖、顾朝林：《福建省基于闽台互动的产业与空间结构调整研究》，《地理科学》2003 第 23 卷第 4 期。

陈彦斌：《形成双循环新发展格局关键在于提升居民消费与有效投资》，《经济评论》2020 年第 6 期。

陈阳、唐晓华：《制造业集聚对城市绿色全要素生产率的溢出效应研究——基于城市等级视角》，《财贸研究》2018 年第 29 卷第 1 期。

陈奕玮、吴维库：《产业集聚、产业多样化与城市经济韧性关系研究》，《科技进步与对策》2021 年第 7 期。

陈银娥、孙琼：《中国基础设施发展水平测算及影响因素——基于省级面板数据的实证研究》，《经济地理》2016 年第 8 期。

陈映、张曦桢：《城市新区建设中的产业选择与配置——以天津滨海新区为例》，《城市发展研究》2014 年第 21 卷第 5 期。

陈运平、黄小勇：《泛县域经济产城融合共生：演化逻辑、理论解构与产业路径》，《宏观经济研究》2016 年第 4 期。

程名望等：《农村剩余劳动力转移的一个动态搜寻模型与实证分析》，《管理评论》2013 年第 25 卷第 1 期。

程叶青、翟梦潇、王莹等：《海南省新型城镇化发展模式及驱动力分析——以琼海市为例》，《地理科学》2019 年第 39 卷第 12 期。

程中华、于斌斌：《产业集聚与技术进步——基于中国城市数据的空间计量分析》，《山西财经大学学报》2014 年第 36 卷第 10 期。

仇保兴：《中国特色的城镇化模式之辨——"C 模式"：超越"A 模式"的诱惑和"B 模式"的泥淖》，《城市发展研究》2009 年第 16 卷第 1 期。

丛海彬、段巍、吴福象：《新型城镇化中的产城融合及其福利效应》，《中国工业经济》2017 年第 11 期。

丛海彬、邹德玲、刘程军：《新型城镇化背景下产城融合的时空格局分析——来自中国 285 个地级市的实际考察》，《经济地理》2017 年第 37 卷第 7 期。

崔功豪：《新时期城镇体系规划的新趋势》，《规划师》1999 年第 3 期。

崔征、田丽娜：《河北省新型城镇化评价指标体系的构建》，《河北企业》2014 年第 4 期。

戴宏伟：《加快"大北京"经济圈生产要素流动 促进产业梯度转移》，《经济与管理》2003 年第 6 期。

戴其文等：《污染企业/产业转移的特征、模式与动力机制》，《地理研究》2020 年第 39 卷第 7 期。

邓祥征等：《黄河流域城市群与产业转型发展》，《自然资源学报》2021 年第 6 卷第 2 期。

丁建军：《产业转移的新经济地理学解释》，《财经科学》2011 年第 1 期。

丁静：《新时代乡村振兴与新型城镇化的战略融合及协调推进》，《社会主义研究》2019 年第 5 期。

丁鹏飞：《基于 DO 指数的上海市制造业空间集聚测度研究》，《经济论坛》2019 年第 1 期。

丁守海：《中国城镇发展中的就业问题》，《中国社会科学》2014 年第 1 期。

杜宝东：《产城融合的多维解析》，《规划师》2014 年第 6 期。

杜传忠、金华旺：《城镇化与工业化耦合协同对区域自主创新能力的影响研究——基于空间溢出效应视角》，《经济问题探索》2020 年第 4 期。

杜希饶、刘凌：《贸易、环境污染与经济增长——基于开放经济下的一个内生增长模型》，《财经研究》2006 年第 32 卷第 12 期。

杜鹰：《现阶段中国农村劳动力流动的群体特征与宏观背景分析》，《中国农村经济》1997 年第 6 期。

范斐等：《环境约束下区域科技资源配置效率的空间溢出效应研究》，《中国软科学》2016 年第 4 期。

范剑勇：《产业集聚与地区间劳动生产率差异》，《经济研究》2006 年第 11 期。

范剑勇：《市场一体化、地区专业化与产业集聚趋势——兼谈对地区差距的影响》，《中国社会科学》2004 年第 6 期。

范剑勇等：《产业集聚与农村劳动力的跨区域流动》，《管理世界》2004 年第 4 期。

范晓莉等：《战略性新兴产业集聚发展及影响因素分析》，《统计与决策》2017 年第 14 期。

费孝通：《论中国小城镇的发展》，《中国农村经济》1996 年第 3 期。

付丽娜、彭真善、张爱群：《新型城镇化与产业结构的交互影响——以环长株潭城市群为例》，《经济地理》2020 年第 40 卷第 11 期。

付书科、廖莉莉、刘念：《长江经济带物流产业集聚水平测度分析》，《商业经济研究》2018 年第 5 期。

傅十和、洪俊杰：《企业规模、城市规模与集聚经济——对中国制造业企业普查数据的实证分析》，《经济研究》2008 年第 43 卷第 11 期。

傅允生：《产业转移、劳动力回流与区域经济协调发展》，《学术月刊》2013 年第 45 卷第 3 期。

盖庆恩等：《劳动力转移对中国农业生产的影响》，《经济学》2014 年第 13 卷第 3 期。

盖晓敏、张文娟：《中国产业集聚发展演变趋势探讨——基于"中心外围"模型的分析》，《山东大学学报》2011 年第 6 期。

赓金洲等：《特色小镇产业集聚与都市圈区域集聚的耦合机制研究——以浙江省为例》，《软科学》2021 年第 35 卷第 4 期。

辜胜阻、李永周：《我国农村城镇化的战略方向》，《中国农村经济》2000 年第 6 期。

辜胜阻、孙祥栋、刘江日：《推进产业和劳动力"双转移"的战略思考》，《人口研究》2013 年第 37 卷第 3 期。

关爱萍、魏立强：《区际产业转移技术创新溢出效应的空间计量分析——基于西部地区的实证研究》，《经济问题探索》2013 年第 9 期。

郭春良、王瑾瑜：《产业集群向中西部转移的区位选择研究——基于集群租视角》，《河南社会科学》2019 年第 27 卷第 3 期。

郭宏毅：《环境规制对制造业产业集聚影响的实证分析》，《统计与决策》2018 年第 34 卷第 10 期。

郭凯峰、苏涵：《云南省城镇化发展特征、路径及对策研究》，《规划师》2011 年第 27 卷第 12 期。

郭元晞、常晓鸣：《产业转移类型与中西部地区产业承接方式转变》，《社会科学研究》2010 年第 4 期。

韩立达、牟雪淞：《新型城镇化影响因素研究——对四川省数据的实证分析》，《经济问题探索》2018 年第 1 期。

何春等：《"一带一路"节点城市新型城镇化水平测度及优化》，《经济问题探索》2017 年第 6 期。

何雄浪：《专业化产业集聚、要素流动与区域工业化——克鲁格曼中心—外围模型新发展》，《财经研究》2007 年第 2 期。

何雄浪、李国平：《专业化产业集聚、空间成本与区域工业化》，《经济学》2007 年第 4 期。

贺灿飞等：《中国制造业省区分布及其影响因素》，《地理研究》2008 年第 3 期。

贺传皎等：《产城融合目标下的产业园区规划编制方法探讨——以深圳市为例》，《城市规划》2017 年第 41 卷第 4 期。

洪银兴、杨玉珍、王荣：《城镇化新阶段：农业转移人口和农民市民化》，《经济理论与经济管理》2021年第41卷第1期。

侯泽华、梁双陆：《"一带一路"、产业转移与区域协调发展》，《山西财经大学学报》2021年第43卷第7期。

胡珑瑛、蒋樟生：《产业集聚的分形研究》，《管理世界》2007年第3期。

胡伟、张玉杰：《中西部承接产业转移的成效——基于地理信息系统的空间分析方法》，《当代财经》2015年第2期。

胡勇泰：《中国全要素生产率：来自农业部门劳动力再配置的首要作用》，《经济研究》1998年第3期。

胡元瑞、田成志、吕萍：《产业转型升级与新型城镇化建设的时空耦合效应机理与实证研究》，《工业技术经济》2020年第39卷第9期。

黄成昆、廖嘉玮、储德平：《新型城镇化下旅游产城融合的交互机理及驱动因素——以长三角地区为例》，《资源开发与市场》2021年第37卷第5期。

黄大湖、丁士军、谭昶：《农村劳动力转移的减贫及其空间溢出效应——基于省级面板数据的分析》，《中国农业资源与区划》2021年第7期。

黄枫、孙世龙：《让市场配置农地资源：劳动力转移与农地使用权市场发育》，《管理世界》2015年第7期。

黄海立：《新型城镇化与产业结构优化协调发展实证研究》，《统计与决策》2021年第37卷第5期。

黄桦、张文霞、崔亚妮：《转型升级背景下开发区产城融合的评价及对策——以山西为例》，《经济问题》2018年第11期。

黄茂兴、张建威：《中国推动城镇化发展：历程、成就与启示》，《数量经济技术经济研究》2021年第38卷第6期。

黄乾：《农村劳动力非正规部门就业的经济学分析》，《中国农村经济》2003年第5期。

黄新建、花晨、马晋文：《江西产城融合发展测评与研究》，《江西社会科学》2016年第36卷第2期。

惠宁：《产业集群理论的研究现状及其新发展》，《管理世界》2005年第11期。

姬顺玉等：《基于东西部对比视角下的西部承接产业转移问题研究》，《兰州学刊》2015 年第 1 期。

吉亚辉、陈智：《贸易自由、产业集聚与新型城镇化——基于省级数据的实证分析》，《商业经济研究》2018 年第 14 期。

纪成君、孙晓霞：《信息化、城镇化与产业结构升级的互动关系》，《科技管理研究》2019 年第 39 卷第 21 期。

纪明、钟敏、许春慧：《我国产业转移效率的测算及其对经济增长的影响》，《统计与决策》2021 年第 37 卷第 10 期。

纪慰华：《产城融合发展的综合交通体系规划途径——以上海市临港地区为例》，《规划师》2014 年第 30 卷第 6 期。

贾晶等：《河南省国家高新技术产业开发区产城融合测度评价》，《地域研究与开发》2019 年第 38 卷第 5 期。

江小涓、孟丽君：《内循环为主、外循环赋能与更高水平双循环——国际经验与中国实践》，《管理世界》2021 年第 37 卷第 1 期。

江泽林：《农村一二三产业融合发展再探索》，《农业经济问题》2021 年第 6 期。

焦方义、张东超：《新型城镇化构建"双循环"新发展格局的机制与路径》，《新疆大学学报》2021 年第 49 卷第 4 期。

金镭等：《资源型产业集群发展动力模型的构建及应用——基于阜新煤炭产业集群的研究》，《中国管理科学》2014 年第 22 卷第 S1 期。

金煜等：《中国的地区工业集聚：经济地理、新经济地理与经济政策》，《经济研究》2006 年第 4 期。

柯善咨、赵曜：《产业结构、城市规模与中国城市生产率》，《经济研究》2014 年第 49 卷第 4 期。

孔雪松等：《湖北省人口—土地—产业城镇化的时空分异与动态耦合分析》，《经济地理》2019 年第 39 卷第 4 期。

蓝庆新、陈超凡：《新型城镇化推动产业结构升级了吗？——基于中国省级面板数据的空间计量研究》，《财经研究》2013 年第 39 卷第 12 期。

李朝林：《马克思的相对过剩人口理论与我国失业问题》，《经济与管理》2004 年第 18 卷第 11 期。

李丹、李翠兰：《基于 DEA 模型的中西部地区承接产业转移效率评价》，《经济研究导刊》2015 年第 13 期。

李海龙、高德步、谢毓兰：《以"大保护、大开放、高质量"构建西部大开发新格局的思路研究》，《宏观经济研究》2021 年第 6 期。

李郇、殷江滨：《劳动力回流：小城镇发展的新动力》，《城市规划学刊》2012 年第 2 期。

李磊、潘慧玲：《区域经济与生态环境的关联耦合——以江苏省为例》，《技术经济》2012 年第 31 卷第 9 期。

李铁立：《"双转移"战略：欧盟的经验和启发》，《国际经贸探索》2009 年第 25 卷第 12 期。

李维维：《新时代新型城镇化的政策与策略——评〈新型城镇化背景下的城乡关系〉》，《中国农业资源与区划》2021 年第 42 卷第 3 期。

李伟：《关于扶持农民工返乡创业的观点综述》，《经济研究参考》2011 年第 54 期。

李雯轩、李晓华：《新发展格局下区域间产业转移与升级的路径研究——对"雁阵模式"的再探讨》，《经济学家》2021 年第 6 期。

李晓萍等：《经济集聚、选择效应与企业生产率》，《管理世界》2015 年第 4 期。

李星、曾九利：《基于产城一体理念的城市用地结构研究方法探索》，《规划师》2013 年第 29 卷第 S1 期。

李扬：《西部地区人力资源开发对经济增长影响研究》，《科学管理研究》2009 年第 27 卷第 5 期。

李扬、殷剑峰：《劳动力转移过程中的高储蓄、高投资和中国经济增长》，《经济研究》2005 年第 2 期。

李豫新、张争妍：《西部地区产城融合测评及门槛效应研究》，《统计与决策》2021 年第 37 卷第 5 期。

李芝倩：《劳动力市场分割下的中国农村劳动力流动模型》，《南开经济研究》2007 年第 1 期。

李子联等：《新型城镇化与区域协调发展：机理、问题与路径》，《中共中央党校学报》2018 年第 22 卷第 1 期。

梁琦：《中国制造业分工、地方专业化及其国际比较》，《世界经济》2004
　　年第 12 期。

梁琦等：《户籍改革、劳动力流动与城市层级体系优化》，《中国社会科
　　学》2013 年第 12 期。

梁琦、王斯克：《集聚效应、选择效应及其对区域生产效率的影响》，《华
　　南理工大学学报》（社会科学版）2019 年第 21 卷第 1 期。

梁小萌：《规模经济和产业集聚及区域协调——入世后我国产业竞争优势
　　的培育》，《改革与战略》2000 年第 5 期。

梁学成：《产城融合视域下文化产业园区与城市建设互动发展影响因素研
　　究》，《中国软科学》2017 年第 1 期。

梁学成：《服务价值链视角下的服务业多元化发展路径探究》，《中国软科
　　学》2016 年第 6 期。

林建永：《浦东新区早期开发协同机制对福州新区的借鉴研究》，《发展研
　　究》2019 年第 2 期。

林珊、林发彬：《新型城镇化进程与产业集聚支撑能力研究——以福建省
　　为例》，《亚太经济》2018 年第 4 期。

刘宝香：《产城融合视角下我国农业转移人口住房模式研究——基于就业
　　效应作用渠道的分析》，《经济问题探索》2017 年第 7 期。

刘峰、张成利：《企业集群的密度制约模型与集群波动研究》，《理论学
　　刊》2004 年第 10 期。

刘军、段会娟：《我国产业集聚新趋势及影响因素研究》，《经济问题探
　　索》2015 年第 1 期。

刘俊勇、蒋凯、杨超：《多主体利益诉求下中国产业转移驱动因素分析》，
　　《经济问题探索》2021 年第 4 期。

刘莉君、刘友金：《产业转移与土地利用的耦合作用机理及协调度评
　　价——以环长株潭城市群为例》，《财经理论与实践》2019 年第 4 期。

刘明：《基于宏观视角的中国农业劳动力转移影响因素分析》，《中国农村
　　经济》2012 年第 12 期。

刘明：《空间集聚与中国制造业增长——基于 2008—2013 年省域数据》，
　　《经济问题探索》2017 年第 5 期。

刘明、王霞、金亚亚：《西部地区承接制造业转移能力评价及承接策略》，《统计与信息论坛》2020 年第 35 卷第 8 期。

刘荣增、王淑华：《城市新区的产城融合》，《城市问题》2013 年第 6 期。

刘淑茹，魏晓晓：《新时代新型城镇化与产业结构协调发展测度》，《湖南社会科学》2019 年第 1 期。

刘晓光等：《基础设施的城乡收入分配效应：基于劳动力转移的视角》，《世界经济》2015 年第 38 卷第 3 期。

刘欣英：《产城融合的影响因素及作用机制》，《经济问题》2016 年第 8 期。

刘秀梅、田维明：《我国农村劳动力转移对经济增长的贡献分析》，《管理世界》2005 年第 1 期。

刘友金、王冰：《基于中心—外围模型的产业转移滞缓成因及对策研究》，《湖南科技大学学报》（社会科学版）2013 年第 16 卷第 4 期。

刘愿：《广东省区际产业转移与环境污染——基于 21 个地级市面板数据双重差分的实证研究》，《产业经济评论》2016 年第 4 期。

卢淳杰：《"双转移"是推动科学发展的一种有效制度设计》，《理论前沿》2009 年第 14 期。

吕丹等：《新型城镇化质量评价指标体系综述与重构》，《财经问题研究》2014 年第 9 期。

栾江、马瑞：《农村劳动力转移就业稳定性对土地流转的影响效应研究——基于迁移异质性视角》，《中国农业资源与区划》2021 年第 1 卷第 15 期。

罗明忠等：《农业分工、资源禀赋与农村劳动力农业产业内转移》，《江苏大学学报》（社会科学版）2018 年第 20 卷第 2 期。

罗明忠、刘子玉：《要素流动视角下新型工农城乡关系构建：症结与突破》，《农林经济管理学报》2021 年第 20 卷第 1 期。

罗润东等：《2018 年中国经济学研究热点分析》，《经济学动态》2019 年第 4 期。

罗勇、曹丽莉：《中国制造业集聚程度变动趋势实证研究》，《经济研究》2005 年第 8 期。

马国勇、蔡玲松：《城镇化与产业集聚交互作用机理研究》，《哈尔滨工业大学学报》（社会科学版）2019 年第 21 卷第 5 期。

马丽等：《中国经济与环境污染耦合度格局及工业结构解析》，《地理学报》2012 年第 67 卷第 10 期。

马野驰、祝滨滨：《产城融合发展存在的问题与对策研究》，《经济纵横》2015 年第 5 期。

毛小明：《产业承接地工业园区产城融合问题探析》，《中州学刊》2015 年第 12 期。

苗长虹：《马歇尔产业区理论的复兴及其理论意义》，《地域研究与开发》2004 年第 1 期。

欧阳东等：《产业园区产城融合发展路径与规划策略——以中泰（崇左）产业园为例》，《规划师》2014 年第 30 卷第 6 期。

潘锦云、姜凌、丁羊林：《城镇化制约了工业化升级发展吗——基于产业和城镇融合发展的视角》，《经济学家》2014 年第 9 期。

潘婧等：《基于系统动力学的港城耦合系统模型构建及仿真——以连云港为例》，《系统工程理论与实践》2012 年第 32 卷第 11 期。

潘文卿、刘庆：《中国制造业产业集聚与地区经济增长——基于中国工业企业数据的研究》，《清华大学学报》（哲学社会科学版）2012 年第 27 卷第 1 期。

潘泽瀚、王桂新：《中国农村劳动力转移与农村家庭收入——对山区和非山区的比较研究》，《人口研究》2018 年第 42 卷第 1 期。

彭国华：《技术能力匹配、劳动力流动与中国地区差距》，《经济研究》2015 年第 50 卷第 1 期。

戚晓旭等：《新型城镇化评价指标体系研究》，《宏观经济管理》2014 年第 2 期。

齐明珠：《中国农村劳动力转移对经济增长贡献的量化研究》，《中国人口·资源与环境》2014 年第 24 卷第 4 期。

齐卫平：《习近平以人民为中心思想的五个话语创新》，《理论探讨》2019 年第 1 期。

钱东人：《产业转移与珠三角物流发展》，《中国市场》2009 年第 19 期。

钱晓英、王莹：《京津冀地区产业集聚与生态环境间的耦合关系》，《统计与决策》2016 年第 3 期。

冉净斐、曹静：《中国的产城融合发展及对城市新区建设的启示》，《区域经济评论》2020 年第 3 期。

任碧云、郭猛：《我国新型城镇化高质量发展的策略研究》，《经济纵横》2021 年第 5 期。

任太增：《产业集群的内部结构与治理》，《河南师范大学学报》（哲学社会科学版）2015 年第 2 期。

任远、施闻：《农村外出劳动力回流迁移的影响因素和回流效应》，《人口研究》2017 年第 41 卷第 2 期。

桑瑞聪、彭飞、康丽丽：《地方政府行为与产业转移——基于企业微观数据的实证研究》，《产业经济研究》2016 年第 4 期。

沈坤荣、唐文健：《大规模劳动力转移条件下的经济收敛性分析》，《中国社会科学》2006 年第 5 期。

沈坤荣、赵倩：《以双循环新发展格局推动"十四五"时期经济高质量发展》，《经济纵横》2020 年第 10 期。

盛丹、王永进：《产业集聚、信贷资源配置效率与企业的融资成本——来自世界银行调查数据和中国工业企业数据的证据》，《管理世界》2013 年第 6 期。

施晓丽、林晓健：《产业转移对区域创新的影响分析——基于中国制造业的实证研究》，《河北学刊》2021 年第 41 卷第 4 期。

石敏俊等：《中国制造业分布的地理变迁与驱动因素》，《地理研究》2013 年第 32 卷第 9 期。

石忆邵：《产城融合研究：回顾与新探》，《城市规划学刊》2016 年第 5 期。

史桂芬、沈淘淘：《新型城镇化背景下农业转移人口社会融合路径》，《东北师大学报》（哲学社会科学版）2021 年第 3 期。

宋可：《苏北承接苏南产业转移效率研究——基于 Malmquist 指数方法》，《西安电子科技大学学报》（社会科学版）2010 年第 20 卷第 1 期。

宋阳：《金融产业聚集的综合指标体系与主成分分析——以长三角经济圈

为例》,《现代经济信息》2015 年第 5 期。

宋瑛、廖甍、王亚飞:《制造业集聚对新型城镇化的影响研究——基于空间溢出效应的视角》,《重庆大学学报》(社会科学版) 2019 年第 25 卷第 6 期。

孙华平、黄祖辉:《区际产业转移与产业集聚的稳定性》,《技术经济》2008 年第 27 卷第 7 期。

孙建欣、林永新:《空间经济学视角下城郊型开发区产城融合路径》,《城市规划》2015 年第 39 卷第 12 期。

孙健、尤雯:《人才集聚与产业集聚的互动关系研究》,《管理世界》2008 年第 3 期。

孙久文、宋准:《双循环背景下都市圈建设的理论与实践探索》,《中山大学学报》(社会科学版) 2021 年第 61 卷第 3 期。

孙娜、司秋利:《河北省新型城镇化评价指标体系构建及建议》,《商业经济研究》2017 年第 17 期。

孙巍、刘智超:《劳动力回流与工业经济省际趋同机制研究》,《经济问题探索》2017 年第 11 期。

孙晓华:《产业集聚效应的系统动力学建模与仿真》,《科学学与科学技术管理》2008 年第 4 期。

孙晓华等:《产业转移、要素集聚与地区经济发展》,《管理世界》2018 年第 34 卷第 5 期。

孙晓华、郭旭:《工业集聚效应的来源:劳动还是资本》,《中国工业经济》2015 年第 11 期。

孙作人、刘毅、田培培:《产业集聚、市场化程度与城市碳效率》,《工业技术经济》2021 年第 40 卷第 4 期。

谭华清等:《教育对城乡劳动力转移的影响及其机制》,《财经研究》2018 年第 44 卷第 9 期。

唐石:《生态经济视角下县域经济发展系统动力仿真研究》,《统计与决策》2016 年第 5 期。

唐亚林:《构建新时代社会主义现代化国家的空间布局战略体系——基于城市化发展的考察》,《同济大学学报》(社会科学版) 2021 年第 32 卷第 1 期。

万晓萌：《农村劳动力转移对城乡收入差距影响的空间计量研究》，《山西
　　财经大学学报》2016 年第 38 卷第 3 期。

王滨：《新型城镇化的区域差异及其动力机制研究》，《统计与决策》第
　　10 卷第 6 期。

王彩娜：《户籍改革再加码、新型城镇化催生新增长》，《中国经济时报》
　　2019 年 4 月 19 日第 7 版。

王春超：《收入差异、流动性与地区就业集聚——基于农村劳动力转移的
　　实证研究》，《中国农村观察》2005 年第 1 期。

王芳、田明华、秦国伟：《新型城镇化与产业结构升级耦合、协调和优
　　化》，《华东经济管理》2020 年第 34 卷第 3 期。

王菲：《基于组合赋权和四格象限法的产业集聚区产城融合发展评价研
　　究》，《生态经济》2014 年第 30 卷第 3 期。

王开科、李采霞：《"一带一路"沿线经济体承接中国产业转移能力评
　　价》，《经济地理》2021 年第 41 卷第 3 期。

王凯、袁中金、王子强：《工业园区产城融合的空间形态演化过程研
　　究——以苏州工业园区为例》，《现代城市研究》2016 年第 12 期。

王林雪、郭璐：《陕西省人力资源服务业集聚及其影响因素研究——以陕
　　西省 10 市为例》，《西安电子科技大学学报》（社会科学版）2017 年第
　　27 卷第 2 期。

王猛、王有鑫：《城市文化产业集聚的影响因素研究——来自 35 个大中
　　城市的证据》，《江西财经大学学报》2015 年第 1 期。

王上青：《乡村振兴背景下农业人口就地转移的影响因素：基于江苏省南
　　京市 S 村的调查》，《贵州农业科学》2020 年第 48 卷第 2 期。

王胜光、朱常海：《中国国家高新区的 30 年建设与新时代发展——纪念
　　国家高新区建设 30 周年》，《中国科学院院刊》2018 年第 33 卷第 7 期。

王姝珺、罗峦：《湖南省农民工回乡创业：模式及效应分析——以望城等
　　四县为例》，《经济论坛》2011 年第 2 期。

王文举、田永杰：《河南省新型城镇化质量与生态环境承载力耦合分析》，
　　《中国农业资源与区划》2020 年第 41 卷第 4 期。

王文翌、安同良：《产业集聚、创新与知识溢出——基于中国制造业上市公司的实证》，《产业经济研究》2014年第4期。

王霞等：《国家高新区产城融合度指标体系的构建及评价——基于因子分析及熵值法》，《科学学与科学技术管理》2014年第35卷第7期。

王小腾、张春鹏、葛鹏飞：《承接产业转移示范区能够促进制造业升级吗?》，《经济与管理研究》2020年第41卷第6期。

王晓东：《产业升级和转移背景下广东工业行业效率变化实证研究——基于Malmquist指数的分析》，《预测》2010年第29卷第4期。

王新越等：《新型城镇化的内涵、测度及其区域差异研究》，《地域研究与开发》2014年第33卷第4期。

王妍、王雅莉：《"十四五"期间我国消费需求趋势及对总产品结构的影响》，《统计与决策》2021年第37卷第11期。

王永进、张国峰：《开发区生产率优势的来源：集聚效应还是选择效应》，《经济研究》2016年第51卷第7期。

卫龙宝、张艳虹、高叙文：《我国农业劳动力转移对粮食安全的影响——基于面板数据的实证分析》，《经济问题探索》2017年第2期。

魏后凯：《产业转移的发展趋势及其对竞争力的影响》，《福建论坛》（经济社会版）2003年第4期。

魏敏、胡振华：《湖南新型城镇化与产业结构演变协调发展测度研究》，《科研管理》2019年第40卷第11期。

魏敏、胡振华：《区域新型城镇化与产业结构演变耦合协调性研究》，《中国科技论坛》2019年第10期。

魏倩男等：《产业集聚区产城融合协调性及综合效率：对河南省五个城市的分析》，《经济地理》2021年第1卷第11期。

文东伟、冼国明：《中国制造业产业集聚的程度及其演变趋势：1998—2009年》，《世界经济》2014年第37卷第3期。

文余源、张博伦：《技术关联与巨型城市群产业转移关系研究——来自京津冀证据的分析》，《商业研究》2019年第9期。

吴爱东、王娟：《打造高层次人才体系推动天津经济高质量发展研究》，《天津经济》2019年第3期。

吴传清、邓明亮：《长江经济带高耗能产业集聚特征及影响因素研究》，《科技进步与对策》2018 年第 35 卷第 16 期。

吴方卫、康姣姣：《农民工收支剩余变动与中国农村劳动力转移的流向演变——基于中部地区面板数据的研究》，《经济研究参考》2018 年第 8 期。

吴福象、张雯：《长三角区域产城人融合发展路径研究》，《苏州大学学报》（哲学社会科学版）2020 年第 42 卷第 2 期。

吴海民、张传杨、吴淑娟：《双转移、对口帮扶与广东区域发展协调度研究——基于 2010—2018 年广东省地级市层面的证据》，《五邑大学学报》（社会科学版）2021 年第 23 卷第 1 期。

吴红蕾：《新型城镇化视角下产城融合发展研究综述》，《工业技术经济》2019 年第 38 期第 9 卷。

吴穹、仲伟周、张跃胜：《产业结构调整与中国新型城镇化》，《城市发展研究》2018 年第 25 卷第 1 期。

吴瑞君、薛琪薪：《中国人口迁移变化背景下农民工回流返乡就业研究》，《学术界》2020 年第 264 卷第 5 期。

伍山林：《农业劳动力流动对中国经济增长的贡献》，《经济研究》2016 年第 51 卷第 2 期。

夏金梅：《新型城镇化与乡村振兴协同发展的时空观察》，《西南民族大学学报》（人文社会科学版）2021 年第 42 卷第 5 期。

向乔玉、吕斌：《产城融合背景下产业园区模块空间建设体系规划引导》，《规划师》2014 年第 6 期。

肖攀、苏静：《城镇化对生态环境质量影响的实证研究——以环洞庭湖区为例》，《财经理论与实践》2019 年第 40 卷第 1 期。

谢呈阳、胡汉辉、周海波：《新型城镇化背景下"产城融合"的内在机理与作用路径》，《财经研究》2016 年第 42 卷第 1 期。

谢呈阳、周海波、胡汉辉：《产业转移中要素资源的空间错配与经济效率损失：基于江苏传统企业调查数据的研究》，《中国工业经济》2014 年第 12 期。

熊湘辉、徐璋勇：《中国新型城镇化进程中的金融支持影响研究》，《数量经济技术经济研究》2015 年第 32 卷第 6 期。

熊湘辉、徐璋勇：《中国新型城镇化水平及动力因素测度研究》，《数量经济技术经济研究》2018 年第 35 卷第 2 期。

徐海燕：《新型城镇化背景下小城镇产城融合发展模式探索——评〈产城融合发展——常州实践与特色〉》，《科技管理研究》2020 年第 40 卷第 8 期。

徐汉明、周箴：《基于环境效度影响因素分析下的创意产业园区评估指标体系研究》，《中国软科学》2017 年第 3 期。

徐苗苗等：《农村劳动力转移对苹果生产效率的影响研究——基于陕西省调研数据》，《林业经济》2021 年第 43 卷第 4 期。

徐奇渊：《双循环新发展格局：如何理解和构建》，《金融论坛》2020 年第 25 卷第 9 期。

徐秋艳、房胜飞、马琳琳：《新型城镇化、产业结构升级与中国经济增长——基于空间溢出及门槛效应的实证研究》，《系统工程理论与实践》2019 年第 39 卷第 6 期。

徐维祥、唐根年：《产业集群与城镇化互动发展模式研究》，《商业经济与管理》2005 年第 7 期。

徐晓光、寇佳丽、郑尊信：《基础设施投资如何影响产业结构升级：理论框架与经验证据》，《深圳大学学报》（人文社会科学版）2021 年第 38 卷第 4 期。

闫玉科、张萌、章政：《广东新型城镇化发展路径研究——基于制度创新视角》，《农业经济问题》2016 年第 37 卷第 3 期。

严含、葛伟民：《"产业集群群"：产业集群理论的进阶》，《上海经济研究》2017 年第 5 期。

颜银根、王光丽：《劳动力回流、产业承接与中西部地区城镇化》，《财经研究》2020 年第 46 卷第 2 期。

阳俊雄：《农业劳动力转移的新阶段及对农民收入增长的影响》，《统计研究》2001 年第 5 期。

杨国才、李齐：《中西部承接产业转移的结构变迁效应与产城融合路径》，《江西社会科学》2016 年第 36 卷第 3 期。

杨红娟、张成浩：《基于系统动力学的云南生态文明建设有效路径研究》，《中国人口·资源与环境》2019 年第 29 卷第 2 期。

杨惠珍：《我国新型城镇化形势下城镇化质量评价指标体系的构建》，《经济研究导刊》2013 年第 20 期。

杨娇敏等：《基于 DEMATEL 的新城产城融合发展的关键影响因素分析》，《工程管理学报》2017 年第 31 卷第 6 期。

杨佩卿：《西部地区新型城镇化动力机制及其测度》，《人文杂志》2019 年第 11 期。

杨佩卿：《西部地区新型城镇化发展目标与动力机制的相关性分析》，《西北大学学报》（哲学社会科学版）2020 年第 50 卷第 2 期。

杨仁发、李娜娜：《产业集聚能否促进城镇化》，《财经科学》2016 年第 6 期。

杨思莹、李政、孙广召：《产业发展、城市扩张与创新型城市建设——基于产城融合的视角》，《江西财经大学学报》2019 年第 1 期。

杨宇鸣、蔡宝玲、陈绮琪：《产业承接地农民工就业流动性研究——基于广东省的调查》，《经贸实践》2018 年第 1 期。

杨志海、麦尔旦·吐尔孙、王雅鹏：《劳动力转移及其分化对农业生产效率的影响——以江汉平原水稻和棉花种植为例》，《中国农业大学学报》2016 年第 21 卷第 2 期。

姚成胜、曹紫怡、韩媛媛：《工业集聚、人口城镇化、土地城镇化与环境污染》，《地域研究与开发》2020 年第 39 卷第 5 期。

姚南、李竹颖：《“产城一体”理念在山地城市新区规划中的实践——以广元市三江新区为例》，《规划师》2012 年第 28 卷第 6 期。

姚士谋等：《我国城市群总体发展趋势与方向初探》，《地理研究》2010 年第 29 卷第 8 期。

姚昕、潘是英、孙传旺：《城市规模、空间集聚与电力强度》，《经济研究》2017 年第 52 卷第 11 期。

姚枝仲、周素芳：《劳动力流动与地区差距》，《世界经济》2003 年第 4 期。

叶超、于洁：《迈向城乡融合：新型城镇化与乡村振兴结合研究的关键与趋势》，《地理科学》2020 年第 40 卷第 4 期。

叶裕民：《中国城市化质量研究》，《中国软科学》2001 年第 7 期。

于斌斌、申晨：《产业结构、空间结构与城镇化效率》，《统计研究》2020 年第 37 卷第 2 期。

余义勇、张骁：《"产—人—环"一体化常熟经济技术开发区转型升级路径与发展模式研究》，《科技进步与对策》2019 年第 36 卷第 22 期。

余昀霞、王英：《中国制造业产业集聚的环境效应研究》，《统计与决策》2019 年第 35 卷第 3 期。

袁航、朱承亮：《国家高新区推动了中国产业结构转型升级吗》，《中国工业经济》2018 年第 8 期。

袁娇、张忠俊：《四川制造业产业集聚测度及其影响因素研究》，《中外企业家》2018 年第 8 期。

袁晓玲、杨万平：《中国西部城市产业集聚经济效应实证分析——以西安市和成都市为例》，《中国地质大学学报》（社会科学版）2008 年第 5 期。

臧新、刘晓沛、张昕：《产业集聚与分散状态决定因素的比较研究——基于制造业典型行业的实证分析》，《产业经济研究》2011 年第 6 期。

曾繁清、叶德珠：《金融体系与产业结构的耦合协调度分析——基于新结构经济学视角》，《经济评论》2017 年第 3 期。

曾伟等：《基于因子分析的武汉市新型城镇化质量评价》，《统计与决策》2019 年卷第 2 期。

张爱华、黄小舟：《新型城镇化质量评价与空间聚集效应检验》，《统计与决策》2019 年第 17 期。

张琛、孔祥智：《乡村振兴与新型城镇化的深度融合思考》，《理论探索》2021 年第 1 期。

张峰、薛惠锋：《城乡融合背景下乡村承接产业转移的内动力机制分析——以黄河三角洲为例》，《哈尔滨商业大学学报》（社会科学版）2020 年第 4 期。

张公嵬：《我国产业集聚的变迁与产业转移的可行性研究》，《经济地理》2010 年第 30 卷第 10 期。

张广婷、江静、陈勇：《中国劳动力转移与经济增长的实证研究》，《中国工业经济》2010 年第 10 期。

张国峰、周锋：《基于要素集聚视角下的产业升级影响及关系研究》，《科技与管理》2017 年第 19 卷第 2 期。

张亨溢等：《新型城镇化质量与产业经济空间耦合分析》，《统计与决策》2019 年第 35 卷第 9 期。

张红杰：《中国特色社会主义政治经济学的哲学基础与研究重点——基于对〈德意志意识形态〉的理解》，《经济纵横》2019 年第 2 期。

张建清、白洁、王磊：《产城融合对国家高新区创新绩效的影响——来自长江经济带的实证研究》，《宏观经济研究》2017 年第 5 期。

张建伟、苗长虹、肖文杰：《河南省承接产业转移区域差异及影响因素》，《经济地理》2018 年第 38 期第 3 卷。

张捷：《外向型工业化与二元经济结构的转变——对珠三角产业结构转型的思考》，《学术研究》2008 年第 7 期。

张晶渝、杨庆媛、毕国华：《重庆城市居民生活质量演变及其影响因素研究》，《现代城市研究》2021 年第 5 期。

张开华、方娜：《湖北省新型城镇化进程中产城融合协调度评价》，《中南财经政法大学学报》2014 年第 3 期。

张可云：《论我国区域经济政策的几个基本问题》，《开发研究》1997 年第 5 期。

张利斌、赵莉：《产业集聚测度指标体系构建与实证分析》，《统计与决策》2016 年第 4 期。

张辽：《要素流动、产业转移与经济增长——基于省区面板数据的实证研究》，《当代经济科学》2013 年第 35 卷第 5 期。

张沛等：《县域工业集中区产城融合发展路径及规划策略研究——以陕西蒲城工业集中区为例》，《现代城市研究》2016 年第 8 期。

张倩肖、李佳霖：《新时期优化产业转移演化路径与构建双循环新发展格局——基于共建"一带一路"背景下产业共生视角的分析》，《西北大学学报》（哲学社会科学版）2021 年第 51 卷第 1 期。

张蕊、白永平、马卫：《新型城镇化质量与协调性研究——以"新丝绸之路"经济带为例》,《资源开发与市场》2015 年第 31 卷第 2 期。

张廷海、戴倩雯:《产业集聚与城市化互动研究述评》,《现代管理科学》
2015 年第 4 期。

张勋、刘晓、樊纲:《农业劳动力转移与家户储蓄率上升》,《经济研究》
2014 年第 49 卷第 4 期。

张燕:《面向 2020 年后促进新型城镇化与产业结构升级联动研究》,《河
北经贸大学学报》2021 年第 42 卷第 2 期。

张雨朦、邓想:《产城融合研究的知识图谱可视化分析》,《四川理工学院
学报》(社会科学版) 2018 年第 33 卷第 4 期。

张元智:《产业集聚与区域竞争优势探讨》,《国际贸易问题》2001 年第
9 期。

张云飞:《城市群内产业集聚与经济增长关系的实证研究——基于面板数
据的分析》,《经济地理》2014 年第 34 卷第 1 期。

张志新、邢怀振、于荔苑:《城镇化、产业结构升级和城乡收入差距互动
关系研究——基于 PVAR 模型的实证》,《华东经济管理》2020 年第 34
卷第 6 期。

赵博宇:《区际产业转移的承接机制分析——基于动力系统视角》,《学术
交流》2020 年第 11 期。

赵黎明、邢雅楠:《基于 EG 指数的中国旅游产业集聚研究》,《西安电子
科技大学学报》(社会科学版) 2011 年第 2 期。

赵伟、隋月红:《集聚类型、劳动力市场特征与工资—生产率差异》,《经
济研究》2015 年第 50 卷第 6 期。

赵影:《基于资源禀赋视角的海南特色风情小镇发展研究》,《企业改革与
管理》2019 年第 1 期。

赵永平、王可苗:《公共服务供给,空间溢出与新型城镇化发展质量》,
《经济体制改革》2020 年第 221 卷第 2 期。

赵玉娟等:《时空耦合视角下港产城融合发展的策略研究——以陕西省西
咸新区空港新城为例》,《城市发展研究》2019 年第 26 卷第 S1 期。

赵张耀、汪斌:《网络型国际产业转移模式研究》,《中国工业经济》2005
年第 10 期。

郑谦、胡春阳、赵瑾:《技术创新能力差异对产业转移迟滞作用分析》,《科技进步与对策》2012 年第 29 卷第 12 期。

郑祥江、杨锦秀:《农业劳动力转移对农业生产的影响研究》,《华南农业大学学报》(社会科学版) 2015 年第 14 卷第 2 期。

郑燕伟:《产业转移理论初探》,《中共浙江省委党校学报》2000 年第 3 期。

郑志国、危旭芳:《我国社会主要矛盾变化的政治经济学分析——兼论人类需要与社会生产互动规律》,《江汉论坛》2019 年第 2 期。

周敏、李磊、朱新华:《新型城镇化对产业结构调整的影响及作用路径——基于中介效应的实证分析》,《财贸研究》2020 年第 31 卷第 5 期。

周世军、周勤:《中国中西部地区"集聚式"承接东部产业转移了吗?——来自 20 个两位数制造业的经验证据》,《科学学与科学技术管理》2012 年第 33 卷第 10 期。

周晓晔、付东明、高婧葳:《基于系统动力学的产业集群与城镇化互动发展研究》,《沈阳工业大学学报》(社会科学版) 2016 年第 9 卷第 1 期。

周亚同、李治宇:《新基建对中西部产业转移规划的重要性》,《人民论坛》2020 年第 14 期。

周勇、吴海珍、韩兆安:《企业转移模式,本地化嵌入行为与知识转移绩效——基于 SCP 范式的分析》,《科技进步与对策》2019 年第 18 期。

周运源:《产业与劳动力双转移:机遇与挑战——基于广东实施"双转移"战略的实践》,《华南理工大学学报》(社会科学版) 2010 年第 12 卷第 4 期。

朱洪祥等:《基于预警指标体系的城镇化质量评价——对山东省城镇化质量评价体系的深化》,《城市发展研究》2011 年第 18 卷第 12 期。

朱佩枫、张浩、张慧明:《考虑非期望产出的皖江城市带承接长三角产业转移效率研究》,《中国软科学》2014 年第 7 期。

朱鹏华、刘学侠:《城镇化质量测度与现实价值》,《改革》2017 年第 9 期。

朱喜安、张秀、李浩:《中国高新技术产业集聚与城镇化发展》,《数量经济技术经济研究》2021 年第 38 卷第 3 期。

庄晋财、吴碧波：《西部地区产业链整合的承接产业转移模式研究》，《求索》2008 年第 10 期。

卓玛草：《新时代乡村振兴与新型城镇化融合发展的理论依据与实现路径》，《经济学家》2019 年第 1 期。

邹德玲、丛海彬：《中国产城融合时空格局及其影响因素》，《经济地理》2019 年第 39 卷第 6 期。

邹迪：《新经济地理学下青海省承接产业转移的动力机制研究》，《青海社会科学》2018 年第 6 期。

四 英文

Acemoglu D, Guerrieri V. Capital Deepening and Nonbalanced Economic Growth. Journal of Political Economy, 2008, 116 (3): 467 – 498.

Ang, Yuen Y. Domestic Flying Geese: Industrial Transfer and Delayed Policy Diffusion in China. The China Quarterly, 2018: 1 – 24.

Bagnasco A, Cucchi P, Jalla E. Organization Terrible Dell' industrial Manutacturing in Italia. Fondzaione Agnell, 1977.

Baumol W J. Macroeconomics of Unbalanced Growth: The Anatomy of the Urban Crises.. American Economic Review, 1967, 57 (3): 415 – 426.

Ben Kheder S, Zugravu N. The Pollution Haven Hypothesis: A Geographic Economy Model in a Comparative Study [C]. CES Working Paper, 2008.

Black D, Henderson, Vernon. A Theory of Urban Growth. Journal of Political Economy, 1999, 107 (2): 252 – 284.

Brülhart M, Federica Sbergami. Agglomeration and growth: Cross – country evidence. Journal of Urban Economics, 2009, 65 (1): 48 – 63.

Chang'an Liang. Research on Effect of Industrial Transfer on Industrial Structure of Resource – based Cities. Scientific Joumal of Economics and Management Research, 2019, 1 (4).

Chen J X, Zhang Y, Zheng S. Ecoefficiency, environmental regulation opportunity costs, and interregional industrial transfers: Evidence from the Yangtze

River Economic Belt in China. Journal of Cleaner Production, 2019, 233 (OCT. 1): 611 – 625.

Christaller W. Central places in southern german, 1933. B C. W, Englewood Cliffs N J, translate. London: Prentice Hall, 1966.

Donoghue, Courtney Brannon. Death of the DVD Market and the Rise of Digital Piracy: Industrial Shifts in the Spanish Film Market Since the 2000s. Quarterly Review of Film & Video, 2014, 31 (4): 350 – 363.

Douglass M. Globalization and the Pacific Asia Crisis—Toward Economic Resilience through Livable Cities. Asian Geographer, 2000, 19 (1 – 2): 119 – 137.

Dowlinga M, Cheang C T. Shifting comparative advantage in Asia: new tests of the "flying geese" model. Journal of Asian Economics, 2000, 11 (4): 443 – 463.

Dunning, John H. The Eclectic Paradigm of International Production: A Restatement and Some Possible Extensions. Journal of International Business Studies, 1988, 19 (1): 1 – 31.

Echevarria C. Changes in Sectoral Composition Associated with Economic Growth. International Economic Review, 1997, 38 (2): 431 – 452.

edented Opportunity for the Poor to Rise. APEC Study Center, Colorado State University, Discussion Paper, 2005.

Epstein T S, David Jezeph. Development—There is Another Way: A Rural-Urban Partnership Development Paradigm. World Development, 2001, 29 (8): 1443 – 1454.

Foellmi R, Josef Zweimüller. Structural change, Engel's consumption cycles and Kaldor's facts of economic growth. Journal of Monetary Economics, 2008, 55 (7): 1317 – 1328.

Gilles Duranton, Diego Puga. From Sectoral To Functional Urban Specialisation. Social Science Electronic Publishing, 2001.

Gourevitch P, Bohn R, Mckendrick D. Globalization of Production: Insights from the Hard Disk Drive Industry. World Development, 2000, 28 (2): 301

-317.

Hanlon W, Miscio A. Agglomeration: A Dynamic Approach. Nber Working Papers, 2014.

Harris J R, Todaro M P. Migration, Unemployment & Development: A Two – Sector Analysis. American Economic Review, 1970, 60 (1): 126 – 142.

Hill, Brennan, J. A methodology for identifying the drivers of industrial clusters: the foundation of regional competitive advantage. Economic Development Quarterly. 2000, (14): 65 – 96.

Inkeles. Rural Areas and Trends Surpass Cities in Growth. New York Time, 2005, (3): 53 – 70.

J Wang, Yang F, Zhang X, et al. Barriers and drivers for enterprise energy efficiency: An exploratory study for industrial transfer in the Beijing – Tianjin – Hebei region. Journal of Cleaner Production, 2018, 200 (NOV. 1): 866 – 879.

Kasahara S. The Flying Geese Paradigm: A Critical Study of Its Application to East Asian Regional Development. United Nations Conference on Trade and Development, Discussion Paper, 2004.

Kinkel, Steffen. Trends in production relocation and backshoring activities. International Journal of Operations & Production Management, 2012, 32 (6): 1572 – 1577.

Kiss, Edit Éva, Takeuchi A. Industrial areas in Budapest compared with Tokyo at the end of the 20th century. geographical Review of Japan, 2002, 75 (12): 669 – 685.

Klauke. A Two – side Matching Model of Venture Capital. Working Paper, University of Chicago, 1987 (1): 8 – 10.

Kojima, Kiyoshi. Capital Accumulation and the Course of Industrialisation, with Special Reference to Japan. The Economic Journal, 1960, 70 (280): 757.

Kongsamut P, Rebelo S, Xie D. Beyond Balanced Growth. Review of Economic Studies, 2001, 68 (4).

Krugman P, Venables T. Globalization and the inequality of nations [C] //

Research Institute of Industrial Economics, 1995.

Lewis WA. Economic Development With Unlimited Supplies Of Labour. Manchester School of Economic and Social Studies, 1954, 22: 139 – 191.

Liu T, Pan S, H Hou, et al. Analyzing the environmental and economic impact of industrial transfer based on an improved CGE model: Taking the Beijing-Tianjin-Hebei region as an example. Environmental Impact Assessment Review, 2020, 83: 106386.

Lucas R E. On The Mechanics Of Economic Development. Journal of Monetary Economics, 1989, 22 (1): 3 – 42.

Martin P, Gianmarco I P O. Growing locations: Industry location in a model of endogenous growth. European Economic Review, 1999, 43 (2): 281 – 302.

Ngai L R, Pissarides, ChristopherA. Structural Change in a Multisector Model of Growth. American Economic Review, 2007, 97 (1): 429 – 443.

Northam. New approaches to crop yield insurance in developing countries. International Food Research Institute, 1979, (2): 22 – 25.

Ozawa T. Asia's Labour – Driven Economic Development, Flying – Geese Style: An Unprecedented Opportunity for the Poor to Rise? [C]. World Institute for Development Economic Research (UNU – WIDER), 2006.

Ozawa T. The "hidden" side of the "flying – geese" catch – up model: Japan's dirigiste institutional setup and a deepening financial morass. Journal of Asian Economics, 2001, 12 (4): 471 – 491.

Pennings E, Sleuwaegen L. International Relocation: Firm and Industry Determinants. Economics Letters, 2000, 67 (2): 179 – 186.

Porter M. On Competition. Bottom Line, 1998, 13 (1): 36 – 39.

Porter, Michael. The Competitive Advantage of Nations [M]. NewYork: BasicBooks, 1990.

Potrafke N. Globalization and Labor Market Institutions: International Empirical Evidence. Ifo Working Paper, 2013, 41 (3): 829 – 842.

Qadeer M A. Urbanization by implosion. Habitat International, 2004, 28（1）: 1－12.

Ranis G, Fei J C H. A theory of economic development. American Economic Review, 1961, 51（4）: 533－565.

Shan T, Li X, Huang F, et al. Research on Industrial Structure Transfer under the Coordinated Development of Beijing, Tianjin and Hebei. Journal of Physics: Conference Series, 2019.

Tan Z A. Product cycle theory and telecommunications industry—foreign direct investment, government policy, and indigenous manufacturing in China. Telecommunications Policy, 2002, 26（1－2）: 17－30.

Thünen, J. H. Von. Der Isolierte Staat in Beziehung auf Iandwirtschaft and Nationalgkonomie, Hamburg: Perthes: The Isolated State ［M］. Oxford: Pergammon Press. 1826.

Tselios, Vassilis. Urbanization and Socioeconomic Status in the European Regions: The Role of Population Ageing and Capital City Regions. European Planning Studies, 2014, 22（9）: 1879－1901.

Vernon R. International investment and international trade in the product cycle. International Executive, 1966, 80（2）: 190－207.

Yanmei Li, Liyun Sun, Hongli Zhang. Tingting Liu, Kai Fang. Does industrial transfer within urban agglomerations promote dual control of total energy consumption and energy intensity? . Joumal of Cleaner Production, 2018, 204.

Young A. The Razor's Edge: Distortions and Incremental Reform in the People's Republic of China. The Quarterly Journal of Economics, 2000, 115（4）: 1091－1135.

后　记

在建党 100 年庆祝大会上，习近平总书记庄重地宣布我们实现了第一个百年奋斗目标，在中华大地上全面建成了小康社会，正在意气风发向着全面建成社会主义现代化强国的第二个百年奋斗目标迈进。新型城镇化建设功不可没：助力脱贫攻坚、联动产业发展、提高人民生活品质……改革开放以来，中国城镇化建设取得了令人瞩目的成就，无疑为社会科学研究提供了广阔的空间和平台。我感到十分幸运能参与到其中研究，尤其是亲身体验和见证产城融合的快速发展。

本书付梓之际，适逢中国共产党第二十次全国代表大会胜利召开，开启了全党全国各族人民迈上全面建设社会主义现代化国家新征程。党的二十大擘画的新时代新征程宏伟蓝图使命光荣、任务艰巨。社会主要矛盾已转化为人民日益增长的美好生活需要和不平衡不充分的发展之间的矛盾，中国经济发展已由高速增长阶段向高质量发展阶段转变，人民对城市品质和能级的要求不断提高，让居民过上高品质生活成为新型城镇化的基本要求。回首着手开展产城融合选题研究的十年，正值中国历经伟大变革、取得非凡成就的十年。展望新时代新征程，中国式现代化为全面推进中华民族伟大复兴吹响了时代号角。丰富拓展更具中国国情特色的产城人融合发展的新内涵新思路，无疑将成为解答中国式现代化命题的重要路径之一。我将继续延循研究初心：以产城人良性互动持续推动经济高质量发展、人民高品质生活的中国式现代化发展目标的实现。团队在未来研究中将会持续关注人产城融合发展范式、机制创新等问题，积极探索，主动作为，全方位推动以人为核心的新型城镇化建设与产业转型升级，为全面建设富强民主文明和谐美丽的社会主义现代化强国贡献绵薄之力。

本书是在我主持相关课题研究成果基础上，并结合近年来调研成果整理完成，历经五年，直到最后完稿，我仍认为书中很多观点和实践并不完善和成熟。在本书出版之际，衷心感谢我的导师重庆大学陈德敏教授，在书稿思考与创作期间给予了我极大的支持与启发，为书稿完成提供了十分宝贵的建议。衷心感谢陈思盈博士、韩经纬博士、肖俊夫老师等研究团队成员在书稿编撰过程中的辛勤劳动；同时，对负责本书出版工作的中国社会科学出版社责任编辑孔继萍老师及其他工作人员表示衷心感谢！由于时间、水平、资料和实践经验有限，书中难免存在不足与疏漏之处，期待社会各界专家、读者批评指正。

谭志雄

二〇二二年于重庆